中华文化大博览丛书

历史悠久的
文明古国

鹿军士 编著

中国出版集团 现代出版社

图书在版编目（ＣＩＰ）数据

历史悠久的文明古国 / 鹿军士编著. -- 北京 ：现
代出版社，2018.1
ISBN 978-7-5143-6554-2

Ⅰ．①历… Ⅱ．①鹿… Ⅲ．①中国历史－通俗读物
Ⅳ．①K209

中国版本图书馆CIP数据核字(2017)第284979号

历史悠久的文明古国

作　　者：鹿军士
责任编辑：李　鹏
出版发行：现代出版社
通讯地址：北京市定安门外安华里504号
邮政编码：100011
电　　话：010-64267325　64245264（传真）
网　　址：www.1980xd.com
电子邮箱：xiandai@vip.sina.com
印　　刷：天津兴湘印务有限公司
字　　数：380千字
开　　本：710mm×1000mm　1/16
印　　张：30
版　　次：2018年5月第1版　　2018年5月第1次印刷
书　　号：ISBN 978-7-5143-6554-2
定　　价：128.00元

　　习近平总书记在党的十九大报告中指出："深入挖掘中华优秀传统文化蕴含的思想观念、人文精神、道德规范，结合时代要求继承创新，让中华文化展现出永久魅力和时代风采。"同时习总书记指出："中国特色社会主义文化，源自于中华民族五千多年文明历史所孕育的中华优秀传统文化，熔铸于党领导人民在革命、建设、改革中创造的革命文化和社会主义先进文化，植根于中国特色社会主义伟大实践。"

　　我国经过改革开放的历程，推进了民族振兴、国家富强、人民幸福的"中国梦"，推进了伟大复兴的历史进程。文化是立国之根，实现"中国梦"也是我国文化实现伟大复兴的过程，并最终体现在文化的发展繁荣。博大精深的中国优秀传统文化是我们在世界文化激荡中站稳脚跟的根基。中华文化源远流长，积淀着中华民族最深层的精神追求，代表着中华民族独特的精神标识，为中华民族生生不息、发展壮大提供了丰厚滋养。我们要认识中华文化的独特创造、价值理念、鲜明特色，增强文化自信和价值自信。

　　如今，我们正处在改革开放攻坚和经济发展的转型时期，面对世界各国形形色色的文化现象，面对各种眼花缭乱的现代传媒，我们要坚持文化自信，古为今用、洋为中用、推陈出新，有鉴别地加以对待，有扬弃地予以继承，传承和升华中华优秀传统文化，发展中国特色社会主义文化，增强国家文化软实力。

　　浩浩历史长河，熊熊文明薪火，中华文化源远流长，滚滚黄河、滔滔长江，是最直接的源头，这两大文化浪涛经过千百年冲刷洗礼和不断交流、融合以及沉淀，最终形成了求同存异、兼收并蓄的辉煌灿烂的中华文明，也是世界上唯一绵延不绝的古老文化，并始终充满生机与活力。

　　中华文化曾是东方文化摇篮，也是推动世界文明不断前行的动力之一。早在五百年前，中华文化的四大发明催生了欧洲文艺复兴运动和地理大发现。中国四大发明先后传到西方，对于促进西方工业社会发展和形成，起到了重要作用。

中华文化的力量，已经深深熔铸到我们的生命力、创造力和凝聚力中，是我们民族的基因。中华民族的精神，业已深深植根于绵延数千年的优秀文化传统之中，是我们的精神家园。

总之，中国文化博大精深，是中华各族人民五千年来创造、传承下来的物质文明和精神文明的总和，其内容包罗万象，浩若星汉，具有很强的文化纵深，蕴含着丰富的宝藏。我们要实现中华文化的伟大复兴，首先要站在传统文化前沿，薪火相传，一脉相承，弘扬和发展五千年来优秀的、光明的、先进的、科学的、文明的和自豪的文化现象，融合古今中外一切文化精华，构建具有中国特色的现代民族文化，向世界和未来展示中华民族的文化力量、文化价值、文化形态与文化风采。

为此，在有关专家指导下，我们收集整理了大量古今资料和最新研究成果，特别编撰了本套大型书系。主要包括巧夺天工的古建杰作、承载历史的文化遗迹、人杰地灵的物华天宝、千年奇观的名胜古迹、天地精华的自然美景、淳朴浓郁的民风习俗、独具特色的语言文字、异彩纷呈的文学艺术、欢乐祥和的歌舞娱乐、生动感人的戏剧表演、辉煌灿烂的科技教育、修身养性的传统保健、至善至美的伦理道德、意蕴深邃的古老哲学、文明悠久的历史形态、群星闪耀的杰出人物等，充分显示了中华民族厚重的文化底蕴和强大的民族凝聚力，具有极强的系统性、广博性和规模性。

本套书系的特点是全景展现，纵横捭阖，内容采取讲故事的方式进行叙述，语言通俗，明白晓畅，图文并茂，形象直观，古风古韵，格调高雅，具有很强的可读性、欣赏性、知识性和延伸性，能够让广大读者全面触摸和感受中国文化的丰富内涵，增强中华儿女民族自尊心和文化自豪感，并能很好地继承和弘扬中国文化，创造具有中国特色的先进民族文化。

古往今来——历代更替与王朝千秋

上古时期——诸侯风云

第一个奴隶制王朝夏朝　　　004

奴隶制鼎盛的王朝商朝　　　011

风云变幻的春秋时期　　　018

群雄逐鹿的战国时期　　　024

中古时期——兴亡见证

第一个大一统帝国秦朝　　　036

强盛的封建王朝汉朝　　　044

相互对峙的三国时期　　　053

封建体制完备的隋朝　　　064

近古时期——政权剧变

短暂割据的五代十国　　　072

风雨飘摇的两宋王朝　　　084

黄金家族的余晖元朝　　　092

近世时期——王朝盛衰

怠政干政毁掉的明朝　　　102

君主制顶峰的清朝　　　117

天下一统——历代统一与行动韬略

上古时期——谋定天下

商汤发起鸣条之战灭夏　　　134

周武王牧野之战起兵伐商　　　144

长平之战催生大秦帝国　　　152

中古时期——文韬武略

秦的统一结束割据局面　　　160

楚汉战争促成天下一统　　　169

官渡之战与曹操统一北方　　　178

统一战争造就唐朝盛世　　　189

近古时期——雄兵征战

北宋统一结束藩镇割据　　　200

成吉思汗统一蒙古之战　　　212

大元帝国对南宋的战争　　　222

近世时期——安邦定国

明统一战争南北并举之策　　　232

郑成功收复台湾之战　　　244

努尔哈赤统一女真战争　　　255

太平盛世——历代盛世与开明之治

上古时期——中兴之朝

少康复国中兴　　　　　　268

武丁振兴商朝　　　　　　272

成康强盛西周　　　　　　278

中古时期——治世盛景

西汉文景治世　　　　　　284

汉武帝开创盛世　　　　　291

西晋武帝太康之治　　　　297

南朝宋文帝元嘉之治　　　303

隋文帝开皇之治　　　　　309

唐代的盛世繁荣　　　　　315

近古时期——天下大治

宋真宗咸平之治　　　　　318

北宋仁宗盛治　　　　　　327

宋孝宗乾淳之治　　　　　336

近世时期——繁荣时代

明太祖洪武之治　　　　　344

明成祖永乐盛世　　　　　351

清朝康雍乾盛世　　　　　360

变法图强——历代变法与图强革新

上古时期——革故鼎新

齐国管仲改革　　　　　　378

韩国申不害变法　　　　　387

秦国商鞅变法　　　　　　396

中古时期——与民更始

北魏孝文帝改革　　　　　406

北周武帝改革　　　　　　413

唐代永贞革新　　　　　　420

近古时期——推行新政

北宋庆历新政　　　　　　428

北宋王安石变法　　　　　435

元代忽必烈改制　　　　　446

近世时期——矫国更俗

明代张居正改革　　　　　458

清代戊戌变法　　　　　　466

古往今来

历代更替与王朝千秋

诸侯风云

春秋战国是中国历史上的上古时期。夏商周既是逐次更替的朝代，又是交叉并存的部族集团，在政治上都是分封制，在经济上都是井田制，在王位继承上都是嫡长子继承制。它们是不可分割的，并且分别代表着中国奴隶制的形成、发展和结束。

夏朝的建立，标志着原始社会到奴隶制社会的历史转折基本完成；商朝的奴隶制已经达到鼎盛时期；春秋战国时期，奴隶制处在前所未有的变革之中。随着诸侯兼并的结束，华夏文明已经露出"大一统"的曙光。

轩辕黄帝

第一个奴隶制王朝夏朝

夏朝的建立者是禹。夏朝是中国历史上的第一代奴隶制王朝，史称"夏"。

夏朝政权存在的时间，在公元前2070年至公元前1600年间，共传承14代，产生17位帝王。后来，夏朝在末代帝王夏桀时被商汤所灭。

夏朝的建立，开创了中国近4000年君主世袭的先河。夏朝作为中国中上古三代的开始，为华夏文明的发展打下了良好的基础，开创了中国历史的先河。

■ 夏朝建立者禹画像

■ 大禹治水

随着中国古代原始氏族社会组织的逐渐解体，聚居在中原地区黄河中下游两岸的夏部族逐渐兴盛起来。夏部族生活的地方，是中国原始先民的主要活动区域，也是夏王朝的统治中心地带。

西起河南省西部和山西省南部，东至河南省、山东省和河北省三省交界处，南起湖北省，北至河北省。当时夏的势力延伸到黄河南北，甚至长江流域。

在当时，夏部族为了与周围其他部族争夺联盟首领地位，曾发生过频繁的战争。夏部落首领禹因治水有功，得到了虞舜的重用并最终将部落联盟首领之位禅让于他。

在大禹治水的过程中，留下了许多感人的事迹。相传他借助自己发明的测量工具——准绳和规矩，走遍了大河上下，用神斧劈开龙门和伊阙，凿通积石山和青铜峡，使河水畅通无阻。他治水居外13年，三

原始氏族社会
也称氏族公社。就是以血缘为纽带结成的社会基层单位，也是社会经济的基本单位。他们居住在一起，使用公有的工具，共同劳动，共同分配食物，没有贫富贵贱差别，氏族之间可以相互通婚。主要产生于旧石器时代晚期，基本贯穿于新石器时代。

■ 大禹治水过家门而不入壁画

过家门而不入，连自己刚出生的孩子都没时间去爱抚；他不畏艰苦，身先士卒，腿上的汗毛都在劳动中被磨光了。

传说大禹治水后，划神州大地为九州，他要在每个州都立一个扶正祛邪的纪念物，于是搜集天下青铜铸成九鼎，每一鼎代表一个州。他在每件鼎上都刻着助人行善的神、害世伤民的鬼蜮等各种各样的形象，让每个人都牢记这些形象，从而可以辨识世间的一切好与坏，善与恶，让每人以此为德行标志，照此做人行事。从此，九鼎就成为国家政权的象征。

九鼎铸造标志着中国历史告别石器时代进入青铜时代，告别野蛮状态进入文明时期，告别氏族部落组织迈进王朝更迭的阶级社会，具有开天之功。九鼎此后在夏商周三代的权力嬗变中，一直作为王朝的传国之宝，祀于庙堂。

禹在取得首领地位后，又对三苗民族发动战争，将其驱赶到现在的湖北省西北与河南省交界处的丹江与汉水流域，进一步巩固了王权。

禹在征伐三苗时，就指挥了一支数量不小的军队，并且有严密的组织和权威。禹在出征前曾统率众多的邦国君长举行"誓师大会"，他在会上说："天下郡国，都必须听从我的命令，谁敢不听，蠢蠢乱动，譬如三苗，我就要奉行天命，予以征伐。"

结果，不到一个月的时间，三苗就被打得落花流水，又过了一个多月，三苗族便服服帖帖地前来纳贡称臣了。从《左传·昭公六年》中记载："夏有乱政，而作禹刑"来看，禹统治时期就已经有刑法了。

随着中原及周边诸族对夏王朝的臣服，禹成功地维护了王权的世袭。

禹去世后，他的儿子启继承王位。这种废"禅让"而实行父传子的王位继承方式，引起了夏朝争夺王位的激烈斗争。东方偃姓集团首领伯益，首先起来反对启，占据王位，结果伯益被启打败。

西方的同姓邦国有扈氏也曾起兵反对启继承王

三苗　古族名。又叫"苗民""有苗"。尧舜时称三苗，春秋时期称蛮。据《战国策·魏策》记载，三苗东起洞庭，西至彭蠡，北起文山，南接衡山。尧舜时期，三苗作乱，舜派禹降服未果。后来，禹终于平定三苗。从此三苗衰微不振，退出了历史的舞台。

■禹定九州壁画

东夷 是华夏人对东方民族的泛称，非特定的某一个民族。夷又有诸夷、四夷、东夷、西夷、南夷、九夷等称。随着东夷与华夏的融合，汉朝之后，东夷后来变成对日本等东方国家的泛称。据说，东夷人最早发明了弓箭，擅长射箭。

位，启亲率大军进行讨伐。他与有扈氏在甘地大战，有扈氏最后战败。

启经过巩固王位的激烈斗争，确立了王位世袭制。于是，众多邦国首领都聚集到阳翟，就是现在的河南省禹州市境内，向启朝会，启就在禹州市南的钧台举行宴会。这就是历史上有名的"钧台之享"。这是中国古代历史上第一次"开国大典"和"国宴"。

启做了王以后，改变了当年简朴的做法，生活上开始腐败起来。他整天在王宫里喝酒玩乐，或者带着一帮人外出打猎。腐败的生活缩短了他的寿命，很快他就死去了，他的大儿子太康继承了王位。

谁知，太康从小就跟着他父亲启，早已学会了喝酒、打猎，生活比启更加腐败。做了王以后，他丢开国家大事不管，带着家里人和亲信到洛水北岸去打猎，一去就是几个月，快乐得都忘了回家。

此时，东夷族首领叫作后羿，他是个百发百中的射箭能手。后羿看到太康长期出外打猎，丢下国家

■ 后羿射日浮雕

大事不管，引起老百姓的怨恨，就乘机夺取了夏朝的首都安邑，也就是后来的山西省安邑县境内。不让太康回来，史称"太康失国"。

后羿代夏是夏王朝前期的一场重大的权力之争，致使夏王朝的统治面临着严重的危机。

太康失国后不久死去，族人立他的弟弟中康为王，流落于洛水附近。中康死后，其子后相被迫逃往帝丘，即今河南省濮阳。这里有他的同姓诸侯斟寻氏以及斟灌氏。

后来，后羿被部下寒浞除掉，寒浞代夏。寒浞为防止夏的势力复兴，就加紧了对夏遗臣后相势力的追剿。最后灭掉后相，并征服了后相的同姓诸侯。

然后封自己的儿子浇于过，即今山东省掖县北，或疑在今河南省太康县东南；封豷于戈，即在宋、郑间，约当今豫中偏东部，以控制东方。当寒浞攻杀后相之时，后相的妻子后缗东逃至鲁西南母家有虞氏之地，生下遗腹子少康。

少康长大后做了河南虞城有虞氏的庖正。有虞氏的君主虞思把二女儿嫁给少康为妻，并把嵩山附近的纶邑这个地方分封给少康。当时少康"有田一成，众一旅"，他于

夏朝象征权力的青铜鼎

夏朝的乳钉纹斝

■ 夏桀 又名癸、履癸。夏朝第十六代君主发之子。夏朝的最后一位帝王，在位52年。商汤的谥号"桀"，即凶猛的意思。夏桀文武双全，但荒淫无度，暴虐无道。后被商汤击败，在今山西省安邑县西的重镇鸣条被商汤俘获，最后饿死。夏朝灭亡。

是积极争取夏的民众，准备复国。

少康在斟寻和斟灌余下民众的协助下，灭掉了寒浞和他的儿子浇和殪，从而结束了后羿与寒浞40年左右对夏的统治，恢复了夏王朝的政权。这就是历史上有名的"少康复国"。

夏朝经过较长一段时间的中兴稳定局面后，到第十四位帝王孔甲在位时，内部矛盾日趋激化。从孔甲帝王开始，经过夏皋与夏发两个帝王，直至夏桀，整个夏朝都内乱不止。特别是到了夏桀，他是一个暴君。他不用贤良，不忧恤民众，百姓都难以忍受。后来，夏朝的一方之长汤兴兵讨伐夏桀。夏桀众叛亲离，最后死去。

至此，中国历史上第一个世袭王朝夏朝灭亡了。

历史悠久的文明古国

阅读链接

传说在帝尧时期，黄河流域经常发生洪水。于是鲧来负责治理工作。他采用筑堤围堵的办法以防洪水，治水9年而没有成功，最后被放逐了。

舜帝继位以后，任用鲧的儿子禹治水。禹总结了他父亲的治水经验教训，改围堵为疏导的办法，把洪水引入疏通的河道、洼地或湖泊，然后合流通向四海，从而平息了水患，使百姓过上安居乐业的日子。

禹因为治水有功，舜便把女儿嫁给了他，后来还把帝位禅让给了他，禹因此成为了夏朝第一代帝王。

奴隶制鼎盛的王朝商朝

商朝的建立者是汤，他去世后被谥封为"成汤"。商朝又称为"殷""殷商"，它从公元前1600年至公元前1046年，前后相传17世31王，至商纣王时被周武王所灭，前后延续了600余年。

商朝是中国历史上的第二个朝代，是中国第一个有直接的同时期文字记载的王朝。

商朝的农业、手工业迅速发展起来。出现了黍、稷、稻、麦等粮食作物和桑、麻、瓜果等经济作物，经济发展加快，私有制度进一步完成，商朝由此走向了奴隶制度占主要地位的时代，并开创了奴隶制度的社会。

■ 商汤塑像

方伯 古代诸侯中的领袖之称，称一方之长。殷周时代，天子在所分封的诸侯国中，委任王室功臣、懿亲为诸侯之长，代表王室镇抚一方，称为"方伯"。至春秋时，诸侯漫无统纪，起而互相兼并，进而发展为大国争霸，形成了取代王权的霸主政治，又称"方伯政治"。

汤姓子名履，世称商汤、武汤、天乙、成唐，甲骨文称唐、大乙，又称高祖乙。他原来是夏朝的方伯，管理着亳这个地方，亳就是现在的河南省商丘。由于他爱护百姓，施行仁政，所以深得民众的拥护，以至于周围的一些小国也前来慕名归附，其势力便迅速强大起来。

夏末时，夏帝王桀残暴无道，国内日趋动荡不安，汤见其形势便产生了代夏的雄心。于是，他开始实行灭夏的计划。

汤先灭掉了商附近的一小国葛国，不久，经过11次的出征，又灭掉了夏王朝的3个重要同盟国家豕韦、顾和昆吾。大约在公元前1600年，汤联合各方国和部落征伐夏桀。在"鸣条之战"中，汤俘获了对战争毫无准备的夏桀。

紧接着，汤在3000名诸侯的拥戴下登上帝王之位，在亳建都，宣告商王朝的成立。

商朝建国后国都频繁迁移，汤王盘庚时，迁都于殷，即今河南省安阳市，此后稳定下来，在殷建都达273年。商朝也因此又称为"殷"或"殷商"。

■ 司母戊鼎 也叫后母戊鼎，2011年3月改名为后母戊鼎，是商王祖庚或祖甲为祭祀母亲而做的祭器。出土于河南省安阳，是世界迄今出土最重的青铜器，重832.84千克。现收藏于中国国家博物馆，享誉"镇国之宝"。它代表了中国商周时期青铜铸造工艺的最高水平。

■ 殷墟车马坑

其统治区域北至蒙古，东北至辽宁和朝鲜半岛，南至湖北、湖南、江西、福建等，西至甘肃新疆，东至海滨东海。

汤吸取了夏桀的教训，他广施仁政，深得民心，商朝政权得到了初步巩固。商朝的农业、手工业迅速发展起来，经济步伐加快，私有制度进一步完成，商朝走向了奴隶制度占主要地位的时代。这就是历史上的"商汤革命"时期。

商朝的农业比较发达，出现了黍、稷、稻、麦等粮食作物和桑、麻、瓜果等经济作物。已经使用多种谷类进行酿酒。

手工业也相当发达，能够铸造精美的青铜器和烧制白陶、釉陶，各种常用的器具和礼器、酒器十分精美。著名的后母戊鼎，就是其中的杰出代表。物品交

鸣条之战 约公元前1600年，商汤在鸣条，今河南省洛阳市附近，一说在今山西省运城市夏县之西，爆发了灭亡夏朝的战争。这场战争成为夏王朝灭亡的转折点。战争的结果导致夏王朝灭亡，商汤建立了中国古代的第二个王朝商朝。

殷墟遗址建筑

换也逐渐扩大起来，并且出现了规模较大的早期城市。

商朝强盛时期的疆域东边到了大海边，西边到达现在的陕西省东部，北边到达现在的河北省的北部，南边发展到了长江岸边，成为那个时期世界上的文明大国。

商朝已经进入了中国有文字记载的历史时期，出现了甲骨文。甲骨文是中国目前发现的时代最早、体系较为完整的古代文字。甲骨文上反映了商朝对于天文天象的记载和对于干支计时法的运用等。

据考古资料看，东南和华南地区分布于长江下游两岸的"湖熟文化"，江西北部的"吴城文化"，西南地区四川境内的"巴蜀文化"以及北方内蒙古、辽宁的"夏家店下层文化"等，都不同程度地受到了商文化的影响。

太甲继承王位后，不遵守先前的法令，并胡作非为，伊尹便把他放逐到桐这个地方。等到太甲悔过了，伊尹又亲自把太甲迎接回来继续执政，商朝的统治又呈现出清明气象。

自从盘庚把都城迁到殷这个地方，商朝的国势又开始上升。武丁继承王位后，他大力选拔人才，任用傅说、甘盘、祖己等贤能志士，征服了周围的各方国，极大地扩充了商朝的疆域和人口，为生产的发展创造了条件。

这段时间，商朝的政治、经济、文化都有了空前发展，达到商朝后期的鼎盛时期，史称"武丁中兴"。武丁之后的商朝，开始逐渐走向了衰亡。武丁的儿子祖庚、祖甲相继继承王位后，在政治上既没有才能，又荒淫无道，致使社会混乱，民不聊生。

商朝的最后一个帝王是商纣王，他的名字又叫帝辛。纣王喜欢饮酒，他就在地上挖个池子，并在池子中注满了酒，然后在酒上行船。纣王同姬妾亲众在池上划船饮酒。

他还大兴土木，建造了一座鹿台。地基就有150米见方。他把搜刮来的金银珠宝和美女们聚集在台上，宴饮狂欢，长达七日七夜，以致君臣姬妾都忘了

傅说（约前1335—前1246），商朝帝王武丁时的宰相。传说傅说是筑墙的奴隶。有一次武丁做梦得到一位圣人，名叫傅说，于是他在傅说筑墙时找到了他，然后封他为商朝的大宰相，他在任时国家得到了很好的治理。

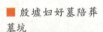

■ 殷墟妇好墓陪葬墓坑

姐己 为中国殷商王朝最后一位君主商纣王的宠妃，人称"一代妖姬"。传说姓苏，不过有关苏的来源有不同说法：一种说法认为其父亲乃是诸侯苏护；另外一种说法是妲己来自一个叫苏的部落。

日月时辰。

纣王特别宠爱一个叫妲己的女人。妲己竟想出一些坏主意，叫纣王干一些伤天害理的事。例如，她叫商纣王用一种炮烙的残酷刑罚来惩治那些反对他的人。炮烙就是用炭火把铜柱烧热后，强迫人在铜柱上爬，掉下来被熊熊燃烧的炭火活活烧死。

纣王的暴政，使得商朝的统治再也维持不下去了。治理岐山的周武王在姜尚和叔父周公旦的协助下决定进攻商朝。

公元前1066年，周武王率领兵车300辆，近卫军武士3000人，士卒4.5万人，会合各小国部队，从孟津出发，向商朝都城朝歌进军。

周武王在牧野，树起伐纣大旗，在誓师大会上，历数纣王腐败荒淫、凶恶残暴的种种罪恶，然后指挥大军向商军进攻。

因为商朝的军队主力当时正在东南地区跟东夷

■ 牧野之战

打仗，一时调不回来。纣王只好临时把大批奴隶武装起来，凑上70万人，开赴前线，抵抗周军进攻。

在"牧野之战"中，当周军和商军摆开阵势准备厮杀时，商朝军队在阵前纷纷起义，掉转戈矛和周军一起杀向商纣王。纣王大败，带着少数卫士逃回朝歌。

"牧野之战"的失败，使商纣王看清了商朝末日即将来临，他就在鹿台点火自焚了。至此，中国历史上奴隶制鼎盛的商王朝灭亡。

阅读链接

商汤重视人才。他手下有个厨师叫伊尹，伊尹见汤是个贤德的君主，便向他提出自己的治国主张。

一次，伊尹借汤询问饭菜的事，说："做菜既不能太咸，也不能太淡，要调好作料才行；治国如同做菜，既不能操之过急，也不能松弛懈怠，只有恰到好处，才能把事情办好。"

商汤听了，很受启发，当即命伊尹为阿衡，即宰相。在商汤和伊尹的经营下，商汤的力量开始壮大，终于灭掉无道的夏桀，建立了新政权。

这就是"治大国若烹小鲜"的故事。

风云变幻的春秋时期

春秋时期，简称"春秋"，春秋时期是因孔子修订《春秋》而得名。属于东周的前半期，指公元前770年至公元前476年这段时间。自东周开始，周朝由强转弱，王室日益衰微，大权旁落，诸侯国之间互相征伐，战争频繁。小诸侯国纷纷被吞并，强大的诸侯国在局部地区实现了统一。

春秋时的东周王权旁落，虚有其名，实权全在势力强大的诸侯手上，诸侯争相称霸，持续了200多年。

随着七雄的并立，互相争霸的时代逐步到来，中国历史走向了战国时期。春秋时期是中国奴隶社会的瓦解时期。

■ 春秋第一霸主齐桓公雕像

在春秋时期，一些较大的诸侯国，为了争夺土地、人口以及对其他诸侯国的支配权，不断进行兼并战争。谁战胜了，谁就召开诸侯国会议，强迫大家公认他的"霸主"地位。先后有5位诸侯国确立了霸主地位，史称"春秋五霸"。

■ 后李春秋殉车马

首先建立霸业的是齐桓公。他任用管仲，改革内政，使国力强盛。采取了管仲的谋略：以"尊王攘夷"为号召，联合燕国打败了北戎；联合其他国家制止了狄人的侵扰。

公元前656年，齐桓公与鲁、宋、郑、陈、卫、许、曹诸国联军侵蔡伐楚，观兵召陵，责问楚为何不向周王纳贡。楚见齐桓公来势凶猛，为保存实力，许和而罢。以后，齐桓公又多次大会诸侯，周王也派人参加会盟，加以犒劳。

齐桓公成了中原霸主。他死后，齐国内部发生争

春秋五霸 春秋时期，社会风雷激荡，烽烟四起，战火连天。一些强大的诸侯国为了争夺霸权，互相征战，争做霸主，先后称霸的5个诸侯叫作"春秋五霸"。关于"春秋五霸"有多种说法。据《史记》说，春秋五霸是指齐桓公、宋襄公、晋文公、秦穆公和楚庄王。

管仲塑像

权斗争，国力稍衰。宋襄公想继承齐桓公霸业，与楚较量，结果把性命都丢了。此外，齐国称霸时的盟国鲁、宋、郑、陈、蔡、许、曹、卫等国家，这时都转而成了楚的盟国。

正当楚国想称霸中原之时，晋国勃兴起来。晋文公整顿内政，增强军队，也想争当霸主。这时周襄王被王子带勾结狄人赶跑，流落在外。晋文公认为是"取威定霸"的好机会，便约会诸侯，打垮王子带，把襄公送回王都，抓到了"尊王"的旗帜。

公元前632年，晋楚两军在城濮大战，晋军打败了楚军。战后，晋文公在践土会盟诸侯，周王也来参加，册命晋文公为"侯伯"，即霸

楚庄王出征雕塑

主。在齐国称霸时，楚国因受齐国抑制停止北进，转而向东吞并了一些小国，国力强盛。齐国衰落后，楚国便向北扩张与晋国争霸。

公元前598年，楚庄王率军在邲与晋军大战，打败晋军。中原各国背晋向楚，楚庄王又成为中原霸主。在此后的楚、晋两国战争中，晋于公元前575年鄢陵大战中大败楚军；于公元前557年湛阪大战中，又将楚军击败。楚庄王的霸主地位受到严重冲击。

当晋国和楚国渐趋衰弱时，长江下游的吴、越却先后崛起争霸。吴王阖闾执政时，重用著名的军事家孙武和原来的楚臣伍子胥，兴兵伐楚。吴兵五战五捷，于公元前506年直捣楚国都城郢。后来，阖闾之子夫差又先后打败越、陈、鲁、宋、齐，成为诸侯间的盟主。

公元前482年，已是吴王的夫差在黄池会盟诸侯，争得了霸权。

越王勾践于公元前494年被夫差所败后，一边卧薪尝胆，积蓄力量；一边献美女西施、郑旦于吴王夫差。经过十数年的准备，勾践掌握战机，乘夫差全军参加黄池会盟之机，乘虚而入，大败吴师，杀吴太子，最终逼得夫差自杀，吴国就此灭亡。

这时，春秋时期行将结束，霸政已经趋于尾声，

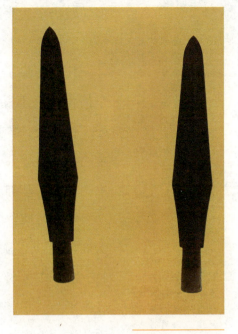

■ 春秋战国兵器

齐桓公（前716—前643），姓姜，名小白，僖公三子，襄公之弟。春秋时齐国国君。他在位时期，任用管仲改革，选贤任能，加强武备，发展生产，使国富民强。他又安定周朝的王室内乱，多次会盟诸侯，成为春秋时期的霸主。

公族 西周开始设置，为朝廷大臣，掌管君王贵族内部事务。春秋时晋国设公族大夫，晋悼公时荀家、荀会、栾黡为公族大夫。公族就是和国君同族的那些人，公室是指国君的家庭成员。公族大夫的简称也是"公族"。

私田 古代井田制度，是中国奴隶社会的土地国有制度，西周时盛行。井田属周王所有，分配给奴隶主使用。奴隶主不得买卖和转让井田，除此之外，还要交一定的贡赋。奴隶主强迫奴隶集体耕种井田，无偿占有奴隶的劳动成果。

但勾践仍率兵渡淮，与诸侯会于徐州，成为春秋末期最后的霸主。

其实，除了上述5位霸主之外，春秋时期还有几个诸侯国登上霸主宝座。如郑庄公、宋襄公、秦穆公、晋襄公、晋景公和晋悼公。在这些大大小小的霸主之中，秦穆公开创的霸业，为战国末年秦统一整个中国打下了基础。

春秋时期，各统治集团由国君的宗亲或少数异姓贵族所组成。从天子到卿大夫都是实行嫡长子继承制，次子则分封。在各诸侯国中，长子继位后，次子或庶子为公子，公子之子为公孙，公子、公孙的家族称公族。由于其贵族身份世代相传，又称之为世族。

各诸侯国管具体事务的官职有司徒、司马、司空、司寇等，这4种官职名称之前有的加上一"大"字。宰也是常见的官名，或称太宰，有的诸侯国，宰的地位颇为重要。属于师傅之官的有太师、少师、太傅。以上几种官职常由卿来担任。

此外还有祝、宗、卜、史之类的官职，以及掌管来往贵宾的行人，管理刑狱的理或大士和尉氏，管理

■ 勾践剑

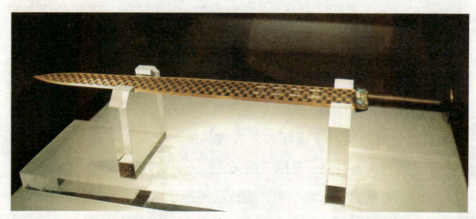

市场和手工业的褚师、工正和工师等。

除了政治体制外，春秋时期的经济也有了相应的发展。铁器已经在农业、手工业生产中使用。农业生产中使用铁锄、铁斧等。铁器坚硬、锋利，胜过木石和青铜工具。铁的使用，标志着社会生产力的显著提高。

那时，也开始用牛耕地，耕作技术提高了，农业生产进

出土的春秋时期的竹简

一步发展起来。一些贵族把公田化为私田，让种田的劳动者交出大部分产品，保留一部分产品。这种新的剥削方式，是后来井田制度的前身，从某种意义上说，这是一种历史的进步。

在中国春秋时期，诸侯争霸过程中的大国兼并小国，致使诸侯国数目逐渐减少，华夏族和其他各族接触频繁，促进了民族融合。

阅读链接

姬宜白原是西周太子，周幽王在位时，宠爱褒姒，就废黜了姬宜白，改立他和褒姒的孩子伯服为太子。

有一天，姬宜白在花园里玩耍，周幽王将笼子里的猛虎放出，打算让猛虎将姬宜白咬死。

姬宜白很有胆量，当猛虎向他扑来时，他非但不惊慌，反而迎了上去，冷不防大吼一声，吓得老虎伏在地上不敢动。姬宜白便从容离去。

他知道这是父王存心暗害他，就与母亲申后偷偷投奔外祖父申侯。周幽王被犬戎杀死后，姬宜白方才重新立国。

群雄逐鹿的战国时期

    战国时期处于公元前475年至公元前221年的东周末期。这一时代是华夏历史上分裂对抗最严重且最持久的时代之一，因这一时期各国混战不休，故被后世称之为"战国"。

    战国时期，经历了韩、赵、魏三家分晋，田氏代齐，形成了燕、齐、楚、秦、赵、魏、韩七雄并立的局面。

    由于秦国的商鞅变法发挥了富国强兵的重要作用，秦国终于后来居上，逐一灭掉了其他六国，天下归一。

    在战国时期，塑造了中国帝制的基本雏形，是中国君主集权制的开始。

■秦孝公艺术画像

战国时期首先经历了"三家分晋"这一重大历史事件。春秋末年，东周各诸侯国通常都将公室子孙分封为大夫，各家大夫都有封地。

一向称霸中原的晋国，到了春秋末期，国君的权力逐渐衰落，实权由六家大夫，韩、赵、魏、智、范和中行把持。

他们各自都有封地和武装，互相攻打。后来其中两家范家和中行家被打散了，就剩下智家、赵家、韩家和魏家。当时这四家的当权者分别是智伯瑶、赵襄子毋恤、韩康子虎和魏桓子驹。

智伯最为强大，他想独吞晋国，但由于时机不成熟，便采取削弱其他几家的办法。他以奉晋君之命为名，准备攻打越国，要每家拿出100里的土地和户口来给晋室，实际上都归他自己。韩康子和魏桓子都如数交出了土地和户口，独赵襄子拒绝智伯的要求。

■ 战国战车

智伯（？—前453），即知襄子。中国春秋时期晋国卿大夫，智氏家族领主。他于公元前475年成为晋国执政，此后欲灭同列卿位的赵、魏、韩三家并取代晋国，乃威胁魏、韩两家于公元前455年共同对赵氏发动晋阳之战。此后赵襄子派人向魏、韩陈说利害，魏、韩因而与赵氏联合反攻智氏，智伯被赵襄子擒杀，智氏就此衰落。

　　于是智伯就联合韩、魏两家一起攻打赵氏，并答应灭了赵家后，把赵家的所有土地和户口由三家来平分。

　　公元前455年，智伯瑶率领中军，韩氏的军队为右路，魏氏的军队为左路，三队人马直奔赵家。赵襄子知道寡不敌众，就跑到晋阳去，以晋阳为根据地与三家对抗。晋阳是赵氏原有的领地，又经过尹铎等人的治理经营，民心归附，对赵襄子很有利。

　　智、魏、韩三家的兵马，把晋阳围住，双方相持了近两年时间。到了第三年，即公元前453年，智伯引晋水淹晋阳城，几天后，城墙差几尺就要全部被淹了。

　　形势很危急，赵襄子派相国张孟乘黑夜出城，分化三家的联盟。张孟对韩康子与魏桓子说：“唇亡齿寒，赵亡之后，灭亡的命运就要轮到你们了。”

　　韩、魏参战本就不情愿，又见智伯专横跋扈，也担心智伯灭赵后将矛头对准自己。为了自身利益，他们决定背叛智伯，与赵襄子联合。一天晚上，韩、赵、魏三家用水反攻智伯，淹没了智伯的军营，智伯驾小船逃跑，被赵襄子抓住杀掉了。智氏一族被灭后，韩、赵、魏三家平分了智氏的土地和户口，各自建立了独立政权。

公元前438年，晋哀公死，晋幽公即位。这时晋国完全衰弱，畏惧权臣，反向韩、赵、魏三家行朝拜礼。韩、赵、魏于是就瓜分了晋国的土地，只把绛城和曲沃两地留给晋幽公。从此晋君成了韩、赵、魏三家之傀儡。

公元前403年，由周威烈王册命，韩、赵、魏与晋侯并列。到公元前376年，韩、赵、魏联合灭了晋国，瓜分了晋国的全部土地，晋国彻底灭亡。此即春秋和战国的分界点。

"春秋五霸"之一的晋国在三家分晋后灭亡了，由此，奴隶社会开始向封建社会过渡。霸权政治结束了，战国时期群雄逐鹿的序幕揭开了。"三家分晋"是历史上具有划时代意义的重大事件。它标志着中国奴隶社会逐渐瓦解，新兴地主阶级开始登上历史舞台，从而推动了封建制度的确立。

公元前545年，田完四世孙田桓子与鲍氏、栾氏、高氏合力消灭当

战国时期青铜剑

战国时期青铜器

国的庆氏。这成为"田氏代齐"事件的初始。田氏代齐也叫"田陈篡齐",指战国初年齐国田氏取代姜姓成为齐侯的事件。

齐景公时,公室腐败。田桓子之子田乞用大斗借出、小斗回收,使齐国百姓生活殷实,便纷纷归属,从而增加了户口与实力。

公元前489年,齐景公死,齐国公族国、高二氏立公子荼,田乞逐国、高二氏,另立公子阳生,自立为相。从此田氏掌握齐国国政。

公元前481年,田乞之子田恒杀齐简公与诸多公族,另立齐平公,进一步把持政权。又以体恤民间,赏罚分明争取民心。

公元前391年,田成子四世孙田和废齐康公。公元前386年,田和放逐齐康公于海上,自立为国君,同年被周王册命为齐侯。

公元前379年,齐康公死,姜姓齐国绝祀。田氏仍以"齐"作为国号,史称"田齐"。

至此,代表新兴地主阶级的田氏完全控制了齐国政权,完成了齐国由奴隶制向封建制过渡的大转变。因此,田氏代齐不仅是齐国历史上的一件大事,也是中国由奴隶制向封建制过渡这一历史大变革中的一件大事。

三晋在战国初期最强大,常常联合兵力进攻其他国家。齐国自"田氏代齐"局面形成后,齐的实力暂时弱于三晋。

在当时,各个诸侯国为了克敌制胜,纷纷展开军备竞赛,与此同时,大力发展生产,加快经济建设。

在军备方面,七雄致力于改进武器装备。比如,韩国和楚国都以武器制作精良而著称于当时。兵器方面的最大变化是铁兵器开始出现。如楚国的铁剑，燕国的钢戟和钢剑。另外，当时还有铁甲和铁盔。

武器中的新品种有弩，弩是在弓上安装木臂和铜制的郭，就是利用简单的机械将箭从弓上射出，使箭具有很强的穿透力。像韩国所造的劲弩，可把箭射到600米以外。

此外，骑兵也得到了迅速发展。骑兵的许多长处，非其他兵种所能及，当时兵家对此已经有了深刻的认识。

比如"胡服骑射"就是一例。为了便于骑战，公元前307年，赵武灵王命令将军、大夫、戍吏都要学习胡人的短打服饰，同时也要学习他们的骑马、射箭等武艺。这就是历史上有名的"胡服骑射"。

姜姓齐国 指姜子牙治下的齐国。西周建国之初，姜子牙因灭商有功，被封于齐，都城营丘。他治理齐国时，重用有功之人，大力发展经济，将齐国建设成为一个实力雄厚的商业国家。到战国时期，齐国田氏篡政，仍以"齐"作为国号，史称"田齐"。

■ 春秋时期的车马出行图

赵武灵王骑射雕塑

赵武灵王实行的"胡服骑射"既是中国历史上第一次服饰改革，也是中国古代战争史上的一次革命。它还增强了各民族的交往，极大地促进了民族融合。

通过军备竞赛，7个诸侯国各自都拥有了雄厚的武装力量，少则有带甲之士数十万人，多则有"奋击百万"。作战时可以大量出动。

在经济建设方面，战国时期的经济和科技也有了前所未有的发展。以农田灌溉为重点的水利建设高潮逐渐兴起，加快了农田的开发和精耕细作的传统的形成，战国时期农作物的产量大幅度增加。春秋时期使用的牛耕和铁制农具在战国得到推广。

战国时期的青铜工艺呈现出前所未有的景象。礼器种类有明显变化，商代和西周盛行的酒器大量减少，蒸饪器与盛食器数量增多。乐器有编钟，生活用具有带勾和镜等。其他如镶嵌、镏金、金银错、细线雕等新工艺，使战国时期铜器的装饰花纹富丽堂皇。此外，丝织技术、玉器雕琢、漆器制作及建筑等，也有了不同程度的发展。

随着各诸侯国军事和经济的发展，实力都有所增强。彼此之间的兼并战争更为激烈和频繁，规模也更大。魏国是战国初年中原的一个强国。魏国经过政治改革而国力强盛，东面屡败齐国，又灭中山国，西面则派李悝和吴起守卫河西，一再挫败秦人的进攻。

到了魏惠王的时候，魏国更加强大，从此更加紧侵伐宋、卫、韩、赵等国。但魏国军队在公元前341年的马陵战斗中，被齐国的伏兵所打败，主将太子申和庞涓都战死，实力大为削弱。

秦国经过商鞅变法，国势蒸蒸日上，不断攻打韩国和魏国，借以扩大秦国的疆域。公元前333至公元前328年，秦国接连击败魏国军队，魏国被迫割地求和，失去它全部河西的土地。

秦国对三晋威胁很大。公元前318年，魏国公孙衍联合赵国、韩国、燕国、楚国"合纵"进攻秦国，结果被秦国打败，将帅都被秦国俘获。

秦国又不断向西方开拓土地。公元前316年，蜀国有内乱，秦惠王派司马错一举而把蜀国消灭。于是秦国日益强大起来，并且富强以后，开始轻视诸侯。

公元前314年，齐宣王派匡章率兵进攻燕国，仅仅50天就把燕国灭亡。公元前286年，齐国消灭了具有5000乘强大实力的宋国，并迫使邹国和鲁国都向齐国称臣，诸侯对齐国非常恐惧。

但因为齐国连年兴师动众，造成了田地荒芜、民众憔悴和兵士罢弊。特别是在消灭宋国以后，齐国实际上已成为强弩之末，国力未见再振。

在齐宣王打败燕国

商鞅变法 是指战国时期商鞅在秦国实行的变法。他提出了废井田、重农桑、奖军功、实行统一度量和建立县制等一整套变法求新的发展策略。经过商鞅变法，秦国的经济得到了空前发展，军队战斗力不断加强，发展成为战国后期最富强的封建国家。

■ 胡服骑射雕塑

■ 楚国人物雕刻

时，齐国军队对燕国人肆意蹂躏，引起燕国人反抗，遂终于奋力赶走齐国军队，但是燕国也因此而残破。赵武灵王护送燕公子职回国继位，就是燕昭王，燕国就复国了。燕昭王继位以后，礼贤下士，乐毅等人都奔赴于燕国，经过28年而达到殷富。

公元前284年，燕国联合三晋和秦国与楚国大举征伐齐国，齐国无力抵御。燕国大将乐毅很快攻下齐国都城临淄，齐湣王逃走，不久被杀。齐国除了莒和即墨以外的70多个城都成为燕国的郡县。

楚国在春秋时是两大强国之一，进入战国后楚国已大不如以前。自从秦国和齐国强盛起来之后，楚国不断和秦国与齐国进行斗争，但是都遭到了失败，最后楚怀王被诱至秦国而死于此。

公元前280年，秦国攻下楚国的汉北地区及上庸，就是后来湖北竹山。第二年，秦国大将白起更是

燕昭王（前335—前279），名职，燕王哙之子，太子平之弟。简称昭王或襄王。战国时期燕国第三十九任君主。曾在韩国作为人质。燕王哙死后，燕人立他为燕昭王，派乐毅伐齐国，连克70余城，后而败于燕惠王时。

引兵深入，攻下鄢，次年攻占郢都，秦国军队继续南进，一直打到洞庭湖边上。楚国的军队溃散而不战，楚顷襄王逃跑。秦国在所占领的楚国地域设立黔中郡和南郡。

秦国和赵国之间，曾为争夺上党郡而发生了有名的"长平之战"。公元前260年，赵国军队被困于长平，就是后来山西高平，因为绝粮而全军投降秦国。

第二年，秦国军队乘胜进围邯郸，攻打两年多亦没有攻下都城。后来因为魏国信陵君及其他国家派兵救援赵国，秦国才撤兵。赵国经过长平之战和邯郸被围，实力大为削弱。

无数次战争使诸侯国的数量大大减少，到东周后半期，实力最强的7个诸侯国分别为齐、楚、秦、

长平之战 是先秦时期也是中国古代史上规模最大的战役，参战人数：赵国军队45万人，秦国军队保守估计也在百万人以上，长平之战，是一场对中国历史走向有着深远影响的战役之一，它催生了中国历史上第一个封建集权的大帝国。

■ 战国时期战争复原图

秦大将军王翦像

燕、赵、魏和韩，这7个国家被史学家称作"战国七雄"。

公元前247年，秦王政继位。由于秦王政采取了英明决策，秦国日渐强大，从此走上了吞并六国、统一天下的道路。

公元前223年，秦国大将王翦率60万人进攻楚国，俘虏了楚王。随后完全攻占了楚国领地，楚国灭亡。公元前222年，秦国进攻辽东，俘虏燕王喜，又攻代国而俘虏代王嘉，燕国和赵国两国灭亡。至公元前221年，秦先后灭韩、魏、赵、楚、燕、齐六国，统一了天下。

随着东周的最后一个诸侯国朝鲜被灭，周朝完全退出历史舞台。中国历史上第一个大一统的时代已经到来。

阅读链接

战国时期，有个大商人叫吕不韦的到赵国的京城邯郸做生意。一次偶然的机会他了解到异人的情况，认为"奇货可居"，便立即到秦国，用重金贿赂安国君左右的亲信，把异人赎回秦国。

秦昭王死后，安国君即位，史称孝文王，立异人为太子。孝文王在位不久即死去，太子异人即位为王，即庄襄王。

庄襄王非常感激吕不韦拥立之恩，拜吕不韦为丞相，封文信侯。庄襄王死后，太子政即位，即秦始皇，称吕不韦为仲父。吕不韦权倾天下。

兴亡见证

秦汉至隋唐是中国历史上的中古时期。始皇统一天下后，实施了持续性变革，但因秦末暴政，强大的汉军将秦政权驱除历史舞台。汉朝前几任皇帝励精图治，使国力强盛，但汉朝则因后期腐败而衰亡。

在经历了三国两晋南北朝轮番割据后，隋文帝饮马长江，南北归于一家，并由此开启了隋唐盛世。

可惜的是，像大唐帝国这样的政权，也在两次内乱后落下帷幕。接着是五代十国这些转瞬即逝的势力。此后，华夏大地再次响起"统一"的脚步声。

第一个大一统帝国秦朝

秦朝的建立者是嬴政，也就是"秦始皇"。其政权存在时间是公元前221年至公元前206年。

秦朝是中国历史上一个极为重要的朝代，它结束了自春秋起500年来分裂割据的局面，成为中国历史上第一个统一的、多民族的、中央集权制国家。

秦朝首创了皇帝制度、以三公九卿为代表的中央官制，以及郡县制，彻底打破自西周以来的世卿世禄制度，维护国家的统一、强化中央对地方的控制。

但秦朝的暴政导致后来的大规模农民起义，秦朝由此走向灭亡。

■秦朝建立者秦始皇画像

■秦始皇统一华夏雕塑

在战国末年，实力强大的秦国占据着富饶而又易守难攻的关中地区，具有良好的地理环境。更重要的是，秦国的变法比其他六国更为成功，对旧势力、旧制度的铲除较彻底。因此，不管是在经济还是在政治上，秦国比其他各国更为先进，这就为秦国的建立和巩固准备了必要的条件。

公元前221年，中国封建社会的第一个统一王朝秦朝成立。秦朝的疆域，东到大海，西到陇西，北到长城一带，南到南海，大大超过了前代。

秦始皇为了加强统治，实现了从分封制到郡县制的转变。他所建立的专制主义中央集权制度及所采取的旨在巩固统一的某些措施，为后世帝王所取法。

秦始皇以战国时期秦国官制为基础，把官制加以调整和扩充，建成一套适应统一国家需要的新的政府机构。

在这个机构中，中央设丞相、大尉、御史大夫。丞相有左右两员，掌管政事。太尉掌管军事，不常置。御史大夫是丞相的副贰，掌

历史悠久的文明古国

■ 睡虎地秦简

虎符 中国古代对虎的形象十分崇拜，特别是在军事上，如在调兵遣将时用的兵符就刻上一只老虎，称为虎符。虎符是用青铜或者黄金做成伏虎形状的令牌，令牌劈为两半，其中一半交给将帅，另一半由皇帝保存，只有两个虎符同时使用，才可以调兵遣将。

管图籍秘书，监察百官。丞相、太尉、御史大夫与诸卿议论政务，皇帝作裁决。

地方行政机构分郡、县两级。郡和县主要官吏由中央任免。郡设守、尉、监。郡守掌治其郡。郡尉辅佐郡守，并典兵事。

在县一级，万户以上者设令，万户以下者设长。县令和县长领有丞和尉及其他属员。县以下有乡，乡设三老掌管教化，啬夫掌管诉讼和赋税，游徼掌管治安。乡下有里，是最基层的行政单位。

此外，还有专门负责治安和禁止盗贼的专门机构，叫作亭，亭有长。两亭之间，相距大约5千米。

统治一个大国，需要全国一致而又比较完备的法律制度。秦始皇统一六国以后，以秦律为基础，参照六国律，制定了全境通行的法律。秦律经过汉朝的损益，成为唐以前历代法律的蓝本。

秦的社会组织相当严密，商鞅变法时建立了"什伍连坐制"，统一后秦国将这一制度推广至全国。

维持一个大国的统一，还需要强大的军队。秦朝的军队以消灭六国的余威，驻守全国，南北边塞，是屯兵的重点地区。屯兵是集中驻扎的机动作战部队，由朝廷派遣的将军统率，比如，蒙恬曾长期领兵屯于上郡。

秦朝以铜虎符为凭据来调兵遣将。虎符剖半，右半由皇帝掌握，左半在领兵的人手里，左右合符，才能调动军队。这是保证兵权在皇帝手中的重要制度。

秦始皇曾经派蒙恬率军30万抗击匈奴。匈奴人分布在蒙古高原上，战国末年以来，常向南方侵犯。秦统一全国以后，发兵抗击，最终收复河套以南地区，即当时所谓的"河南地"。

为了防止匈奴入侵，秦还把战国时燕、赵、秦三国长城修复并连接起来，筑成西起临洮、东迄辽东的世界伟大工程之一的万里长城，

■ 秦长城遗址

封禅大典 是地处山东省的泰山独有的古老礼仪，也构成了泰山被崇拜与信仰的重要内容。封禅表示帝王受命有天下的典礼。封是祭天，禅是祭地。泰山封禅，便赋予了帝王取得上天承认、证明自己是"天子"的神圣意义。

用来保护北方农业区域。接着，秦又徙民几万家于河套。这对于边地的开垦和边防的加强，起了积极作用。

针对当时一些儒生希望复辟贵族割据的思想和政治倾向，秦始皇也进行了斗争。他在丞相李斯的建议下，焚毁书籍，消灭私学，处理犯禁的儒生，通过"焚书坑儒"来打击贵族政治的思想。

秦始皇还下令统一货币，统一度量衡，统一文字，并建立土地制度，鼓励农耕，发展生产。在经济和文化方面，为加强中央集权创造了有利条件。

秦始皇还确定了一套与皇帝地位相适应的复杂的祭典以及封禅大典，择时进行活动。

秦始皇统一天下，奠定了中国统一多民族中央集权国家的基本格局，对祖国疆域的初步奠定和巩固发展国家的统一，以及形成以华夏族为主体的中华民族，起了重要作用。

晚年的秦始皇迷信仙术，想长生不老。公元前

■ 秦始皇求仙殿复原图

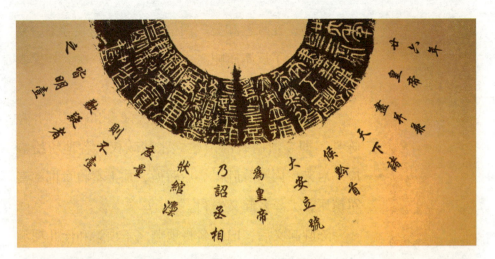

■ 秦始皇诏权文字

210年，秦始皇进行最后一次巡游。他游云梦，观钱塘，登会稽山，然后渡江，沿海边来到琅琊。

他总想能在海边有所收获，遇见仙人或得到仙药，所以一直靠着海岸走，然而仍一无所获。在返回咸阳的途中，他病倒了。不料未及赶回咸阳，秦始皇就病逝，终年50岁。同年，其子胡亥即位。

在当时，秦二世对秦始皇的死讯秘不发丧，旨在伺机登上王位。他在赵高等人的蛊惑下，杀死兄弟姐妹20余人，改了秦始皇立长子扶苏继承帝位的遗诏，并逼死了扶苏，自己当上了秦朝的二世皇帝。

秦二世即位后，赵高掌实权，实行残暴的统治。他不仅残害手足，还妄杀忠臣，右丞相冯去疾和将军冯劫为免遭羞辱，选择了自尽。他尤其加重对农民的剥削和压迫，使人民生活在水深火热之中。秦二世的暴政，埋下了秦朝灭亡的祸根。

公元前209年7月，一队开赴渔阳戍边的900人，因雨不能如期赶到目的地。按照秦二世时的法律规定，这些人都将被斩首，大家面临着被处以死刑的威

扶苏 （前241—前210），秦始皇长子，是秦朝统治者中具有政治远见的人物。因反对实行"焚书坑儒"等政策，被秦始皇贬到上郡监蒙恬军。秦始皇死后，赵高等人害怕扶苏即位执政，便伪造诏书，指责扶苏在边疆和蒙恬屯兵期间，为人不孝，又无尺寸之功，逼其自杀。

传国玉玺 也叫传国玺，为中国古代皇帝的信物。相传秦始皇灭六国统一中国后获得和氏璧，将其琢为传国玉玺，命丞相李斯在和氏璧上写"受命于天，既寿永昌"八个虫鸟篆字，由玉工孙寿刻于其上。后为历代王朝正统的象征。

历史悠久的文明古国

胁。于是，在陈胜和吴广两位戍卒屯长的领导下，在大泽乡举起了反秦旗帜。中国历史上第一次大规模农民起义就此爆发了。

陈胜和吴广率领起义军连克大泽乡和蕲县，并在陈县，即今河南省淮阳建立张楚政权，各地纷纷响应。后来，因为陈胜得势后骄傲，加上秦将章邯率秦军镇压，大泽乡起义失利。

陈胜起义后，旧楚名将项燕之子项梁和侄儿项羽杀掉秦会稽郡守，起兵响应。不久项梁率领约8000名子弟兵渡江北上，队伍扩大到六七万人，连战获胜，成为反秦起义军中的一支劲旅。

随着全国反秦浪潮的不断高涨，做秦朝沛县泗水亭长的刘邦，也在沛县百姓的推举下举起了反秦大旗。他以沛公的身份，设祭坛，立赤旗，自称赤帝的儿子。

公元前207年12月，刘邦率军到达了咸阳东边不远处的灞上。这时的秦王子婴见大势已去，只得将传

■ 楚汉战争蜡像

■ 陈胜 （？—前208），字涉，楚国阳城县人，秦朝末年反秦义军的首领之一，与吴广一同在大泽乡率众起兵，成为反秦义军的先驱。不久，在陈郡称王，建立张楚政权。后被秦将章邯所败，遭车夫刺杀而死。

国玉玺亲手交给了刘邦。秦国至此灭亡。

针对已有些作为的刘邦势力，项羽不甘落后，他自立为西楚霸王。随着形势的发展，这两股势力拉开了楚汉战争的大幕。

公元前202年12月，刘邦、项羽两军在垓下进行了一场战略决战，结果项羽兵败，退至乌江，最后自刎。同年6月，刘邦即皇帝位，这就是汉高祖。

秦末农民战争推翻了贪婪残暴的秦统治集团，使社会得以前进。这次起义，是由中国古代农民第一次大规模的发动，对后代农民起义起着激励斗志的作用。

阅读链接

秦始皇建立秦国前，在准备灭楚的过程中，老将王翦说要60万人，年轻将军李信说20万就足够了。

秦始皇轻信了李信，结果李信被楚国打得大败。李信低估了楚国实力，吃了败仗。

秦始皇是个很有胸襟的人，他不但没有处罚李信，还亲自去找王翦，向老将军道歉。王翦坚持必须60万人攻楚的意见，秦始皇当场答应。

王翦率60万秦军灭楚后，秦始皇面对已经是盘中餐的齐国，再次派出了之前打了败仗的李信。结果李信重新立功。

强盛的封建王朝汉朝

    汉朝是继秦朝之后强盛的大一统帝国。汉高祖刘邦建立西汉，定都长安，史称前汉；汉光武帝刘秀建立东汉，定都洛阳，史称后汉。西汉与东汉合称两汉。汉朝共历400多年的历史。

    两汉王朝经历了"文景之治""汉武盛世""昭宣中兴""光武中兴"和"明章之治"。两汉时期民族融合空前发展，文化科学异常活跃，对外交流意义重大。

    两汉时期开疆拓土，国力强盛，人口众多，为中华民族2000年的社会发展奠定了基础，为中华文明挺立千秋做出了巨大贡献。

■ 汉高祖刘邦画像

■ "刘邦求贤感众将"画

汉高祖刘邦建立的西汉王朝，各种制度基本上沿袭秦朝而有所增益，但在施政方面则以秦朝速亡为鉴，力求在稳定中求发展。汉初70年的历史，是社会经济从凋敝走向恢复和发展的历史，也是中央集权逐步战胜地方割据的历史。

西汉初年，六国旧贵族如齐之田氏，楚之昭氏、屈氏、景氏和怀氏等贵族残余势力，以及燕、赵、韩、魏等豪杰余脉，仍然是强大的地方势力。刘邦把这些旧贵族以及其他豪杰名家10万余口，迁到长安附近。这次迁徙的规模之大是空前的，有效地控制了六国旧贵族和豪杰的分裂活动。

刘邦还采取了断然手段，来消灭异姓诸王。订立了"非刘氏而王者，天下共击之"的誓言。他首先消灭燕王臧荼，立卢绾为燕王。又接连消灭楚王、韩王、赵王、梁王、淮南王和燕王。

在经济上，刘邦任用萧何为丞相，采取与民休

萧何（前257—前193），生于西汉泗水郡丰邑县中阳里，即今属江苏省丰县。汉朝初年丞相，政治家。谥号"文终侯"。他辅助汉高祖刘邦建立汉政权，其后又制定汉律，为东汉政权的建立与巩固立下了不朽功勋。与张良、韩信并称"汉初三杰"，萧何位居其首。

■ 汉武帝（前156—前87），幼名刘彘。汉景帝刘启的第十个儿子。汉朝第五代皇帝，谥号"孝武皇帝"，庙号世宗。他是中国历史上著名的政治家、战略家。他凭借雄才大略、文治武功，使汉朝成为当时世界上最强大的国家，赢得了一个国家前所未有的尊严。他也因此成为中国历史上伟大的皇帝之一。

息、清静无为、休养生息的黄老治术与政策，鼓励生产，轻徭薄赋，使百姓得以休养生息，生产得以恢复。

刘邦去世后，汉惠帝刘盈继位，但在此期间，实际是吕后称制。吕后尊汉高祖刘邦遗嘱，用曹参为丞相，萧何出谋划策，曹参负责落实，并沿用汉高祖刘邦的黄老政治的政策，达到了"政不出房户，天下晏然"的效果，为史家所称道。

吕后去世后，刘氏诸王与西汉大臣合力消灭诸吕势力，迎立代王刘恒为帝，是为汉文帝。

汉文帝为了"休养生息"，尽量避免对南越用兵。在汉文帝和儿子汉景帝刘启两朝，继续采取黄老无为而治的手段，实行轻徭薄赋、与民休息的政策，恩威并施，恢复了多年战争带来的巨大破坏，使人民负担得到减轻。

这段时期，匈奴虽然几次入寇中原，但大多数时间处于相对和平的状态。汉朝方面则不断积蓄国力，采取有效措施来积极备战。这一时期史称"文景之治"，是中国成为大一统时代以来，第一次被传统历史学家称羡的治世时代。

汉武帝刘彻在位期间，从公元前140年到公元前

推恩令 汉武帝刘彻为削弱诸侯王势力而颁行的一项重要法令。其具体办法是，令诸侯王各分为若干国，使诸侯王的子孙依次分享封土，地尽为止；封土广大而子孙少者，则虚建国号，待其子孙生后分封。

87年，是西汉王朝的鼎盛时期。他采取了一系列改革措施，使得汉朝的政治、经济、军事变得更为强大，也是封建制度下中华民族的一个蓬勃发展时期。

在政治上，汉武帝加强皇权，首创年号，采纳主父偃的建议，施行推恩令，削弱了诸侯王的势力，中央集权得到了大大的加强。

在文化上，废除了汉朝以"黄老学说、无为而治"治国的思想，积极治国。并采纳董仲舒"罢黜百家，独尊儒术"的建议，维护了封建统治秩序，神化了专制王权，因而受到中国古代封建统治者推崇，成为2000多年来中国传统文化的正统和主流思想。

在军事上，积极对付汉朝的最大外患匈奴。首先是大幅提高军人的待遇，调动了军人的积极性。

在这期间，汉朝先后出现了卫青、霍去病等天才将领，终于击败匈奴单于，使得"漠南无王庭"。又

南越 秦朝将灭亡时，由南海郡尉赵佗起兵兼并桂林郡和象郡后于约前204年建立，后为汉武帝所灭。疆域包括今天中国的广东、广西两省区的大部分，福建、湖南、贵州、云南的部分地区和越南的北部。南越国又称为南越或南粤，在越南又称为"赵朝"或"前赵朝"。

■ 汉墓壁画车马图

收复南越国和朝鲜，征服中亚大宛国，西域臣服，使中国成为亚洲第一霸主，世界第一大帝国。

在外交上，两次派张骞出使西域，开辟了"丝绸之路"。丝绸之路成为东西方经济文化交流的桥梁。

汉武帝时期，开疆拓土，奠定了今天的中国版图，是汉朝疆域最大的时期，也是汉朝的极盛时期。这就是"汉武盛世"。

汉朝疆域在汉武帝时，正北至五原郡、朔方郡，南至日南郡，东至临屯郡，西至葱岭，面积广达600万平方千米。朔方郡就是现在的内蒙古包头、巴彦淖尔一带，日南郡就是现在的越南广平省，临屯郡就是现在的朝鲜江原道一带，葱岭就是现在的帕米尔高原。

汉武帝死后，年仅7岁的刘弗陵即位，是为汉昭帝。汉昭帝遵循汉武帝晚年的政策，对内继续休养生息，以至于百姓安居乐业，四海清平。汉昭帝刘弗陵死后，刘询即位，是为汉宣帝。

汉宣帝摒弃不切实际的儒学，采取道法结合的治国方针，在整顿吏治上沿用汉昭帝刘弗陵的政策，劝民农桑，抑制兼并，降低豪强在

汉武帝罢黜百家独尊儒术蜡像

■ 王莽（前45—23），字巨君，中国历史上新朝的建立者，即新始祖。公元8年，王莽代汉建新，建元"始建国"，宣布推行新政，史称"王莽改制"。王莽统治的末期，天下大乱，更始军攻入长安，王莽死于乱军之中。而新朝也成了中国历史上最短命的朝代之一。

国家中的角色。

经过汉昭帝、汉宣帝的治理，国家经济明显恢复，人口疆域都达到了汉朝的极盛时期，四夷宾服，万国来朝，使汉朝再度迎来盛世，这就是著名的"武昭宣中兴"。

汉宣帝刘询死后，汉元帝刘奭即位，西汉开始走向衰败。汉元帝柔仁好儒，导致皇权旁落，外戚与宦官势力兴起。

汉元帝死后，汉成帝刘骜即位。汉成帝好女色，以至于"酒色侵骨"，最后竟死在温柔乡中。

汉成帝不理朝政，为外戚王氏集团的兴起提供了条件，皇太后王政君权力急剧膨胀。汉成帝刘骜死后，刘欣即位，是为汉哀帝。

此时外戚王氏的权力进一步膨胀，国家已经呈现一片末世之象，民间"再受命"说法四起。公元前1年8月15日，汉哀帝刘欣去世。

10月17日，刘衎即位，是为汉平帝。但汉平帝已经沦为王莽的傀儡。公元6年2月，年仅14岁的汉平帝刘衎病死，王莽立刘婴为皇太子，自己任"摄皇帝"。

公元8年12月，王莽废除孺子婴的皇太子之位，建立新朝，西汉灭亡，王莽成了新始祖，也称新太祖高皇帝、新朝建兴帝，简称新帝。

公元23年，王莽政权在赤眉、绿林打击下覆灭。绿林军拥立汉宗

光武皇帝刘秀

室刘玄做皇帝，恢复汉朝国号，史称"玄汉"，改元更始，刘玄即汉延宗更始帝。

公元25年，赤眉军立刘盆子为帝，沿袭汉朝国号，史称赤眉汉，建元建世，刘盆子即建世帝，随后击败绿林军。

其后，原本服从更始帝的汉宗室刘秀在鄗县之南称帝，并诛杀刘玄，是为汉光武帝，沿用汉朝国号，称建武元年，都洛阳，史称东汉。东汉于公元27年灭刘盆子赤眉汉，公元36年灭隗嚣、公孙述等割据势力，实现了全国统一。

光武帝废王莽弊政，大兴儒学，使得东汉成为风化最美，儒学最盛的朝代。时年社会安定，加强中央集权，对外戚严加限制，史称"光武中兴"。

汉明帝和汉章帝在位期间，秉承光武帝遗规，对外戚勋臣严加防范；屡下诏招抚流民，赈济鳏寡孤独和贫民前后凡9次；修治汴渠完成，消除西汉平帝以来河汴决坏；经营西域，再断匈奴右臂，复置西域都护府和戊己校尉。东汉进入全盛时期，史载"天下安平，百姓殷富"，号称"明章之治"。

汉章帝后期，外戚窦氏日益跋扈，揭开东汉后期外戚与宦官两股势力争斗的序曲。到了汉灵帝执政时，朝政腐败到了极点。导致了184年的黄巾起义。

虽然不久便平定了此叛乱，但是汉朝政府经此一役已国力大减。而且中央政府为顺利平叛，又将军权下放给各地州官。

各地豪强大族从此开始慢慢拥兵自重，加以其原本已具有强大的经济实力，最终演变成东汉末年袁绍、袁术、曹操、孙坚、董卓等众豪强军阀割据一方的局面。

汉灵帝死后，董卓掌权，废后汉少帝刘辩为弘农王，改立汉献帝刘协。董卓被吕布诛杀后，军阀割据完全表面化，出现了把持中央的曹操，位于河北的袁绍，位于淮南的袁术，位于江东的孙权，位于荆州的刘表，位于益州的刘璋等势力。

其中曹操"挟天子以令诸侯"，以汉朝丞相的名义讨伐各路军阀，在"官渡之战"中消灭了最大的敌人袁绍军的主力。但同时架空汉室权力，全权代理皇帝处理朝政。此时，东汉朝皇帝已经是空有名分而无实际了。

"赤壁之战"后，天下三分之势逐渐形成。曹丕篡汉建立魏后，刘备随即在蜀地宣布继承汉朝法统，建立了沿用汉国号的政权，史称蜀汉。江东孙权虽向魏称臣，内政外交皆自主，几年后孙权称帝，国号吴。

221年，刘备在成都称帝，以汉室宗亲的身份重新建立汉朝，

官渡之战　200年，曹操军与袁绍军相持于官渡，即今河南省中牟东北，在此展开战略决战。曹军击溃袁军。这是东汉末年"三大战役"之一，也是中国古代历史上著名的以弱胜强的战役之一。此战奠定了曹操统一中国北方的基础。

051

中古时期

兴亡见证

■西汉长信宫灯

河南省洛阳孟津县汉光武帝陵

继续汉之大统，年号"章武"，汉朝又一次被复兴。

223年4月，刘备去世，谥"昭烈帝"。诸葛亮数度北伐，力挽刘备汉朝之将倾，但多次因补给线太长粮草不济被迫撤军，致使北伐始终无法获得重大成效。

诸葛亮病死后，蒋琬、费祎、董允等接手执掌朝政，到三人死后，刘禅开始自摄国政，但内廷逐渐为宦官黄皓把持，使得前方战事不为刘禅所知，最终导致邓艾偷袭成都成功、刘禅举国而降。后来姜维意图借助钟会之力复国，但是计划失败被杀。汉朝国祚至此告终。

阅读链接

刘邦性格豪爽，不太喜欢读书，但对人很宽容。他也不喜欢下地劳动，所以常被父亲训斥为"无赖"，说他不如自己的哥哥会经营，但刘邦依然我行我素。

刘邦长大后，经考试做了泗水的亭长，时间长了，和县里的官吏们混得很熟，在当地也小有名气。刘邦的心胸很大，在一次送服役的人去咸阳的路上，碰到秦始皇大队人马出巡，远远看去，秦始皇坐在装饰精美华丽的车上威风八面，羡慕得他脱口而出："大丈夫就应该像这样啊！"

相互对峙的三国时期

中国历史上东汉与西晋之间，有一个分裂对峙时期，存在着魏、蜀、吴三个政权，这就是三国时期。其时间一般认为是起始于奠定三国局面的"赤壁之战"，终结于280年西晋灭孙吴。

在三国时期，魏、蜀、吴三分东汉州郡之地，在互相对峙的同时，各自励精图治，谋求发展，可谓充满生机。

三国时期的统治者，为了巩固和发展自己的势力，大都比较重视社会生产的发展，都重视经济的发展和社会秩序的安定。其丰富多彩的历史内涵，常常引起后人的追思，是中国历史上典型的时期。

■ 魏朝开国皇帝曹丕画像

公元208年，孙权、刘备联军大败曹军于赤壁，迫使曹军退回中原。此后，随着曹魏、蜀汉和孙吴三个政权的建立，华夏大地三大区域同时经历了对峙与发展的时期。

220年冬，曹操之子曹丕篡汉称帝，建都洛阳，国号魏，史称"曹魏"。这就是魏文帝。三国时期开始。

265年，晋武帝司马炎篡魏，改国号为晋，曹魏灭亡。曹魏历5帝，共计46年。

曹操北归以后，用兵于关中、陇西，先后消灭关西十一部、张鲁等割据势力，占有陇西之地。但因曹操年事已高，终其年只控制了中原、陇西一带。

曹魏政权建立后，为了谋求发展，在很多方面颇有建树。曹魏政权所采取的治国方针、政策和措施，在更广泛的意义上影响了历史的走向。

在文官制度上，曹魏政权顺承曹操"唯才是举"的原则，尽力招揽更多的人才，魏文帝时就建立了九品官人法，其做法是：

郡设小中正，州设大中正；小中正采择舆论，按人才优劣定品第高下，上报大中正，大中正核实后上报司徒，司徒再加审核然后交尚书选用。

还规定，郡人口10万以上，特

■ 曹丕（187—226），字子桓，三国时期著名的政治家、文学家，曹魏的开国皇帝。他在位期间，平定边患，击退鲜卑，和匈奴、氐、羌等外夷修好，恢复汉朝在西域的设置。另外，曹丕著有《典论》，当中的《论文》是中国文学史上第一部有系统的文学批评专论作品。

■ 曹植父子塑像

别优异的不受户口限制。还设立春秋穀梁博士，提高了官员的素质保证。九品官人法在中国古代政治制度史上占有十分重要的地位，乃中国封建社会三大选官制度之一。

在地方制度方面，曹魏河南郡治洛阳，为京师所在，称司州。又设王国并置相，与郡同等。县制方面有公国、侯国、伯国、子国和男国之封。

在法律制度方面，曹魏在秦汉旧律基础上重新定律，制订《新律》18篇、《州郡令》45篇、《尚书官令》《军中令》，合180余篇。这是在秦汉律由简到繁以后，中国封建刑律由繁到简的又一个重要的转折点，对晋律和唐律的产生具有直接的影响，在中国法律制度史上居于承前启后的重要地位。

在军事制度方面，曹魏时期的中央军，分为中军和外军。中军担负着宿卫皇宫、拱卫京师的任务；外

九品 中国古代官吏等级。始于魏晋时期。指把人物分成九等，即上上、上中、上下、中上、中中、中下、下上、下中、下下。北魏时，每品各分正、从，第四品起，正、从又分上、下阶，共三十等。唐、宋时文职同北魏，武职三品起分上、下阶。隋、元、明、清时文武均同，留正、从品，无上、下阶，共十八等。

军留屯各地，代表中央去行征伐镇压之权。除了中军与外军，曹魏政权还有作为地方兵的州郡兵。

为保持固定的兵源，曹魏建立了士家制。士家有特别的户籍，男丁世代当兵或服特定的徭役。士家身份低于平民，士逃亡，妻子没官为奴。冀州士家有10万户以上。

曹魏和外族进行了30多次战役，例如：河西之战，消灭乌桓，击败鲜卑，讨氐羌，破东濊、平濊貊、灭韩濊等，绝大多数都取得了胜利。甚至后世有人认为，曹魏政权是中国古代对外族胜率最高的。

在经济方面，曹魏为了恢复和发展北方的经济，推行了屯田制度。组织流民耕种官田，屯田地域，西北起河西，东南达淮南，东北自幽燕，西南至荆襄。

氐羌 羌族是中华大地上最古老的民族群体，它们最早在甘青之交的黄河上游及渭水上游一带繁衍生息。后来它们向四方迁徙，逐渐与周围的土著民族融合，进而形成新的族群。由于自然条件艰苦，这一支发展缓慢，从而形成诸羌。

■曹操封赏将士画面

这使得社会秩序恢复，增强曹魏实力。

■ 三国时期官吏壁画

　　曹魏重视农业的另一实证是其大兴水利，其工程的规模和数量在三国中首屈一指。如233年关中一带辟建渠道，兴修水库，一举改造了3000多顷盐碱地，所获使国库大为充实。再如，曹魏在河南的水利工程，其成果使粮食产量倍增。

　　曹魏建置大型官营手工业作坊，发展手工业生产。邺、洛阳等贸易城市，商业经济发达，和海外有贸易往来。此外造船业、陶瓷业、丝织业、制盐业等也都十分发达。

　　在文化方面，曹魏虽然是以军力起家，但曹氏一族在文学上具有相当成就，如曹操和其子曹丕和曹植

鲜卑 中国北方阿尔泰语系游牧民族，其族源属东胡部落，兴起于大兴安岭山脉。中国古代游牧民族。先世是商代东胡族的一支。秦汉时从大兴安岭一带南迁至西拉木伦河流域。曾归附东汉。匈奴西迁后仅有其故地，留在漠北的匈奴10多万户均并入鲜卑，势力逐渐强盛。

玄学 是对《老子》《庄子》和《周易》的研究和解说。产生于魏晋。是魏晋时期的主要哲学思潮，是道家和儒家融合而出现的一种哲学和文化思潮。可以说是道家之学的一种新的表现方式，故又有新道家之称。

都善于写诗，时称"三曹"，后世称"建安文学"。还有以王粲、陈琳为代表的"建安七子"。三曹和建安七子在诗歌创作上形成"建安风骨"，留下许多名篇。如曹丕的《燕歌行》、曹植的《洛神赋》、王粲的《七哀诗》都是传颂千古的佳作。

才华横溢的女诗人蔡文姬有《悲愤诗》传世，著名的乐府叙事诗《孔雀东南飞》也创作于建安时。以何晏、王弼为代表的玄学的产生，是哲学思想的突出成就。

后世称为"医圣"的张仲景，著《伤寒杂病论》，奠定了中国医学体系的基础。华佗则精于外科手术，首创用麻沸散做手术麻醉剂。数学家刘徽在圆周率计算上有重大贡献。马钧在机械上有多种发明，

■ 刘备托孤场景

包括提水工具翻车。

在宗教方面，道教由于黄巾起义和张鲁保据的失败，略有沉寂，佛教则继续流传。洛阳有佛寺，西域僧人前来传法译经。颍川人朱士行远赴于阗求经，是第一个西行求法的汉僧。

赤壁之战后，曹操不敢再轻易南下，鼎立格局初步奠定。刘备图蜀成功，并据有汉中。221年，刘备昭告天下，即位于成都，建国汉，史称蜀汉，疆土辖有汉中、巴、蜀。纵观蜀汉历史，它是一段刘氏政权忙于征伐、忙于开拓的历史。

蜀汉统治者孜孜不倦地征伐天下，开辟疆土，把蜀汉疆域拓展到北入后来的甘肃境内，南达后来的云南边境，东边维持在后来的奉节一带，西边伸入到后来的缅甸境内。

公元222年，刘备率军征伐孙权，为陆逊败于彝陵，不久病逝。他托孤于诸葛亮，辅佐长子刘禅继位。其间，诸葛亮曾七出祁山，但是胜

少负多；大将姜维九伐中原，却是次次失败。诸葛亮、蒋琬、费祎、董允死后，内廷逐渐为宦官黄皓把持，使得前方战事不为刘禅所知。

公元263年，魏军三路攻蜀。同年冬，魏国大将邓艾攻入成都，刘禅投降，蜀汉灭亡。蜀汉历二帝，共计43年。

蜀汉兵制大致和魏相同，但又有其特点。蜀置五军，即前、后、左、右、中军。中军与曹魏一样同时又是宿卫部队；前、后、左、右四军略等于曹魏的外军。基层军队有许多不同的称号。此外还有夷兵，由荆州一带少数民族组成。蜀汉还把外来流民组建成军队。

蜀汉政权的社会经济有持续稳定的发展。蜀汉十分重视农田水利灌溉事业，继续维护都江堰等水利设施，很好地控制、利用了水资源，使成都平原出现一片繁荣景象。

蜀地本来就"土地肥美"，有江水沃野之饶，加上诸葛亮的精心治理，农业产量很高。处于都江堰灌区的绵竹、广汉一带的水田，保持着高产的纪录。

此外，盐、铁、织锦业也很发达。特别是织锦业，蜀锦的产量就相当可观，驰名全国，远销吴、魏，其收入成为蜀汉政府军费的一大来源。由于蜀汉自然条件好，加上诸葛亮及其继承者们的悉心经营，直至亡国，社会经济也有发展势头。

■ 刘禅（207—271），蜀汉后主，字公嗣，又字升之。小名阿斗。刘备之子。三国时期蜀汉第二位皇帝，公元223年至263年在位。诸葛亮等贤臣相继去世后，刘禅无力把持国政，宦官黄皓开始专权，蜀国逐渐衰败。公元263年蜀汉被曹魏所灭，刘禅投降曹魏，被封为安乐公，后在洛阳去世。

■ 孙权（182—252），字仲谋。祖籍吴郡富春，今浙江富阳，生于下邳，今江苏徐州睢宁。三国时期吴国开国皇帝，在位23年。谥号"大皇帝"，庙号太祖。他仁贤用能，挽救了江东危局，保住了父兄基业，并使吴国的领土面积大大增加。

229年，孙权在武昌称帝，国号"吴"，改元黄龙元年，史称"东吴"。后又迁都建业，自此三国鼎立之势正式形成。

司马炎夺取曹魏政权建立晋朝后，279年冬，晋军出兵攻吴，于280年3月攻下建业，吴帝孙皓降，吴国亡。三国时期结束。

东吴在政治上大体跟东汉相近，地方上仍实行州郡制，中央方面也是同样。唯一不同者，则是东吴主要受江南本地豪族影响，单是在朝的朝臣，就有不少外姓人士，如顾姓的顾雍，朱姓的朱桓，陆姓的陆逊和张姓的张温，就是后世称为吴四姓的，这些世族都是汉朝时长居江南的望族。

东吴的军队以舟师为主，步兵次之。孙吴水军发达，设有水军基地和造船厂，所造名为"长安"的战船，可载士兵千余人。其精锐军队有车下虎士、丹阳青巾军与交州义士等。还设有山越兵、蛮兵、夷兵等少数民族部队。

东吴的经济有显著发展。当时因为战乱，北人南来，加上山越人接受孙权安抚，从山区移居平地，使得东吴劳动力增多。长江两岸地区都设有屯田区，其中毗

山越人 越人是舜的后人。在战国时期，越国被楚国消灭。大量的越国贵族四散而逃，他们大多沿海逃散，还有的逃到东南沿海地区的山地。那些逃到山地的人就是山越。三国时期，东吴围剿山越，山越从此消失。

陵屯田区就是后来江苏常州、镇江、无锡一带最大的。

丝织业开始在江南兴起，但因织造技术还不高，所以蜀锦成为重要的输入物资。铜铁冶铸继承东汉规模而有发展，青瓷业也在东汉釉陶制造基础上走向成熟。

由于河海交通的需要，造船业很兴盛，海船经常北航辽东，南通南海诸国。230年，东吴的万人船队到达夷洲，即今中国的台湾省，这是中国大陆与台湾联系的最早记载。吴国使臣朱应和康泰泛海至林邑、扶南诸国。大秦商人和林邑使臣也曾到达建业。

经济的发展，与外界交往的增加，促进了江南文化的提高，出现了一批知名的经学家和文史之士，如虞翻、陆绩、韦昭。

佛教开始在江南传播，居士支谦从洛阳南来，世居天竺的西域僧康僧会稍晚从交趾北上。他们在建康

交趾 又名交阯，中国古代地名，位于今越南社会主义共和国境内。"交趾"一名在南越时代就已有之。公元前111年，汉武帝灭南越国，并在今越南北部地方设立交趾、九真、日南三郡，实施直接的行政管理；交趾郡治交阯县即位于今越南河内。

■ 赤壁之战场景

三国时期兵马塑像

译经传法，影响颇大。道教在南方民间继续流传。

东汉民间流行黄老之学，张角建立的太平道和张道陵建立的五斗米道，都是道教的雏形，至西晋时则称为天师道。张鲁投降曹操后，五斗米道流传到江南一带。

"赤壁之战"后出现的"三足鼎立"局面，经过魏蜀吴区域的局部统一、相互相持和积极发展后，至西晋又归于全国的统一。

阅读链接

麦熟时节，有一次曹操率领大军去打仗。沿途的老百姓因为害怕士兵，都躲到村外，没有一个敢回家收割小麦的。

曹操得知后，立即派人挨家挨户地告诉老百姓：他是奉皇上旨意出兵讨伐逆贼为民除害的。现在正是麦熟的时候，士兵如有践踏麦田的，立即斩首示众，请父老乡亲们不要害怕。

曹操的官兵在经过麦田时，都下马用手扶着麦秆，小心地走过麦田，这样一个接着一个，相互传递着走过麦地，没一个敢践踏麦子的。

老百姓看见了，没有不称颂的。

封建体制完备的隋朝

隋文帝杨坚结束了南北朝分裂局面，建立起一个大一统王朝隋朝。时间从581年隋文帝建国开始，至619年皇泰主杨侗被迫禅位为止。共存在了37年。隋朝的历史虽然短暂，但是隋朝的历史地位却是不容忽视的，因为盛唐的许多制度都是在隋朝时确立的。

隋朝初年，隋文帝制定出一系列政策，这些政策成就了隋初的"开皇之治"。但是在隋朝后期，政局却土崩瓦解。

隋朝是上承南北朝、下启唐朝的一个重要朝代，这一时代的封建体制基本完备。史学家常把它和唐朝合称为"隋唐"。

■ 隋文帝杨坚画像

隋文帝杨坚平南朝陈后，迁陈朝皇室和百官家属入关中，同时派北方官吏到江南进行管理。但南方士族认为统一损害了他们的利益，便在陈朝旧境爆发反隋暴动。

但"统一"是多数人的呼声，分裂割据不可能真正获得江南人民的支持。此外，士族豪强各踞一方，力量分散。隋文帝审时度势，速派军事统帅杨素为行军总管，领兵镇压。

隋军兵锋所指，将反隋势力各个击破，用时一年即告平定。士族高门的北迁和这次镇压，沉重打击了江南的割据势力，巩固了隋朝政权。

在隋文帝统治时期和隋炀帝统治的前期，隋朝先后进行了一系列有利于巩固统一和强化中央集权的改革。

隋文帝刚一继位，就废除了西魏、北周时期仿照"周礼"制定的"六官制"，又综合参酌魏晋以来的变化，创立三省六部制，这一制度的确立，成为隋朝的行政中枢。

三省六部制的创立，是中国古代封建社会的一套组织严密的中央官制，它标志着中国官制已经形成了完整严密的体系。它后来为唐代继承和发展，各不同

■ 隋炀帝（569—618），杨广，名英。隋朝第二代皇帝。唐朝谥"炀皇帝"，夏王窦建德谥"闵皇帝"，其孙杨侗谥为"世祖明皇帝"。在位期间修建大运河，营建东都洛阳城，开创科举制度，亲征吐谷浑，三征高句丽。因为滥用民力，造成天下大乱，后被部下缢杀。

■ 陕西隋黄釉武士俑

新五铢钱 五铢钱是中国钱币史上使用时间最长的货币，它奠定了中国圆形方孔的传统。始于东汉光武帝时，隋朝时叫"开皇五铢""置样五铢"。隋五铢是中国"铢两钱制"的终结。

时期的统治者做过一些有利于加强中央集权的调整和补充。

隋文帝还对北周制定的苛重法律进行修改，制定和修改了隋律，即《开皇律》。隋律以北齐律为基础进行补充调整，形成了完整的体系。隋代法律对后世有很大的影响。曾经被东亚各国的法律所取法的唐律即是《开皇律》的继承和发展。

隋初较重要的改革还有铸造新五铢钱，从而统一了当时混乱的货币，又统一了度量衡。

隋代的这些改革，适应了国家统一，民族融合，门阀制度衰落的历史发展趋向，因而具有积极意义。同时，实行这些改革，加强了封建国家机器，维护了地主阶级专政。

600年11月，隋文帝立杨广为太子。604年7月，杨广继位，这就是隋炀帝。

从隋炀帝继位开始，几乎每年都有重役。604年11月，他发丁男数十万人，在今山西、河南省境内夹黄河两岸掘了两道长堑。

605年3月，隋炀帝营建东京，月役丁200万。同时征发河南、淮北丁男前后100余万人开凿通济渠，又发淮南民10余万人开邗沟，不到半年便完成了这两项工程。

隋炀帝在统治的14年间，几乎没有一年不出去巡游。他曾三巡江都，三到涿郡，两至榆林，一游河右，还在长安与洛阳间频繁往还。

伴随着巡游，到处建筑宫殿，每次出巡，宫人、侍卫和各色随从人员多达10万人，沿路供需都一概令地方承办。这笔费用最后都落在人民的头上。

隋炀帝的这些劳役征发，完全超出了人民所承担的限度，在他即位的第五年，就已经有起义发生了。

611年，隋炀帝发动对高丽的战争，更大规模地征发兵役和劳役，终于点燃隋末农民起义的燎原大火。在当时，河北、山东是筹备东征的基地，兵役、力役最为严重。

611年，这一地区遭到特大水灾，次年又发生旱灾，人民走投无路，起义的战鼓首先就在这里敲响。这一年，还有其他地方的起义。后来发展壮大的翟让领导的瓦岗军和由杜伏威、辅公祏领导的起义军，也都在这一二年间组织起来。

邗沟 是联系长江和淮河的古运河，是中国最早见于明确记载的运河。又名渠水、韩江、中渎水、山阳渎、淮扬运河、里运河。邗沟南起扬州以南的长江，北至淮安以北的淮河。

■ 隋炀帝铜雕壁画

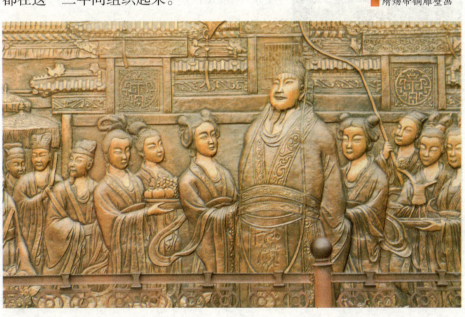

隋恭帝 杨侑

（605—619），隋炀帝杨广之孙，元德太子杨昭第三子。李渊攻入长安后拥立他为帝。杨侑称帝，只不过是个傀儡皇帝，618年3月，隋炀帝死于江都之变。消息传来，李渊见杨侑已无用处，于618年6月逼他退位，自行称帝。杨侑被降封为酅国公，在619年去世。

■ 隋朝文官陶俑

在这种局势下，隋朝政权迅速土崩瓦解。617年5月，太原留守、唐国公李渊在晋阳起兵，11月占领长安，拥立隋炀帝孙子杨侑为帝，改元义宁，即隋恭帝。李渊自任大丞相，进封唐王。

618年4月11日，隋炀帝去世，群臣立隋炀帝的另一个孙子越杨侗为帝，改元皇泰，史称皇泰主。

618年6月12日，隋恭帝禅位李渊，18日，李渊正式称帝，建立唐朝，为唐高祖。

619年5月23日，王世充废隋哀帝，两个月后弑之，隋朝灭亡。

此后，东突厥处罗可汗曾经派人迎接隋炀帝孙子杨政道来东突厥，立政道为隋王，把留在东突厥境内的中原人交给政道管治，建立"大隋"，史称后隋。

630年，唐朝出兵灭亡东突厥，另外分兵攻破大隋，后隋朝灭亡。至此，隋政权残余全部灭亡。

回顾历史，隋朝灭亡的教训多多。隋朝末年，以李渊为代表的隋朝高官显贵，以萧铣为代表的南朝残余势力，以翟让等为代表的反隋起义，等等，星罗棋布，锋镝鼎沸。

史家有论，称割据为"土崩"，叛乱为"瓦解"。加上隋炀帝耗费大量人力物资，又四处征讨，过度耗费隋朝国力，隋朝顷刻间土崩瓦解，也就不足为奇了。

隋朝在短短的38年间，在政治、经

济、文化等领域也有不少建树。除了建立完备的官制三省制，以及制定和修改的《开皇律》以外，隋文帝时还设立分科考试制度，取代九品中正制，自此选官不问门第。

■ 隋朝墓志铭

至隋炀帝时，又增设进士科。至此，科举制度正式形成。

科举制度不仅顺应了历代庶族地主在政治上得到应有的地位的要求，缓和了他们和朝廷的矛盾，使他们忠心拥戴中央，还有利于选拔人才，增强政治效率，对中央集权的巩固起了积极的作用。

隋代是中国瓷器生产技术的重要发展阶段。其突出的表现是，在河南省安阳、陕西省西安的墓葬中出土了一批白釉瓷。沼帔白瓷，胎质坚硬，色泽晶莹，造型生动美观，这是中国较早出现的白瓷。

隋代青釉瓷器的生产则更广泛，在河北、河南、陕西、安徽以及江南各省皆有青瓷出土，并发现了多处隋代窑址，会稽为手工业发达地区。

在商业外贸方面，长安和洛阳，不仅是全国政治经济中心，也是国际贸易的重要城市。

长安有都会、利人两市；洛阳有丰都、大同和通远三市。通远市临通济渠，周围二十门分路入市，商旅云集，停泊在渠内的舟船，数以万计。丰都市周围通十二门。像这样规模宏大、商业繁华的都市，在当时的世界上是非常罕见的。

南方还有通江达海、商贸繁荣的经济中心会稽，大运河的建设，也提升了长安、洛阳、会稽的经济文化交流。

隋文帝提倡儒学，把儒家学说提升到治国不可或缺的地位，鼓励劝学行礼。各地纷纷广建学校，关东地区学者众多，儒学一时兴盛。

王通是隋末大儒与隋朝著名的思想家，谥为"文中子"。

王通的孙子王勃是初唐四杰之一，而他的弟子魏徵也是唐朝初年的名臣。他的学说，对后来宋代的理学影响深远。

在科技方面，李春设计和主持建造的赵州桥，是现存世界上最古老的一座石拱桥，比欧洲早700多年；刘焯制定的《皇极历》，是当时最先进的历法；大运河南通杭州，北通涿州，成为天下货物集散地；运河沿岸也如雨后春笋般的发展出数座商业城市。

大兴城的修建不仅是中国古代城市建设规划高超水平的标志，也是当时国家的经济实力和科技水平的综合体现。大兴城乃当时的"世界第一城"。

隋朝在对外交往上，秉持一种以德服人的观念。在隋朝看来，各藩属国定期来朝，宗藩和平相处，是最理想的一种天朝政治秩序。

当然，有时也难免会使用战争的手段，不过，那也只是以臣服为目的，而不是要彻底击灭。正是在这样一种外交理念的指导下，帝国时代出现了万邦来朝的恢宏局面。

阅读链接

某夜，随文帝做了个噩梦，梦见有位神人把他的头骨给换了，梦醒以后便一直头痛。

后来随文帝遇一僧人，告诉他说："山中有茗草，煮而饮之当愈。"

隋文帝服之后果然见效。因为上有好者，下必甚焉，所以当时人们竞相采掇，并赞叹："穷春秋，演河图，不如载茗一车。苦心钻研孔子的《春秋》，殚精竭虑去演绎谶书《河图》，还不如有许多茶喝来得快活。"

隋文帝一统天下，结束了南北朝长期的对峙局面，南北的饮茶等风俗文化才得以迅速交融。

从五代十国至元代是中国历史上的近古时期。五代十国作为唐宋之间的一个特殊时期，是我们不能绕开的。

宋朝的灭亡在于当权者短视、贪婪、懦弱，以至于在风雨飘摇中灭亡。

元朝虽然统一了全国，但极大地破坏了生产力，阻碍了两宋时期科技文化的继续繁荣发展。另一方面，元朝又一次打通了丝绸之路，为东西的交流做出了贡献。在元代后期，由于社会矛盾的加剧，不足百年的元朝政权被朱元璋率领的农民起义军推翻。

近古时期

政权剧变

短暂割据的五代十国

　　五代十国，一般又简称五代，起止时间是907年唐朝灭亡至960年宋朝建立。五代是指后梁、后唐、后晋、后汉与后周五个依次更替的中原朝廷。公元907年，汴州朱温篡唐建立后梁，五代十国开始。

　　公元960年，后周被赵匡胤所篡，五代从此结束。在五代更迭的过程中，中原地区前后存在过前蜀、后蜀、吴、南唐、吴越、闽、楚、南汉、荆南、北汉10个割据政权，合称十国。它们在短暂的割据后，先后融入中国历史发展的滚滚长河之中。

■ 梁太祖朱温画像

中国古代以正统史观为主，因五代建立于中原地区，占据着原唐朝都城的中央地区，以正统自居，故后来的史学家著五代史。五代为期54年，有8个姓称帝，共14君。

■ 五代时期的青釉罐

自黄巢之乱结束后，唐朝名义上还存在20余年。但朝廷威权这时更加衰微，新旧藩镇林立，战争不休。国家分裂的倾向日益明显。

907年，朱温灭唐称帝，是为后梁太祖，国号梁，史称后梁，改元开平。五代时期自此正式开始。

朱温本是黄巢的大将，降唐后受封为宣武节度使，据守汴州。此后，他逐渐攻占了蔡、徐、郓、曹、齐、濮等州，扫除了今华北许多割据势力。

903年，又战败称霸秦陇、挟持唐昭宗的李茂贞，消灭了长期掌握朝廷军政大权的宦官集团。中唐以来的强藩魏博、成德也因战败归附朱温。后梁建国以后，除今山西省大部和河北省北部外，基本统一了黄河中下游地区。

912年，朱温为其次子朱友珪所杀。次年，第三子朱友贞平乱后，即帝位。此后，后梁连年用兵，征敛苛重，国势日衰。

923年，李存勖在魏州即位，是为庄宗，改元同光，国号唐，史称后唐。同年，他派兵南下，攻占开

汴州 古地名。今开封市，古称梁、汴，又称汴梁，简称汴，河南省辖市，中国七大古都之一。在漫长的历史长河中，开封素以物华天宝、人杰地灵而著称，其政治、经济、文化的发展，不但对中原地区产生过巨大的影响而且对全国曾产生过巨大的影响。

历史悠久的文明古国

洛阳 最早建成于夏朝，有东周、东汉、曹魏、西晋、北魏等朝代都在此定都，因此洛阳有"十三朝古都"的称号，与西安、南京、北京并列为中国四大古都，洛阳也是中国历史上唯一被命名为神都的城市，它是中华文明和中华民族的主要发源地，被称为"千年帝都，牡丹花城"。

封，梁末帝朱友贞自杀，后梁亡。后唐统一了华北地区。不久，后唐迁都洛阳。925年，后唐又派兵6万人攻灭前蜀。

但李存勖宠任伶官、宦官，朝政不修，又任用租庸使孔谦敲剥百姓，统治出现了危机。

926年，魏州骄兵发动叛乱，后唐庄宗李存勖在一片混乱兵变声中被杀。其后，国内陷入混乱状态。

河东节度使石敬瑭是明宗的女婿。他乘后唐内乱，于936年夏向契丹称臣，并认契丹主耶律德光为父，以幽蓟十六州为代价换取契丹援助。

11月，契丹主耶律德光册立石敬瑭为帝于太原，是为后晋高祖，改元天福，国号晋，史称后晋。闰十一月，石敬瑭攻入洛阳，后唐亡。

937年，后晋迁都汴州，3年后升为东京开封府。

石敬瑭除割地外，还岁贡绢30万匹和其他玩好珍异之物。942年，石敬瑭死，侄石重贵继位，史称"出帝"或"少帝"。他在主战的景延广等人影响下，对契丹颇不恭顺。耶律德光便在降将赵延寿等人协助下，与后晋交战5年。

946年12月，契丹军攻下开封，俘虏石重贵，将其北迁，后晋灭亡。

刘知远是后晋的河东节度使。当后晋与契丹交战时，他广募士卒，声言防备契丹，但却按

■ 青釉瓜棱腹双系罐

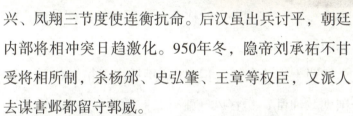

■ 刘知远（895—948），后汉高祖，五代后汉开国皇帝。其祖先本为沙陀部人，世居太原。947年，刘知远在太原称帝，沿用后晋高祖年号"天福"，自称为东汉。948年正月改元乾祐，更名刘暠，同月因病而终。

兵不动。待辽帝将出帝迁往北方后，他于947年2月在太原称帝，是为后汉高祖，仍用天福年号。随后，他统兵南下，定都开封，改国号为汉，史称后汉。

刘知远死后，护国、永兴、凤翔三节度使连衡抗命。后汉虽出兵讨平，朝廷内部将相冲突日趋激化。950年冬，隐帝刘承祐不甘受将相所制，杀杨邠、史弘肇、王章等权臣，又派人去谋害邺都留守郭威。

郭威当时出镇邺都，督抚诸将，北御辽国。隐帝杀他未成，郭威遂引兵南下，攻入开封，隐帝被乱兵所杀，后汉亡。

951年正月，郭威即帝位，是为后周太祖，改国号为周，史称后周，仍都开封。后周从政治、经济和军事方面进行了一系列改革，开始改变中国北方的残破局面。

955年，后周世宗柴荣出兵击败后蜀，收复秦、凤、成、阶4州。此后，又亲征南唐，得淮南、江北14州。

959年，又收复了辽占领的莫、瀛、易州。同

郭威 即后周太祖（904—954），邢州尧山，即今河北省邢台人。后周太祖。谥号"圣神恭肃文武孝皇帝"，庙号太祖。他出身平民，由普通士卒逐步成长为将领，最后又当上了皇帝，是一位历史上公认的清廉勤政的好皇帝。

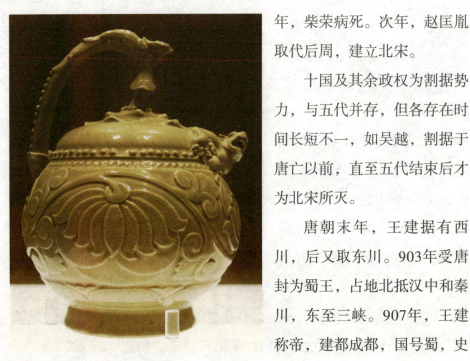

■ 五代十国时期的
青釉提梁倒注壶

王建（847—918），字光图，陈州项城，即今河南省商丘人。人称"贼王八"，五代十国时期前蜀开国皇帝。谥号"神武圣文孝德明惠皇帝"，庙号高祖。他励精图治，注重农桑，兴修水利。

年，柴荣病死。次年，赵匡胤取代后周，建立北宋。

十国及其余政权为割据势力，与五代并存，但各存在时间长短不一，如吴越，割据于唐亡以前，直至五代结束后才为北宋所灭。

唐朝末年，王建据有西川，后又取东川。903年受唐封为蜀王，占地北抵汉中和秦川，东至三峡。907年，王建称帝，建都成都，国号蜀，史称前蜀。

蜀土十分富饶，但自918年后主王衍继位后，蜀国朝政浊乱，卖官风气盛行，赋敛苛重。925年，庄宗派兵攻灭前蜀，任命董璋为东川节度使，孟知祥为成都尹、西川节度使。

孟知祥训练兵甲，后攻取东川，杀董璋。933年，后唐封他为蜀王、东西川节度使。

次年，孟知祥称帝，建元明德，重建蜀国，史称后蜀，仍建都于成都。

同年，孟知祥死，其子孟昶继位。契丹灭后晋之际，后蜀又得秦、成、阶、凤4州，拥有前蜀的故地。孟昶统治后期，君臣奢纵无度。965年，为宋所灭。

唐朝末年，杨行密据淮南28州，902年受唐封为吴王，都广陵，传四主。当时，大将徐知诰掌握大权，他访求贤才，杜绝请托，减轻赋敛，20余年间休兵息民，国家得以富强。

937年，徐知诰废吴帝，自己称帝，国号大齐，改元升元。次年改姓名为李，改国号唐，史称南唐，都金陵。

南唐占有今江苏、江西省和皖南、鄂东南等广大地区。李对外结好邻邦，对内整饬朝政，并禁止压良民为贱民，派人视察民田，按肥瘠分等收税和调兵派役，史称江淮之地，"频年丰稔"。

943年，李死，其子李璟继位。958年，李璟献江北、淮南14州。称臣于后周。961年，李璟死，子李煜即位，是为后主。975年，宋发兵南下渡江，攻破金陵，后主李煜被俘，南唐亡。

钱镠在唐末占据浙西地区。后来，他吞并浙东，占有两浙10余州之地。唐昭宗任他为镇海、镇东节度使。907年，后梁封他为吴越王。

杨行密（852—905），字化源，庐州合肥，即今安徽省长丰人。唐末著名政治家、军事家。开启唐宋之交政治整合和经济文化中心南渐先河，有"十国第一人"之誉。唐朝谥"武忠王"，吴国武义年间改谥"孝武王"，杨溥即帝位时追尊其为"武皇帝"，庙号太祖。

■ 五代时期乐伎石像

■ 吴越国银质文告

吴越国土狭小，北邻强大的吴。钱镠戒约子孙，世代交结中原朝廷，借以牵制吴和南唐的侵扰。钱氏统治的80多年间，吴越地区相对安定，经济繁荣。

978年，钱俶纳土入朝，吴越亡。

王潮、王审知兄弟在唐末占有福建全境，唐昭宗任王潮为节度使。909年，后梁封王审知为闽王。王审知统治近30年，他力行节俭，轻徭薄敛，境内富实安定。

审知死后，国内常有乱事，政局非常不稳。闽政权的继承者都崇信道教巫术，他们大兴土木，除了盖宫殿外，还营造了许多工程浩大的道观。费用不足，便公开卖官鬻爵，横征暴敛。945年，闽为南唐所灭。

马殷在唐末占有潭、衡诸州，被任为湖南节度使，进而占有桂管的梧、贺等州。907年被封为楚王，在长沙建宫殿，专制一方。马殷死后，诸子纷争，政刑紊乱。

951年，南唐发兵灭楚。唐朝末年，岭南东道节度使刘隐，逐渐平定割据势力。以后，据有西自邕州、东至潮州的岭南广大地区。

917年，其弟刘岩称帝，国号越，不久改称汉，史称南汉，都番禺。刘岩及其继承人都残暴荒淫。

971年，南汉为宋所灭。

马殷（852—930），字霸图。原籍许州鄢陵，即今河南省鄢陵，五代十国时楚国第一代君主。他采取一系列政策措施，保持楚境的独立和地方安定，发展经济，使楚国强盛一时。

907年，后梁大将高季兴被任为荆南节度使，驻守江陵。924年，后唐封他为南平王，所以荆南又称南平。荆南原有地8州，唐末，多被邻道所占。高季兴割据后，南平仅占有荆、归、峡三州，在十国中最为弱小。其统治者只有向四周各国称臣，求得赐予。

963年，南平为宋所灭。

五代时期白釉盒

951年，当郭威灭后汉称帝时，刘知远之弟太原留守刘崇也占据河东12州称帝，仍以汉为国号，史称北汉。北汉土瘠民贫，赋役繁重。统治者结辽为援，守境割据。979年，宋兵攻克太原，北汉亡。

除了五代十国以外，还有不少割据政权。如李克用称晋王于河东，建立的独立晋国，是后唐的前身；刘守光建立的燕国于河北北部，史称"桀燕"；李茂贞称岐王于凤翔，建立独立的岐国；党项羌拓跋氏雄踞夏、绥等地，即定难节度使，成为西夏王朝的前身。

五代馏金银阿育王塔

此外，在唐朝灭亡的同年，耶律阿保机统一了契丹八部，势力日强，916年建立契丹国。后唐时，契丹攻灭渤海国，南向争夺中原。947年，改国号大辽，改元大同。自此以至于北宋，一直与中原王朝对峙。

五代十国的建国者多是唐末的节度

使，他们能建立政权是因为手中拥有强大兵力。因此在建国以后，为了巩固统治，他们都设法削弱地方实力。长期称雄的河北诸镇在后梁、后唐之际被制服以至被消灭，就是因为自后梁始，禁军开始强化。

残存的五代石造像

禁军除了用以捍卫京师和皇宫外，还被派驻各地，借以牵制和削弱藩镇的实力。朝廷还频繁调动节度使，更换其驻地，以防止他们长期占据一方，形成割据势力。

节度使往往兼其他职务，有的因此不能亲临镇所。一些地广兵强的藩镇，也由于地域被一再分割，势力大为削弱。藩帅在该辖区内任命刺史、县令的权力逐渐收归中央，对他们举荐、使用幕僚，也有不少限制。

当然，这些措施并没有在各地全部实行，骄兵逐帅、帅强叛上的情况依然存在。但就节度使本身而言，通过以上的削藩措施，它的实力已比唐代减弱。

五代酱釉瓶

五代十国时的刑法，基本行用唐代的律令格式和编敕，但因历朝又都有新颁的敕条，汇编附益，使得前后重复矛盾。

唐末黄巢起义后，长达六七十年内，大小战事不停。华北地区的兵役和各种劳役异常繁重。战争破坏和苛重赋役促使人民数以万计饿死或流徙他处。

唐末以来，南方虽也不免遭到战争

的破坏，但在十国时期，重大战事较少，政局也较安定，有利于社会经济的恢复和发展。

自汉魏六朝以来，成都平原和太湖流域的社会经济持续发展。蜀地富庶，前蜀、后蜀时内部相对稳定，又注意兴修水利，"广事耕垦"。褒中一带还兴办了屯田，农业生产比较发达。

吴、南唐、吴越所在的长江中下游地区，大批荒地得到了开垦。吴越既在浙东沿海修筑了捍海石塘，以防海潮侵袭，又募民开垦荒田，免征田税，使两浙成为东南的富庶地区。

唐末，北方大乱，不少人以"岭外最远，可以避地"，迁至南汉统治地区。长期安定的环境有利于发展生产，府库逐渐充实。

诸国混战虽然严重破坏了社会经济，但社会生

捍海石塘 五代十国时期，吴越劳动人民在钱塘江处修建捍海石塘，保护杭州城。人们总结了用版筑方法修建土塘容易被海潮冲塌的教训，以竹笼填塞石头沉入海中，堆砌成大石塘，塘外再打下木桩，使石塘十分牢固。

■《韩熙载夜宴图》局部

产仍未中断。即使在华北地区，后梁建国初和后唐明宗在位时，也都曾分别采取某些恢复生产的措施。后周时，手工业如纺织、造纸、制茶、晒煮盐等生产也有所发展。

瓷器制造和雕版印刷业的成就尤为突出，南方和北方都有精制的瓷器，也都出现了雕版印刷。

由于诸国林立，兵祸连年，商贸往来受到了严重影响。但通商贸易、互通有无是大势所趋。华北需要的茶叶经常通过商人南来贩运，南方茶商的行踪也远至河南、河北，他们贩卖茶叶，买回缯纩、战马。江南人所需的一部分食盐也依赖华北供应。

北方诸国从契丹、回鹘、党项买马。蜀向西边各少数族买马。南方的吴越、南唐、楚、南汉等国，以进贡方式和北方进行贸易。吴越、闽国与北方的贸易主要是通过海路。

对外贸易也很兴旺，东自高丽、日本，西至大食，南及占城、三佛齐，都有商业往来。福州、泉州、广州都是外贸重要港口。吴越、吴国和南唐从海外输入"猛火油"使用，还从海道再输往契丹。

五代青釉凤首执壶

唐末，雕版印刷较发达的西蜀，印刷品主要是占卜书、字书等。史学也取得了重要的成绩。《旧唐书》是这一时期撰成的最重要的史学著作。

五代十国是词的重要发展时期。西蜀和南唐词人较多，水平也较高，从而成为两个中心。西蜀有韦庄、欧阳炯等人，他们的作品后来由赵崇祚等收入《花间集》，南唐有冯延巳、中主李

璟、后主李煜等人。李璟父子
的作品，后人集刻为《南唐二
主词》。李煜是这一时期最重
要的词人。

五代青釉刻花碗

五代十国的著名画家有后
梁的荆浩、关仝，南唐的董
源、巨然、徐熙，后蜀的黄筌
等人。荆浩擅长画崇山峻岭，
关仝师承荆浩而有发展，擅长画关河之势，两人并称为"荆关"，是
五代时北方山水画的主要流派之一。

董源、巨然擅用或浓或淡的水墨描绘江南景色，两人并称为"董
巨"，是五代北宋时南方山水画的主要流派之一。黄筌擅画宫廷的珍
禽异卉，徐熙擅画江湖上的水鸟汀花，两人并称为"黄徐"，当时有
"黄家富贵，徐熙野逸"的谚语。此外，顾闳中所画的《韩熙载夜宴
图》，也为传世的艺术珍品。

阅
读
链
接

朱温小名叫朱阿三，小的时候，才智平平，也喜欢弄棒使
棍，和小孩子厮闹。

有一次他和一个小伙伴吵架，那个小伙伴便取下身边的长
棍，向朱温打去。

朱温不慌不忙，一手夺住，随即折为两半。

此时恰好遇见那孩子的母亲，母亲问明情况，呵斥道：
"你休得如此，朱阿三他可不是一般人，我曾经看到他睡的地
方有一条红色的蟒蛇盘在身上，而且鳞甲森森，光芒闪闪，有
人说他是真龙附体，你休去招惹。"

从此以后，没人再惹朱温了。

风雨飘摇的两宋王朝

宋朝是中国历史上承五代十国、下启元朝的时代，根据首都及疆域变迁，可分为北宋与南宋，合称两宋。

宋朝的建立者是赵匡胤。北宋和南宋分别建都于汴梁和临安。宋朝的存在时间是从960年赵匡胤建立宋朝，至1279年厓山海战结束为止。

宋朝是结束五代十国纷乱建立起的国家政权。在两宋时期，中国各民族呈现空前大融合，商品经济空前大发展，外交及文化艺术取得了丰硕的成果，堪称中国历史上最辉煌的时期。

■ 宋太祖赵匡胤立像

北宋开国皇帝赵匡胤起初投奔后汉大将郭威，因喜爱武艺，得到了郭威的赏识。后他又参与拥立郭威为后周皇帝，被重用为典掌禁军。周世宗柴荣时，他又因战功而升任殿前都点检，掌握了后周的兵权，并负责防守后周国都汴梁。

960年，赵匡胤以"镇定二州"的名义，谎报契丹联合北汉大举南侵，领兵出征，发动"陈桥兵变"，黄袍加身，废去周世宗柴荣，赵匡胤称帝，建立宋朝，定都汴梁。史称"北宋"，赵匡胤就是宋太祖。

■ 宋太祖立像

宋太祖在开国之初，所面临的一项重要事业就是统一全国。他与老将赵普雪夜商讨，最后决定以先南后北为统一全国之步骤。

宋太祖首先行假途灭虢之计，灭亡了南平和楚。之后又灭亡后蜀、南汉、南唐三国。

为了统一全国，他还设立封桩库来储蓄钱财布匹，希望日后能够从辽朝手中赎买燕云十六州。

976年8月，宋太祖在进行北伐时忽然去世，其弟赵光义即位，庙号太宗。宋太宗稳固统治地位后，继续国家统一事业，灭亡北汉，进行北伐，曾经一度收复易州和涿州。

宋真宗赵恒在位期间，奉行黄老政治，无所作

周世宗 （921—959），柴荣，邢州尧山柴家庄，即今河北省邢台人，五代时期后周皇帝。谥号"睿武孝文皇帝"，庙号世宗。在位6年，整军练卒、裁汰冗弱、招抚流亡、减少赋税，使后周政治清明、百姓富庶，中原开始复苏。

■ 王安石（1021—1086），字介甫，号半山，谥文，封荆国公。世人又称王荆公。北宋抚州临川人，即今临川区邓家巷人。政治家、思想家、学者、诗人、文学家、改革家，"唐宋八大家"之一。北宋丞相、新党领袖。传世文集有《王临川集》《临川集拾遗》等。

为。当时的辽朝见机经常在宋辽交界处抢劫杀掠，至1004年终于演变成大规模侵宋战争。宰相寇准力主抗战，结果宋真宗亲征，宋军士气大振，与辽军相持在澶州城下，辽军被迫求和。经过几番交涉，两国议和成功。

宋神宗赵顼在位期间，锐意改革，起用著名改革派名臣王安石进行朝政改革，将其任命为参知政事。王安石推行的新法包括均输、青苗、免役、市易、保甲、保马、方田均税等。

新法的实行虽然大大增加了国家的财政收入和耕地面积，使北宋积贫积弱的局面得以缓解，但是却严重增加了平民的负担。

宋徽宗赵佶即位后，专好享乐，对朝政毫无兴趣，政务都交给以蔡京为首的六贼。宋徽宗本人又好大喜功，当他看到辽国被金国进攻后，便派遣使节与金国商议共同攻辽，北宋负责攻打辽的南京和西京。灭辽后，燕云之地归宋。此即为海上之盟。但宋朝军队却被打得大败，被金兵掠去燕京的人口，并克营、平、滦三州。

1125年，金兵分两路南下攻宋。宋徽宗吓得立刻

西京 是全国都城之一，即今山西大同。原为辽国西京，金灭辽后沿用旧称。即为西京路治所，也是大同府治所在地。西京辖境北接蒙古诸部，西临西夏，为兵家必争之地。蒙古成吉思汗攻金时，首先就夺取了西京。

传位其子宋钦宗赵桓。宋钦宗患得患失，在战和之间举棋不定。

1126年9月，太原沦陷。11月，开封外城沦陷，金军逼着宋钦宗前去议和，索要大量金银。宋钦宗在金国的逼迫下大肆搜刮开封城内财物。开封城被金军围困，城内疫病流行，饿死病死者不在少数。

1127年，宋钦宗被金国废位，贬为庶人。宋徽宗被迫前往金营。结果徽钦二宗被金人掠到五国城。此外，北宋后宫和大量官民女眷被抵押给金国，史称"靖康之耻"或"靖康之祸"。徽宗被封为昏德公，钦宗被封为重昏侯。最后两人客死异乡五国城。

金国在靖康之难中俘虏了众多的宋朝宗室，但康王赵构侥幸逃脱。1127年，赵构南下到陪都南京应天府即位，这就是宋高宗，改元建炎。

之后，宋高宗一路从淮河、长江到绍兴率百官遥

宋高宗 字德基。南宋开国皇帝。统治期间，虽迫于形势以岳飞等大将抗金，但重用投降派秦桧。后以割地、纳贡、称臣等屈辱条件向金人求和，杀害岳飞。精于书法，著有《翰墨志》，传世墨迹有《草书洛神赋》等。

■ 宋朝宰相寇准像

拜二帝，恢复宋朝。并将绍兴升为绍兴府，以绍兴为行都，后以临安为行在。

金国继续一路南扑，由于南方气候潮湿，河道纵横，加上南宋军民的英勇抗战，金主帅完颜宗弼决定撤兵北上。在北撤到镇江时，被宋将韩世忠断掉后路，结果被逼入黄天荡。

宋军以8000之兵力围困金兵10万，双方相持48天，最后金军用火攻才打开缺口，得以逃脱。金军于北撤途中，又在建康被岳飞打败，从此再不敢渡江。

1235年，蒙古军队首次南侵被宋军击退。蒙军并不甘心失败，于次年和第三年两次南侵，其前部几乎接近长江北岸。由于宋军奋勇作战，打败蒙军，再一次挫败蒙军渡江南下的企图。在以后的很长一段时间，南宋军民又多次击败蒙军，使其不得冒进。

1259年，蒙古大汗蒙哥在与宋军征战中被流矢所伤死于军中，其

宋徽宗的瘦金体书法

弟忽必烈听到消息后，立即返回北方自立为汗。1271年，忽必烈建国，取国号为元。

1274年，宋度宗去世，其长子赵显即位。当时，宋朝的统治已进入瘫痪状态。

1275年春，元军攻克南宋军事重镇安庆和池州，威逼建康，长江防线崩溃。朝野大震。不久，常州、平江相继沦陷，临安人心惶惶。

1276年农历二月初五，临安城里举行受降仪式。在眼看亡国之际，赵氏子孙赵昰和赵昺被大臣保护逃出临安。赵昰在福州即位，是为宋端宗。

1276年11月，蒙军逼近福州，11月15日，宋朝大臣陈宜中、张世杰护送赵昰和赵昺乘船南逃，从此小朝廷只能海上行朝。

1278年春，小朝廷抵达雷州。4月15日，年仅11岁的赵昰去世。陆秀夫与众臣拥戴赵昺为帝。

在元军猛攻下，雷州失守，小朝廷迁往崖山，即今天的广东省新会。元军在北方汉人将领张弘范率领

蒙哥　即元宪宗，成吉思汗幼子拖雷的长子、窝阔台的养子。1251—1259年在位。他即位前曾参加长子军西征，活捉钦察首领八赤蛮，进攻俄罗斯等地。元世祖忽必烈追尊蒙哥庙号为宪宗，谥号"桓肃皇帝"。

下紧追在后，对厓山发动总攻。宋军无力战斗，全线溃败。赵昺随陆秀夫及赵宋皇族800余人集体跳海自尽。世人不耻张弘范，特于此立碑嘲之：宋张弘范灭宋于此。

至此，宋朝彻底灭亡。

但是宋朝的经济繁荣程度可谓前所未有，农业、印刷业、造纸业、丝织业、制瓷业均有重大发展。航海业、造船业成绩突出，海外贸易发达，和南太平洋、中东、非洲、欧洲等地区50多个国家通商。

南宋时期对南方的开发，促成江南地区成为经济文化中心。两宋的科技成就，不仅成为中国古代科学技术史上的一个高峰，而且在当时的世界范围内也居于领先地位。

宋代大足石刻

别的且不说，就对整个人类文明发展产生重大而深远影响的中国古代四大发明来说，其中的3项即活字印刷、火药、指南针，就是在两宋时期完成或开始应用的。

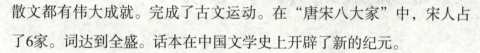

■ 宋代蹴鞠纹铜镜

此外，在医学和数学方面也取得了辉煌成就。

宋朝文学十分发达，诗、词、散文都有伟大成就。完成了古文运动。在"唐宋八大家"中，宋人占了6家。词达到全盛。话本在中国文学史上开辟了新的纪元。

宋朝外敌频繁，外交的重要性日益增加。针对不同的外交对象，给予不同的馆待礼遇，并使之专门化。宋朝奉行朝贡体制，然而将重心放在政治利益与经济利益上，也就是"来则不拒，去则不追"。这样既有利于外交往来，又给朝廷带来实惠，使外交和经济获得双赢。

阅读链接

宋太祖赵匡胤年轻时随身总是携带一根盘龙棍，时不时舞上一阵。他整天泡在赌场上，输多赢少。一个盛夏的夜晚，昼夜狂赌使他口干舌燥，就到一片瓜地去偷瓜。

结果被看瓜的王老汉逮个正着，管他要一文钱。

赵匡胤实在找不到钱，便把盘龙棍递给王老汉作为抵押。

王老汉拿过盘龙棍，叹道："可惜呀！这条盘龙棍拿在你手里，却只能在赌场上耍威风、瓜棚里作为押头！"

王老汉几句肺腑之言，说得赵匡胤无地自容。后来，他再也没去赌博。

黄金家族的余晖元朝

元朝全称大元大蒙古国，由蒙古族元世祖忽必烈所建。时间从1271年忽必烈称帝开始，至1368年明军攻占元大都为止。元朝的统一，结束了藩镇割据局面，推动了多民族统一国家的巩固和发展。

元朝实行一省制，在中央设中书省，左右丞相和平章政事处理政务。地方实行行省制度，开中国行省制度之先河。商品经济和海外贸易比较繁荣。其间还出现了元曲和散曲等文化形式。

但元朝的整体生产力不如宋朝，后期因统治腐败和民族压迫，导致农民起义，元朝在全国的统治结束。

■ 元世祖忽必烈画像

1271年，蒙古大汗忽必烈称帝，公布《建国号诏》法令，取《周易》中"大哉乾元"之意，正式建国号大元。第二年，在刘秉忠的规划下，建都于金国中原的大都。

1273年，蒙元铁骑攻陷樊城。不久，襄阳守将吕文焕归降。随后，丞相伯颜督率大军沿江东下，南宋守将或败或降。

1276年，临安归降，宋恭帝投诚。之后，南宋大臣文天祥与张世杰、陆秀夫等人在东南沿海继续顽抗。

■ 元代跳舞陶俑

1278年，文天祥兵败被俘，被囚于大都3年之久，拒绝了大元的招安，后从容就义。

蒙古军灭亡南宋后，曾进攻过周边一些地区，如安南、占城、爪哇和日本等，其中，以试图入侵日本的战争最为著名。蒙古曾经于1274年和1281年两次入侵日本，但都因为内部不和、不习水战，以及遭遇台风等原因而招致惨败。

从攻南宋以来，连年战争，加以宫廷廪禄、宗藩岁赐，都需要巨额经费来支持。为此，统治阶层出现了官员之争。以许衡为首的儒臣派官员认为，元朝应该节省经费、减免税收。

以色目人阿合马为首的理财派官员认为，南人藏有大量财物，应没收以解决朝廷的财政问题。于是这

《周易》 也称为《易经》或《易》，是中国传统思想文化中自然哲学与伦理实践的根源，对中国文化产生巨大影响。据说是由伏羲氏与周文王姬昌根据《河图》《洛书》演绎并加以总结概括而来，是华夏五千年智慧与文化的结晶，被誉为"群经之首，大道之源"。

■ 元世祖忽必烈蜡像

个争论在朝中没有停止。

忽必烈信任色目官员阿合马，设立尚书省解决财政问题。而儒臣则以受汉化更深的太子真金为核心形成一派，与阿合马抗衡。结果阿合马被刺杀，而真金也于其后得病而死。

为了解决财政困难，忽必烈曾经设立尚书省来解决这个问题。尚书省的理财政策主要包括：增加税收、兴铁冶、铸农器官卖、变更钞法等，使国家的收入显著增加。

但由于吏治腐败，专注搜刮，成为阻碍社会经济发展的重要原因之一。同时，为了对外战争，打造东征海船，沿海和江南地区徭役征发日益加重。人民不堪沉重的剥削与压迫，纷纷起义。

1294年，忽必烈驾崩，铁穆耳即位，是为元成宗。元成宗停止对外战争，专力整顿国内军政。采取限制诸王势力、减免部分赋税、新编律令等措施，使社会矛盾暂时有所缓和。同时，发兵击败西北的海都、笃哇等，使西北的长期动乱局面有所改观。

元成宗在位期间基本维持守成局面，但滥增赏赐，入不敷出，国库资财匮乏，钞币贬值。晚年患病，朝政日渐衰败。他执政末年还成功与长期敌对的窝阔台汗国和察合台汗国讲和，彻底结束了西北的动乱局面。

1307年，元成宗去世，海山即位于元上都，是为元武宗。元武宗为了摆脱财政危机，下令重新设立尚书省，并印发至大银钞，结果导致至元钞大为贬值。不久，他与察合台汗国瓜分了窝阔台汗国，窝阔台汗国从此灭亡。

1320年，元英宗硕德八剌即位。他继承了元仁宗的以儒治国政策，加强中央集权和官僚体制，1323年下令编成并颁布元帝国正式法典《大元通制》。

元英宗还下令清除朝廷中铁木迭儿的势力，但此后的内部争斗更加激烈。随着清理的扩大，再加上朝廷中的蒙古保守势力对元英宗以儒治国的施政不满，导致铁木迭儿的义子铁失在去上都避暑之际，在上都以南一个名叫南坡的地方，刺杀了元英宗及宰相拜住等人，史称"南坡之变"。

元英宗被行刺后，镇守和林的

窝阔台汗国 是蒙古帝国的一部分，蒙古四大汗国之一。疆域包括原蒙古乃蛮部落的广阔土地和西辽国的部分领土，即额尔齐斯河上游和巴尔喀什湖以东地区。建都叶密立城。窝阔台汗国建于1225年，亡于1309年。

■ 元成宗 （1265—1307），孛儿只斤·铁穆耳，元世祖忽必烈的孙子、太子真金之子。蒙古帝国可汗，元朝的第二位皇帝。他在位期间基本维持守成局面，但滥增赏赐，国库资财匮乏。谥号"钦明广孝皇帝"，蒙古汗号完泽笃可汗，庙号成宗。

晋王甘麻剌的长子，真金的长孙，也孙铁木儿率兵南下，杀掉行刺元英宗的叛臣后即位，是为元泰定帝。元泰定帝即位后，封被元英宗放逐到海南岛的图帖睦尔为怀王，镇守建康。

1328年，元泰定帝死。丞相倒剌沙在上都奉泰定帝之子阿剌吉八为帝，是为元天顺帝。而与此同时，元武宗的旧部重臣燕铁木儿与河南行省丞相伯颜则分别秘密向漠北和江南遣使，同时迎接周王和世剌与其弟图贴睦尔。结果，图帖睦尔先至大都，在1328年自立为帝，是为元文宗。

元文宗大兴文治。1329年，札牙笃汗设立了奎章阁学士院，掌进讲经史之书，考察历代治乱。又令所有勋贵大臣的子孙都要到奎章阁学习。

奎章阁下设艺文监，专门负责将儒家典籍译成蒙古文字，以及校勘。同年下令编纂《元经世大典》，两年后修成，为元代一部重要的记述典章制度的巨著。但元文宗在位期间，丞相燕帖木儿自恃有功，玩弄朝廷，导致大元朝政更加腐败。

元文宗于1332年去世前，遗诏立年仅7岁的懿璘质班为帝，是为元宁宗。但元宁宗仅在位不到两个月即去世，不久后燕帖木儿也去世。元明宗的长子妥欢贴睦尔被札牙笃汗皇后卜答失里从静江召回并立为帝，是为元惠宗，又称"元宣仁普孝皇帝"。

元代铜匕首

■ 元文宗（1304—1332），字儿只斤·图帖睦尔，蒙古帝国可汗，汗号"札牙笃可汗"。元朝第八位皇帝，两次在位，第一次在位时间为1328年10月到1329年2月，第二次在位时间为1329年9月到1332年9月，在位时间共计4年。

元惠宗在位之初，右丞相伯颜的势力很大，把持着朝政，甚至一度不把元惠宗放在眼里。随着时间的推移，元惠宗与伯颜的矛盾日益尖锐，后来在伯颜之侄脱脱的帮助下，元惠宗终于成功地废黜了伯颜，并控制了政局。

蒙古统治阶级内部的为争权夺利而互相征战，也加速了帝国的衰落。此外，由于元朝后期，蒙古统治者变本加厉向汉人收取各种名目繁杂的赋税，汉人被压迫得更为严重，导致了各地的起义。

1351年，元惠宗执政时，派贾鲁治黄河，欲归故道，动用民夫15万人，士兵2万人。而官吏乘机敲诈勒索，造成民众不满。

于是，白莲教首领韩山童、刘福通等人决定在5月率教众发动起事，但事泄，韩山童被捕杀，刘福通带韩山童之子韩林儿杀出重围，指韩山童为宋徽宗八世孙，打出"复宋"旗号，以红巾为标志。

其后，江淮地区的红巾军领袖郭子兴等人也纷纷加入。彭和尚也在湖北扶助徐寿辉起义。至此揭开了大元灭亡的序幕。

蒙古政府派兵镇压各地红巾军，一度取得了很大

白莲教 中国历史上最复杂最神秘的宗教，源于南宋佛教的一个支系，崇奉弥勒佛，元明清三代在民间流行，传说宋高宗绍兴三年由茅子元创立佛教分支白莲宗，因教徒禁葱乳，不杀生不饮酒，故又名白莲菜，后逐渐演化为民间社群组织白莲教。

■ 成吉思汗 （1162—1227），即孛儿只斤·铁木真。蒙古族。蒙古帝国可汗，谥号"法天启运圣武皇帝"，庙号太祖，尊号"成吉思汗"。世界史上杰出的政治家、军事家。建立蒙古帝国，灭花剌子模。被称为"一代天骄"。

的胜利。至1354年，脱脱率军围攻高邮起义军张士诚部，被朝中弹劾，功亏一篑。

1356—1359年，朱元璋继承了病逝的郭子兴的地位，并不断扩充自己的势力，击败陈友谅等其他南方起义军和南方大元势力，攻占了江南的半壁江山。

1367年，朱元璋开始北伐。在大将徐达、常遇春等的协助下，于1368年8月攻克通州。

元惠宗于此前仓皇北逃，次年4月病死于应昌。徐达率军攻陷元朝的首都元大都，标志着元朝作为一个全国性的政权结束。

历史的脚步走到这里，忽必烈传下来的成吉思汗的嫡系黄金家族，对元朝政权的控制已经崩溃，残余势力退回蒙古高原。从此以后，大蒙古帝国再也不曾复活。

元帝国为维护蒙古贵族的专制统治权，采用"民分四等"的政策，把全国人分为四等：一等蒙古人，二等色目人，三等汉人，四等南人。这一政策维护了蒙古贵族的特权。

但元帝国在民族文化上包容和接纳欧洲文化，甚

回回司天监 元官署名。掌管领回回人观测天象，编制回回历。1271年始置司天台，1312年改为回回司天监，有提点、监、少监、监丞等官。属官有教授及天文科、算历科、三式科、测验科、漏刻科管勾各一员阴阳人，共计18名。

至能准许欧洲人在帝国做官，通婚等。欧洲著名历险家马可·波罗曾是元帝国的重要官员。

元朝经济整体的生产力虽然不如宋朝，但在生产技术，垦田面积，粮食产量，水利兴修以及棉花广泛种植等方面都取得了较大发展。

为了适应商品交换，元朝建立起世界上最早的完全的纸币流通制度，是中国历史上第一个完全以纸币作为流通货币的朝代，然而因滥发纸币也造成了通货膨胀。商品交流也促进了元代交通业的发展，改善了陆路、漕运，内河与海路交通。

元朝在天文历法方面也十分发达，先后在上都、大都、登封等处兴建天文台，设置回回司天监，还设立了远达极北南海的27处天文观测站。

元朝有名的天文学家有郭守敬等人。郭守敬等人修改历法，主持

元戏曲场面壁画

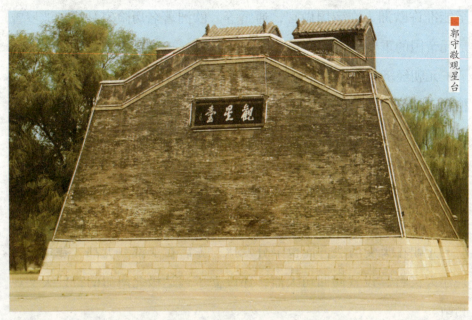

郭守敬观星台

编订的《授时历》，沿用了360多年，这是人类历法史上的一大进步。

　　元朝文学以元曲与小说为主，戏曲、小说第一次取得了主导地位。元曲兴盛，最后成为与汉赋、唐诗、宋词并称的中国优秀文学遗产。江南则出现以浙江为中心的文人阶层，孕育出《三国演义》和《水浒传》等长篇小说，自由奔放的文人如倪瓒等人。

阅读链接

　　元世祖忽必烈任用人才能抛开年龄、门第等成见，只要他认为有才能，就大胆录用，破格提拔。

　　他大胆提拔人才，把18岁的安童任命为丞相，这在大一统的王朝中，是绝无仅有的。

　　安童是元初"开国四杰"之首的木华黎的孙子，但安童一点也不愿意倚仗着祖辈的功劳的荫庇，而是树立大志，勤奋学习。担任丞相以后，安童一直身居要职，直至49岁因病去世，共为元世祖效力31年，为元初国家的稳定和繁荣做出了巨大的贡献。

王朝盛衰

　　明清两代是中国历史上的近世时期。明清两代的封建君主专制达到顶峰，统一多民族的形势得到巩固。

　　在明朝早期，国家保持着一支庞大的军事力量，并且实施了一些有效的改革措施。但后期的宦官干政和官员怠政，引发了一系列社会矛盾。

　　清朝前期君臣保持了一个经营者的姿态，但从乾隆末年开始，衰象已经显现。官员牟利，军务废弛，财政日亏，阶级矛盾激化。在内忧外患之下，改革的新潮仍然不能力挽大厦于将倾。一个全新的时代到来了。

怠政干政毁掉的明朝

　　明朝是中国历史上最后一个由汉族建立的封建王朝。1368年，由明太祖朱元璋建立，中国再次回归到由汉族建立起来的王朝，即明朝的统治之下。历经12世16位皇帝，共计276年。1644年，李自成攻入北京，明思宗朱由检于煤山自缢，明朝灭亡。

　　明朝是中国继周朝、汉朝和唐朝之后的繁盛时代，史称"治隆唐宋""远迈汉唐"。明朝也曾是手工业经济最繁荣的王朝之一。

　　明朝没有汉唐之和亲，没有两宋之岁币，只可惜官员怠政，宦官干政，终使天子御于国门，君主死于社稷。

■ 明太祖朱元璋画像

■ 南京明城墙遗址

　　1368年正月初四，朱元璋在应天称帝，建立明朝，改元洪武。明太祖称帝后，派兵南下，相继消灭了四川和云南的对抗势力，又派兵8次深入漠北追歼元朝残余势力，取得多次胜利，最终在捕鱼儿海灭亡北元朝廷。

　　明太祖即位后，为了发展经济，积极恢复社会经济生产，尽量减轻农民负担，全面改革元朝留下的糟糕吏治，惩治贪污的官吏，社会经济得到恢复和发展，史称"洪武之治"。太祖确立里甲制，配合赋役黄册、户籍登记簿册和鱼鳞图册的施行，落实赋税劳役的征收及地方治安的维持。

捕鱼儿海 湖泊名，位于明奴儿干都司哈剌孩卫境内，即今贝尔湖。1387年9月，遣永昌侯蓝玉为大将军率军进攻北元。获其次子地保奴及故太子必里秃妃并公主等120余人，官属3000人，男女7万人，马牛驼羊15万及宝玺、图书、金银印等。

■ 南京明代皇宫

1373年，明太祖下令改元朝御史台为都察院，设有左右都御史、左右副都御史、左右佥都御史，下置13个按御史分巡各地，负责纠劾百司、辨明冤枉等。这一措施保证了各级官员对皇帝的绝对忠心和尽职。

1376年，明太祖宣布废除行中书省，设承宣布政使司、都指挥使司和提州按察使司，分担行中书省的职责，3个机构互相制约，直属皇帝领导。

1380年，明太祖废除丞相制，规定中央的政务分别由吏、户、礼、兵、刑、工六部管理，每部设尚书1人，侍郎2人。六部尚书直接对皇帝负责，奉行皇帝的意旨。

同年，明太祖还把最高的军事机构大都督府分成前、后、左、中、右五军都督府，各自统辖一部分军队，并规定都督府只管军队的管理和训练，而军队的调遣和将帅的任免权，则由兵部掌握。

此外，军中还有皇帝所派的御史或给事中监军，直接代表皇帝监督军务，向皇帝提供情报。

1387年，明太祖派军进攻辽东，迫降元将纳哈出。至此，除漠北草原和新疆等地外，明太祖基本上实现了统一大业。

1398年明太祖驾崩，由于太子朱标早死，由皇太

削藩 始于西汉文景时期，是当时削减诸侯封地和权力的措施。明朝藩王拥兵自重、分踞一方，当时的藩王已经成为了皇权最大的威胁，为了解除这一心腹大患，明建文帝改革中的一项重要措施就是削藩。

孙朱允炆即位，年号建文，即明惠宗。

明惠帝为巩固皇权，与亲信大臣齐泰、黄子澄等密谋削藩。因以边防为名调离燕王的精兵，准备削除燕王，结果燕王朱棣在姚广孝的建议下以"清君侧，靖内难"的名义起兵，最后率军南下，占领京师，是为靖难之役。

1402年，朱棣即位，即明成祖，年号永乐。明成祖时期武功昌盛。先是出击安南，将安南纳入明朝版图，再设立交趾布政司。之后又亲自五入漠北，攻打北元分裂后的鞑靼与瓦剌。

明成祖还于1406年和1422年对兀良哈蒙古进行镇压，以维持这一地区的稳定。

明成祖为安抚东北女真各部，在归附的海西女真与建州女真设置卫所，并派也失哈安抚位于黑龙江下游的女真。

1407年，也失哈在混同江庙街的对岸塔林设置

■ 明孝陵

奴儿干都司，扩大明朝东疆，也失哈并于1413年视察库页岛，宣示明朝对此地的主权。

明成祖一改明太祖闭关自守的外交策略，自1405年开始派宦官郑和下西洋，向各国交往、宣示威德以及建立朝贡体制。其规模空前，最远到达东非索马里地区，扩大明朝对南洋、西洋各国的影响力。

在文治方面，明成祖修大型类书《永乐大典》，在3年内即告完成。1405年，明成祖将北平改名北京，称行在，并设立北平国子监等衙门。

1416年，明成祖公布迁都的想法得到认同，隔年开始大规模营造北京。1420年宣告完工，隔年迁都。因为永乐年间天下大治，并且大力开拓海外交流，所以有学者将这段时期称为"永乐盛世"。

明成祖对异议者强力镇压，诸如黄子澄、齐泰等建文旧臣等都被杀。其中，以方孝孺的诛十族最为惨烈。他登基后恢复了太祖时期后来被废除的锦衣卫，另外，他还设置了另一个特务组织——东厂。至此，明代厂卫制度确立。

明成祖驾崩后，其长子朱高炽即位，即明仁宗，年号洪熙。明仁宗年龄已经偏高，即位仅一年就驾崩了，长子朱瞻基即位，是为明宣宗，年号宣德。

明宣宗基本继承父亲的路

奴儿干都司 就是奴儿干都指挥使司，明朝官署名，于1409年设置。是明成祖时在东北黑龙江出海口一带，也就是俄罗斯境内所设立的一个军事统治机构。辖区东至海，东北包有库页岛，西至斡难河，南接图们江，北抵外兴安岭。

■ 明成祖朱棣画像

■ 郑和纪念堂

线，实行德政治国，并且发起最后一次下西洋。由于明宣宗喜好养蟋蟀，许多官吏因此竞相拍马，被称为"促织天子"。

同时，明宣宗打破明太祖留下的宦官不得干政的规矩，设立内书堂教宦官读书，为明英宗时期的太监专权埋下隐患。

事实上，明朝灭亡主要是由于宦官干政，明朝的宦官势力极为强悍，明太祖朱元璋在建国时就定下规矩：宦官不得干政！

但他的子孙竟然打破这个规矩，以至于使大明前期创下的辉煌伟业最后败在了宦官手里。当然，皇帝的昏庸也是重要原因。

1435年，明宣宗去世，9岁的朱祁镇继位，即明英宗，年号正统。明英宗将明太祖留下的禁止宦官干政的敕命铁牌撤下，对太监王振信任有加。王振擅权

锦衣卫 全称"锦衣亲军都指挥使司"，前身为朱元璋设立的"拱卫司"，后改称"亲军都尉府"，统辖仪鸾司，掌管皇帝仪仗和侍卫。作为皇帝侍卫的军事机构，朱元璋为加强中央集权统治，特令其掌管刑狱，赋予巡察缉捕之权，下设镇抚司，从事侦察、逮捕、审问等活动。

历史悠久的文明古国

土木堡之变 又称土木之变，发生在1449年。蒙古瓦剌部落太师也先的部队进攻明朝，以明朝减少赏赐为借口，兵分四路，大举攻明。宦官王振不顾朝臣反对，鼓励明英宗朱祁镇御驾亲征，结果明军全军覆没，王振被部下杀死，明英宗被瓦剌军俘虏。

贪腐，家产计有金银60余库，其受贿程度可想而知。

1435年，蒙古西部的瓦剌逐渐强大，经常在明朝边境一带生事。1449年，瓦剌首领也先率军南下伐明。王振耸使明英宗领兵20万御驾亲征。大军离燕京后，兵士乏粮劳顿。

8月初，大军才至大同。王振得报前线各路溃败，惧不敢战，又令返回。回师至土木堡，被瓦剌军追上，士兵死伤过半，随从大臣有50余人阵亡。

明英宗突围不成后不幸被俘，王振为将军樊忠所怒杀，史称"土木堡之变"，是明朝由盛转衰的一个转折点。

兵部侍郎于谦拥戴明英宗弟朱祁钰即位，即明代宗，年号景泰。于谦升任兵部尚书，整顿边防积极备

■ 明代士兵作战图

战，同时决定坚守北京，随后两京、河南、山东等地勤王部队陆续赶到。

于谦雕像

瓦剌军进击北京城时，于谦率领各路明军奋勇抗击，屡次大破瓦剌军，瓦剌军撤退。明朝取得北京保卫战的胜利，于谦力排众议，加紧巩固国防，拒绝求和，多次击退瓦剌多次侵犯。

1450年，瓦剌军释放明英宗。然而明代宗因为皇权问题，不愿意接受明英宗。1457年，石亨、徐有贞、曹吉祥等人联盟，欲拥戴明英宗复辟，就趁着明代宗重病之际发动兵变。明英宗复辟后，改元天顺。略有新政，废除自明太祖时残酷的殉葬制度。

1464年，明英宗去世后，朱见深即位，即明宪宗，年号成化。明宪宗口吃内向，因此很少召见大臣，终日沉溺于也妻也母的万贵妃，宠信宦官汪直、梁芳等人，晚年好方术。以致奸佞当权，西厂横恣，朝纲败坏，民不聊生。

1487年，明宪宗去世，其子朱祐樘继位，即明孝宗，年号弘治。明孝宗先是将明宪宗时期留下的一批奸佞冗官尽数罢去，逮捕治罪，再选贤举能，将能臣委以重任。

明孝宗勤于政事，每日2次视朝。明孝宗对宦官严加节制，锦衣卫与东厂也谨慎行事，用刑宽松。明孝宗力行节俭，不大兴土木，减免税赋。明孝宗的励精图治，使得弘治时期成为明朝中期以来形势最好的时期，史称"弘治中兴"。

1505年，明孝宗去世，其子朱厚照即位，是为明武宗，年号正德。明武宗的荒游逸乐，导致正德年间战事频生。他在泛舟取乐时落

历史悠久的文明古国

■ 万历年间太监田义墓

水染病，1521年驾崩。

明武宗驾崩后，明孝宗之侄、兴献王之子朱厚熜入嗣大统，是为明世宗，年号嘉靖。明世宗从1534年后即不视朝，但仍悉知帝国事务，事无巨细仍出己断。明世宗信奉道教，信用方士，在宫中日夜祈祷。

1566年，明世宗驾崩，皇太子朱载垕即位，即明穆宗，年号隆庆，翌年为隆庆元年。在隆庆朝，名臣名将荟萃。朝廷的实际政务渐渐落到了张居正的手上。陆上与蒙古达成和议，史称俺答封贡；海上开放民间贸易，史称"隆庆开关"。因为这两项措施，明朝又重现中兴气象，史称"隆庆新政"

明穆宗因中风驾崩后，年仅9岁的皇太子朱翊钧继位，即明神宗，改元万历。由于明神宗年幼，张居正辅政10年，推行改革。

内政方面，推行考成法，裁撤政府机构中的冗官冗员，整顿邮传和铨政；经济上，清丈全国土地，

一条鞭法 是明代中叶后赋役方面的一项重要改革。初名条编，又名类编法、明编法、总编法等。后"编"称作"鞭"，间或用"边"。主要是总括一县之赋役，悉并为一条。代表16世纪明代管理者试图获得一种理想状态的各种努力。

抑制豪强地主，改革赋役制度，推行一条鞭法，减轻农民负担；军事上，加强武备整顿，平定西南骚乱，重用抗倭名将戚继光总督蓟、昌、保三镇练兵镇守长城，使边境安然。张居正还起用潘季驯治理黄河，变水患为水利。

张居正严惩贪官污吏，裁汰冗员，但他自己本身也贪污受贿。他还利用自己的职权让自己的儿子顺利通过科举进入翰林院。张居正死后立刻被反对改革的政敌清算。张府一些来不及退出的人被囚禁于内，饿死10余口人。生前官爵也被剥夺。

1587年后，明神宗就开始连续不上朝，整日琢磨大兴土木，筹建自己的陵园，还派太监为矿监和税监搜刮民间财产。由于神宗不理朝政，缺官现象非常严重。

皇帝委顿于上，百官党争于下，明廷完全陷入空转之中。官僚队伍中党派林立，互相倾轧，如东林党、宣党、昆党、齐党、浙党等名目众多，但其所议议题却不是如何改良朝政，只是人事布局而已。

在军事方面，以万历年间三大战事最为功勋卓著，但损兵折将极大。1617年，后金努尔哈赤以"七大恨"反明。

1619年，明神宗去世。其长子朱常洛登基是为明光宗，光宗仅在位一个月，便因服用李可灼的红丸猝死，时年39岁。

明熹宗在位期间，早期大量启用东林党人，结果导致东林党与其他党斗争不断，明熹宗也因此对朝政失去了耐心，魏忠贤借此机会干预政治，政治更加腐败黑暗。

明英宗朱祁镇画像

在当时，东北方的后金逐步占领辽东地区。1626年，努尔哈赤率军攻打宁远，明军在袁崇焕的指挥下凭借坚城固守抗敌，最终击败后金军，并击伤努尔哈赤，史称"宁远大捷"。不久后，努尔哈赤死去，其子皇太极即位。

1627年，明熹宗不慎落水病重，不久去世。其五弟朱由检继位，即明思宗，年号崇祯。

明思宗即位后，锐意铲除魏忠贤的势力以改革朝政。他下令停建生祠，逼奉圣夫人客氏移居宫外，最后押到浣衣局处死。下令魏忠贤去凤阳守陵，魏忠贤于途中与党羽李朝钦一起自缢，明思宗将其首级悬于河间老家，阉党其他分子也被贬黜或处死。

然而党争内斗激烈，明思宗不信任百官，他刚愎自用，加强集权。

1629年，皇太极改采绕道长城以入侵北京，袁崇焕紧急回军与皇太极对峙于北京广渠门。经六部九卿会审，最后杀袁崇焕，史称"己巳之变"。

袁崇焕守城雕塑

其后，皇太极多番远征蒙古，终于在6年后彻底击败林丹汗，次年在盛京称帝，改国号为大清，并且5次经长城入侵明朝直隶、山东等地区，史称清兵入塞。

袁崇焕画像

当时直隶连年灾荒疫疾，民不聊生。辽西局势也日益恶化，清军多次与明军作战，最后于1640年占领锦州等地，明军主力洪承畴等人投降，明朝势力退缩至山海关。

崇祯时期本身朝政混乱与官员贪污昏庸，又因与后金的战争带来大量辽饷的需求和清兵的掠夺等，这些都加重明朝百姓的负担，明朝中期之后时常发生农民起事。

1627年，陕西澄城饥民暴动，拉开了明末民变的序幕，随后王自用、高迎祥、李自成、张献忠等农民起事，最后发展成雄踞陕西、河南的李自成与先后占领湖广、四川的张献忠两大起义军。

1644年3月，李自成率军北伐攻陷大同、宣府、居庸关，最后攻克北京。明思宗朱由检在煤山自缢，明朝作为统一王朝结束。

明朝无论是在冶铁、造船、

■ 明思宗朱由检（1611—1644），明代第16位皇帝，也是明朝末代皇帝。在位17年。年号崇祯。他即位后大力铲除阉党，勤于政事，节俭朴素，并六下罪己诏，是位年轻有为的皇帝。他在位期间农民起义风起云涌，关外大清势力强大，已处于内忧外患的境地，加之其性格原因使其在施政和用人方面屡屡出错而加速了明朝的灭亡。

江南 在历史上江南是一个文教发达、美丽富庶的地区，它反映了古代人民对美好生活的向往，是人们心目中的世外桃源。从古至今，"江南"一直是个不断变化、富有伸缩性的地域概念。江南，意为长江之南面。在古代，江南往往代表着繁荣发达的文化教育和美丽富庶的水乡景象，区域大致为长江中下游南岸的地区。

建筑上，还是在丝绸、纺织、瓷器、印刷上，在当时世界上都享有盛誉。

明朝以较短的时间完成了宋朝手工业从官营到私营的演变，而且变化得更为彻底。

至明朝后期，除了盐业等少数几个行业还在实行以商人为主体的盐引制外，一些手工业都摆脱了官府的控制，成为民间手工业。

晚明时中国民间私营经济力量远比同期西方强大，当英国商人手工场业主拥有几万英镑已算巨富时，明朝民间商人和资本家动用几百万两的银子进行贸易和生产已经是很寻常。

郑芝龙海上贸易集团的经济实力达到每年收入数千万两白银，当时荷兰的东印度公司根本无法与之相抗衡。

明代中后期，农产品呈现粮食生产的专业化、商业化趋势。

江南广东一大片原来产粮区由于大半甚至八九成都用来生产棉花甘蔗等经济作物而成为粮食进口区，其他一些地方则靠供给粮食成为商品粮食出口区。

哲学思想上，哲学家开始更多

■ 王阳明（1472—1529），王守仁，幼名云，字伯安，号阳明，人称王阳明。生于浙江承宣布政使司绍兴府余姚县，即今浙江省余姚市。谥号"文成"。明代最著名的思想家、教育家、文学家、书法家、哲学家和军事家。"心学"之集大成者。

■ 宋应星 （1587—约1666），字长庚。江西奉新县宋埠镇牌楼村人。明末清初科学家。代表著作《天工开物》，是世界上第一部关于农业和手工业生产的综合性科学技术著作，也有人称它是一部百科全书式的著作。外国学者称它为"中国17世纪的工艺百科全书"。

地思考现实问题与政治改良。如王阳明继承陆九渊的"心学"并发扬光大，他的思想强调"致良知"及"知行合一"，并且肯定人的主体性地位，将"人"的主动性放在学说的重心。

文学方面，中国小说史上的四大名著中的《西游记》《水浒传》《三国演义》与《红楼梦》就是出于明朝。

在明代除了小说以外，戏曲、书法、诗文和绘画也有丰硕成果。比如汤显祖的戏曲《牡丹亭》，祝允明、文徵明、王宠与唐寅的书法，诗文方面的"台阁体""唐宋派"和"公安派"，画坛上的"吴门四大家"，以及徐渭的泼墨花卉和以董其昌为代表的松江派等。

明朝的科技成果有很多，包括各个方面。有徐光启与利玛窦开始合译的《几何原本》，有宋应星的《天工开物》，还有李时珍著的《本草纲目》，徐光启撰的《农政全书》，徐霞客的《徐霞客游记》，等等。

明朝疆域最广的时候，东北抵日本海、鄂霍次克海、兀的河，即今乌第河流域，西北至新疆哈密，西南包有今西藏、云南，东南到海并及于海外诸岛。

戏曲 指中国传统戏剧。戏曲的内涵包括打，综合了对白、音乐、歌唱、舞蹈、武术和杂技等多种表演方式。到了明代，以演唱南曲为主的戏曲形式传奇得到了繁荣。明代中叶，传奇作家和剧本大量涌现，其中成就最大的是汤显祖。他一生写了许多传奇剧本，《牡丹亭》是他的代表作。

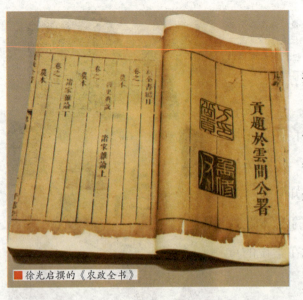
■ 徐光启撰的《农政全书》

明朝的外交为中国走向世界做出了贡献。为宣扬国威，加强与海外诸国的联系，明成祖派郑和出使西洋。从1405年至1433年，郑和7次航海，访问过亚非30多个国家和地区，最远到达红海沿岸和非洲东海岸地区。又派遣吏部验封司员外郎陈子鲁出使撒马亦罕、吐鲁番、火州等西域18国，加强了明朝同世界各国的经济政治上的往来。

阅读链接

明太祖朱元璋的大臣宋濂在家设宴，第二天上朝时，明太祖问他请了哪些人饮了哪种酒。宋濂如实回禀，跟朱元璋知道的一样，就夸奖他老实，不讲假话。

大臣宋讷因公务繁杂，回到家中闷闷不乐。第二天上朝时，朱元璋问他："你昨晚生什么气呀？"

宋讷据实说了。

朱元璋扔下一张画像，告诉他，昨天他生气的时候，锦衣卫的人无法禀报，只得把他生气的模样画了下来送进了皇宫。

宋讷一看，吓得赶快匍匐在地，叩头请罪。

君主制顶峰的清朝

　　清朝由满族统治者建立。1616年，努尔哈赤称汗，国号大金，1636年，皇太极改国号为大清。1911年，辛亥革命爆发，清朝统治瓦解，从此结束了中国两千多年来的封建帝制。1912年，清帝被迫退位。清朝从后金建立开始算起，历经12帝，共计296年。

　　清朝前期，统一的多民族国家得到巩固，基本上奠定了中国版图，鼎盛时期领土达1300万平方千米。同时君主专制发展到顶峰。

　　清朝是中国历史上第二个由少数民族建立的统一政权，也是中国最后一个封建帝制国家，对中国历史产生了深远影响。

■ 努尔哈赤朝服像

努尔哈赤雕像

■ 努尔哈赤（1559—1626），爱新觉罗氏。满族。建立后金政权，创建八旗制度，是清朝的奠基人，谥号"承天广运圣德神功肇纪立极仁孝睿武端毅钦安弘文定业高皇帝"，其子皇太极改国号为"大清"，并称帝后追尊他为太祖。努尔哈赤是中国历史上杰出的军事家和政治家。

1616年，努尔哈赤在赫图阿拉自立为汗，国号大金，史称"后金"。在此前的1583年，他曾经以上辈遗留的十三铠甲做最初的装备，相继兼并海西女真部，征服东海女真部，统一了女真各部。然后构筑城池，设置大臣，制定法律，受理诉讼，并建立八旗制度，巩固了自己的统治地位。

1618年，努尔哈赤公开反叛明朝政府，明朝举国震惊。1619年，明朝在萨尔浒之战惨败，几年间丧失辽东70余城。后来努尔哈赤相继攻占辽阳、沈阳，首次迁都于辽阳，其后又迁都于沈阳。沈阳由此成为后金政权的统治中心。

1626年，努尔哈赤在宁远战役中被明军大炮打伤，不久去世。他的第八子皇太极继位。皇太极继续对明朝展开攻势，并联合蒙古各部，势力不断扩大。

1635年，皇太极废除旧有族名"诸申"，也就是女真，定族名为"满洲"。

1636年，皇太极称帝，改努尔哈赤时的大金国号为"大清"，正式建立清朝，改年号为崇德。皇太极就是清太宗。

1640年，明清两军的松锦之战爆发，结果明将洪承畴在松山被俘，另一员明将祖大寿在锦州投降。松锦之战标志着明朝在辽东防御体系的完全崩溃，在关外只剩下宁远一座孤城。

1643年农历八月初九，52岁的皇太极猝死于沈阳后宫。皇太极的第九子福临即位，年号顺治。福临是清朝第三位皇帝清世祖。

1644年，明朝崇祯帝在农民军的攻城炮声中自缢。驻守山海关的明将吴三桂见明朝形势急转直下，就向清军投降。清摄政王多尔衮趁机指挥八旗劲旅，兼程入关，以吴三桂为前导，进占北京。同年，清世祖迁都北京，祭告天地祖宗，表示他已是全中国的君主。

清朝入关后，剿杀农民军，铲除明朝残余势力。1659年，清军占领西南地区，并迁移湖广

吴三桂（1612—1678），字长伯，一字月所。辽东人，明末清初著名政治军事人物，吴周政权建立者吴周太祖。1644年降清，引清军入关，被封为平西王。1661年杀南明永历帝，1673年叛清，发动"三藩之乱"，并于1678年农历八月十七病死。

■皇太极（1592—1643），也称皇太子、洪太极、黄台吉，爱新觉罗氏。清太祖努尔哈赤的第八子。努尔哈赤去世后，他受推举袭承汗位，称天聪汗，在位17年。1636年，皇太极改女真族名为满洲，在沈阳称帝，建国号大清。谥号"应天兴国弘德彰武温宽仁圣睿孝敬敏昭定隆道显功文皇帝"。

清朝康熙皇帝朝服画像

人口填川，以补充劳动力的不足。历经20多年的战争，清朝基本统一全国。

1662年，康熙帝8岁即位。在位期间，平定了"三藩之乱"，平定台湾郑氏政权，设立台湾府，使台湾回归祖国怀抱。他还在1685年和1686年，命令清军两次进攻盘踞雅克萨的俄军，遏制了沙俄对华侵略的野心；1689年，他派代表与沙俄代表签订了《尼布楚条约》，划定了中俄东部边界线。此外，还平定了回疆、准噶尔等反动贵族的叛乱。康熙帝巩固和加强了祖国的统一。

自康熙时期至19世纪中期，中国在北起外兴安岭，南至南沙群岛的曾母暗沙，西起巴尔喀什湖和帕米尔高原，东抵鄂霍次克海、库页岛和台湾广大而神圣的领土内，实现并巩固了全国的统一，加强了中央集权，成为当时世界上强大的国家。

康熙帝注意恢复和发展生产，采取了一系列有利于社会经济恢复和发展的措施。

1669年，康熙下令废除圈地令，以后永远停止圈地，并规定所圈土地应退还给农民。后来又规定民间新垦田亩，"自后永不许圈"，从而在一定程度上限制了贵族旗主的经济扩张，有利于自耕农民。

圈地令 清朝入关后满洲贵族为掠夺土地而颁布的命令。1644年颁布，1685年废止。清朝入都北京后，为解决八旗官兵生计，决定强占北京附近的土地，遂下圈地之令，将近京各州县汉人无主荒地全部予以圈占，分给东来诸王兵丁人等。

康熙还下令将明朝藩王的庄田改为"更名田"。康熙鼓励垦荒，从1671年起，陆续放宽垦荒起科年限，并规定垦荒有成绩，据开垦多少，给予不同官职，这促进了垦荒的积极性，到康熙末年，全国荒地基本上得到开辟。

康熙顺应了历史发展的需要，进行一系列统一战争，使局势趋向稳定，清政府大为巩固，又通过一系列的文治，促进了经济、文化的发展，使人民过上了和平生活。

康熙中期以后，因战乱而遭到严重破坏的手工业逐步得到恢复和发展。至乾隆年间，江宁、苏州、杭州、佛山、广州等地的丝织业都很发达。江南的棉织业、景德镇的瓷器制造业都达到了历史高峰。至18世纪中叶，清朝人口也大大增加。

1723年，雍正帝盛年登基，在位13年。他平定了青海亲王罗卜藏丹津叛乱，在西宁与拉萨分置办事大臣与驻藏大臣以管理青藏地区。

1727年，与沙俄签订《恰克图条约》，确立塞北疆界。

雍正帝对许多的事情作了重大的改革，特别是对一些制度方面作了些改革。雍正起了"康雍乾"三代承上启下的作用。

罗卜藏丹津 青海厄鲁特蒙古首领，顾实汗的孙子，达什巴图尔的儿子。1723年，他发动武装割据叛乱。清军很快将叛乱平定。罗卜藏丹津逃往准噶尔部避难。清政府平定叛乱后，对青海地区的行政建制作了重大改革，使青海完全置于清朝中央政府直接管辖之下。

■ 清朝雍正皇帝朝服画像

这些改革措施可谓大刀阔斧，快刀斩麻：

一是整顿吏治。雍正帝雷厉风行地连续颁布11道谕旨，训谕各级文武官员。

二是完善密折制度。皇帝特许的官员才有资格上奏折。

三是设军机处。雍正创设军机处，作为辅助皇帝决策与行政的机构。

四是全面实行"改土归流"制度。

五是摊丁入地。

六是废除贱籍，缓和阶级矛盾。

伊犁将军 全称为总统伊犁等处将军。清朝乾隆帝平定准部和回部之乱后设立的新疆地区最高军政长官。驻伊犁惠远城，即今霍城东。统辖新疆南北两路，包括巴尔喀什湖以东、以南，额尔齐斯河上游，天山南北两路，直至帕米尔等地的军政事务。

1736年，25岁的弘历登基，这就是乾隆帝。他执政60年，在文治武功方面都有建树，为巩固中国统一的多民族国家，发展清朝康乾盛世局面做出了重要贡献，确为一代有为之君。

乾隆帝于1757年粉碎了准噶尔贵族割据势力，统一天山北路。

1759年平定天山南路的大小和卓叛乱；1762年，清朝设伊犁将军，统管包括巴尔喀什湖在内的整个新疆地区。自1762年起，清朝陆续派遣大批军队进驻新疆。永久驻军的官兵携带家眷，主要来自东北、河北等地的达斡尔人、满人等。这些驻军为保卫祖国、开发边

■ 清高宗乾隆朝服像

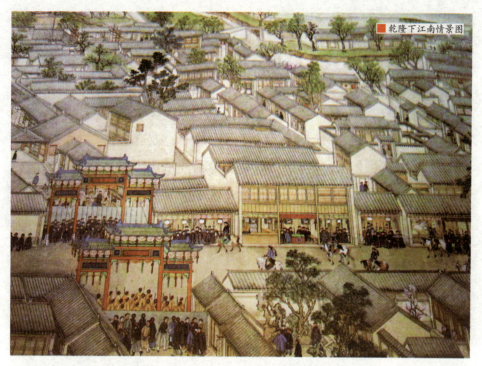
乾隆下江南情景图

陲做出了巨大贡献。

1792年，清朝打退了廓尔喀对西藏的进犯。1793年，清朝中央政府制定和颁行了《钦定藏内善后章程二十九条》，对西藏地方的人事、行政、财政、军事、对外关系等各方面作了明确规定，并以法律形式予以确定。该章程是中国对西藏行使主权的重要历史文献证明。

在"康乾盛世"时，社会经济发展非常快。首先是耕地面积迅速增加，至雍正时达到9亿多亩，恢复并超过了明朝万历时期。加上农业技术的发展，单位面积产量的提高，使全国粮食总产量大大增加，中国人口在"康乾盛世"时突破了3亿大关。

清朝从乾隆末年开始有衰落的现象，政治日渐腐败。嘉庆帝和道光帝也失去了早期君主锐意进取的精神，掌政风格日趋保守和僵化。官场中结党营私，相互倾轧，卖官鬻爵，贿赂成风的现象非常突出。

在军队里，装备陈旧，操练不勤，营务废弛，纪律败坏；在财政上，国库日益亏空，入不敷出。阶级矛盾激化，相继爆发白莲教和天理教等农民起义。

1839年，道光帝为解决鸦片贸易的弊端，派林则徐到贸易中心广州宣布禁烟，此即虎门销烟。

1840年，英国悍然发动了侵略中国的鸦片战争。

1841年，清朝政府战败，被迫求和。

1842年，清政府被迫同英国侵略者签订了中国近代史上第一个不平等条约《南京条约》。

西方各国迫使清政府开港通商，加上地方官吏、地主兼并土地，使得传统农村经济受到破坏。各地乘机纷纷起事，其中华北以捻军为主，华中华南以洪秀全的太平天国与云南杜文秀、马如龙的云南回变为主。

1856年，英国借口"亚罗号事件"、法国借口"马神父事件"共同发动了侵略中国的第二次鸦片战争。

■ 林则徐虎门销烟画

1860年，英法联军相继强迫清政府签订《天津条约》和《北京条约》。俄罗斯趁火打劫，从19世纪50年代至80年代，侵吞中国北方150多万平方千米领土。根据不平等条约，中国丧失大量领土、主权和财富，中国半殖民地半封建社会程度大大加深。

1861年，咸丰帝去世，其6岁之子载淳继位，即同治帝。咸丰帝本任命肃顺等八大臣赞襄政务，两宫太后与恭亲王奕䜣发动辛酉政变，两宫垂帘听政，最后由两宫之一的慈禧太后获得实权。

在当时，奕䜣与曾国藩、李鸿章、左宗棠和张之洞等部分汉臣，在消灭太平军时认识到西方的船坚炮利，并且鉴于两次鸦片战争的失败，以"师夷长技以制夷"、中体西用为方针展开自强运动，又称"洋务运动"。

先后引入国外科学技术，建立现代银行体系、现代邮政体系、铺设铁路、架设电报网；培训技术人才并派遣留学生到欧、美、日等先进工业国家，培育出唐绍仪与詹天佑等人才；开设矿业、建立轮船招商局、江南制造总局与汉阳兵工厂等制造工厂与兵工厂，同时也建立新式陆军与北洋舰队等海军。

洋务运动 是指1861—1894年，清朝政府内的洋务派在全国各地掀起的"师夷之长技以自强"的改良运动。洋务派主张采取官办、官督商办、官商合办等方式发展新型工业，增强国力，以维护清政府的统治。

洋务运动使得清朝的国力有了一定程度的恢复和增强，到慈禧太后与恭亲王联合执政的同治年间，清朝在文武官员齐心合力之下，一度出现了较安定的局面，史称"同治中兴"。在国际上的地位和形象也因此有了相当大的改善。

至19世纪80年代，清朝军队的装备和洋务运动较之前相比已有了明显的提高；在1884—1885年中法战争期间的一系列战役中，清军和法军互有胜负。战后，清朝设立了海军衙门。

对外方面，1884年，清朝和法国为越南（也就是安南主权）爆发了中法战争。清朝失去了藩属国越南，越南成为法国殖民地，台湾也宣布建省。

1885年，英国入侵缅甸，清朝驻英公使曾纪泽向英国抗议无效，隔年被迫签订《中英缅甸条约》，承认缅甸为英国所有。

日本在明治维新后国力大增，1872年日本强迫清朝藩国琉球改属

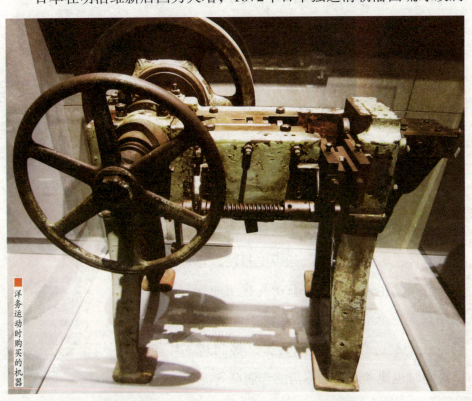

洋务运动时购买的机器

日本，清朝拒不承认，中日交恶。1894年，中日甲午战争爆发，最后以清军落败而告终。

清政府于1895年与日本签订《马关条约》。清朝割让台湾和澎湖，失去藩属国朝鲜和租界。洋务派李鸿章建立的北洋舰队全面瓦解，也宣告自强运动最终失败。

随后，由光绪帝与梁启超和康有为领导发动的政治改革运动，又因为慈禧太后和保守派的反对，而软禁了光绪帝，变法因此失败，因为只有103天，因此又称为"百日维新"。

1900年，八国联军入侵北京。1901年签订了丧权辱国的《辛丑条约》。清朝于八国联军入侵后国势大坠，知识分子莫不提出各种方法拯救中国，主要分成立宪派与革命派两种改革路线。

革命派希望推翻清朝，建立中华共和。1894年孙文于夏威夷檀香山建立兴中会，1904年黄兴于长沙成立的华兴会，1904年蔡元培于上海成立光复会，此外还有其他革命团体。

1905年，孙文在日本联合兴中会、华兴会、光复会，成立中国同盟会，并提出"驱除鞑虏、恢复中华、创立民国、平均地权"纲领。

1907年，清政府筹设资政院，预备立宪，并筹备在各省开办谘议

《皇舆全览图》
为中国清朝所绘
的地图。1708年
由康熙帝下令
编绘，比例为
四十万分之一。
当时聘请西洋传
教士经过经纬度
测量绘制而成。
此地图在中国地
图发展史上具有
划时代的意义，
自清朝中叶至中
华民国初年，国
内外出版的各种
中国地图基本上
都源于此图。

局。1908年7月颁布《各省谘议局章程及议员选举章程》，命令各省在一年之内成立谘议局。同年颁布《钦定宪法大纲》，以确立君主立宪制政体，成立代议会。

在立宪派成员的请愿下，清政府宣布把预备立宪缩短三年，预定在1913年召开国会。同年光绪帝与慈禧太后皆去世，溥仪继位，即宣统帝，其父载沣担任监国摄政王。

1911年5月，清政府组成由庆亲王奕劻领导的"责任内阁"，这是中国历史上首次君主立宪。不过，该内阁中的很多成员为皇族身份，故被称为"皇族内阁"，引发立宪派的不满和失望，很多转向与革命派合作。

在清政府组成"责任内阁"的同时，四川等地爆发保路运动，清政府急派新军入川镇压。

■ 清朝繁华的商业街

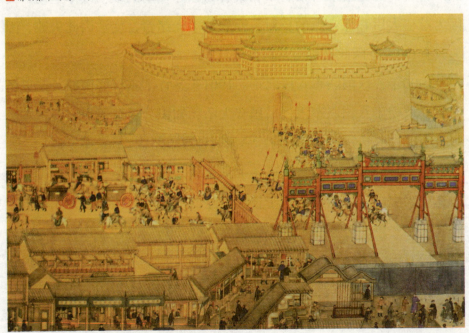

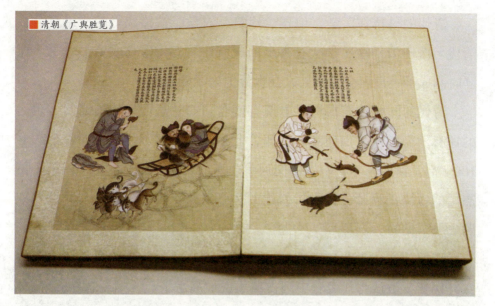
■ 清朝《广舆胜览》

　　1911年10月，革命派于湖北发起武昌起义，南方各省随后纷纷宣布独立。

　　清政府任命北洋新军统帅袁世凯为内阁总理大臣，成立内阁并统领清军。袁世凯一方面于阳夏战争压迫革命军，另一方面却暗中与革命党人谈判，形成南北议和。

　　1912年2月12日，宣统帝溥仪颁布退位诏书，清朝灭亡，标志着中国2000多年来的君主制度正式结束。自此之后，中国历史步入中华民国时期。

　　清朝采取开垦荒地、移民边区及推广新作物以提高生产量。由于国内与国外的贸易提升，经济、农业也相对发达。手工业方面，改工匠的徭役制为代税役制。产业以纺织和瓷器业为重，棉织业超越丝织业，瓷器以珐琅画在瓷胎上，江西景德镇为瓷器中心。

　　清朝商业发达，分成十大商帮。其中晋商、徽商支配中国的金融业，闽商、潮商掌握海外贸易。清朝曾实施海禁政策，直至收回台湾后，沿海贸易才稍为活络。货币方面采取银铜双本位制。康熙晚期为防止民变，推行禁矿政策，在一定程度上阻碍工商业的发展。

清朝的科技在医学、地理、建筑、农学、铁路取得的成果显著。清代名医王清任在医学上有突出的成就，著有《医林改错》一书。康熙时制成了《皇舆全览图》，在世界上处于领先地位。

清代的园林建筑在世界上享有盛名。如北京西郊的圆明园，著名的还有承德的避暑山庄和外八庙，北京的雍和宫等。清代的农书约有100多部。清朝末年，中国的交通事业有所发展。詹天佑是中国第一位杰出的铁路工程师，他主持修建的京张铁路工程之艰巨是当时世界铁路史上罕见的。

清朝的文化事业成功辉煌。清朝小说杰出者众多，曹雪芹编著的《红楼梦》被认为代表着中国古典小说最高水平。《聊斋志异》《儒林外史》和晚清谴责小说均有很大影响。

清朝的京剧源于明朝的昆曲和京腔，形成于乾隆、嘉庆年间。京剧是中国的"国粹"。

清代的绘画水准很高。清初朱耷、石涛的山水花鸟画，中期的"扬州八怪"，清末任伯年、吴昌硕的仕女花鸟画及杨柳青、桃花坞和民间年画均对后人有很大影响。

阅读链接

努尔哈赤一生几次危险都是逢凶化吉，遇难呈祥。

有一次，他来到吉林长白山，在深山老林，经常遇到野兽的威胁。于是，他每天手中都拿着一根索拨棍，走到哪里带到哪里，形影不离。

据说这根索拨棍，帮助他渡过不少难关，一遇到困难，他就用索拨棍祭天，请天公保佑。

努尔哈赤当政后，为了不忘过去在长白山受的苦，就在沈阳故宫的清宁宫前立了一根索拨杆子。后来满族人家大门左侧都立有索拨杆子，求天保佑平安。

这就是满族立索拨杆子的来由。

天下一统

历代统一与行动韬略

谋定天下

　　春秋战国是中国历史上的上古时期。其间曾发生过几次推动社会进步的重要战争，如夏商之际的鸣条之战、西周初年的牧野之战及战国末年的长平之战，它们对中国历史产生了深远的影响。

　　战争中体现出的军事谋略和战争艺术，在中国乃至全人类战争史上都占有极其重要的地位，对后世产生了深远的影响，早已经成为了全人类共同的精神财富。

商汤发起鸣条之战灭夏

　　商汤在灭夏的过程中，制定了正确的战略方针。他广泛争取民众，揭露夏桀的残酷暴行，为战争的胜利奠定了深厚的群众基础，得到了广大群众的支持。

在军事战略上，他在贤臣伊尹等人的得力辅佐下，精心谋划，逐一剪除了夏桀的羽翼。然后择机起兵，并于鸣条之野打败了夏桀，一举消灭了夏王朝，建立了中国历史上第二个奴隶制王朝商朝。

　　商王朝的建立，对中国历史上历代王朝的更迭影响深远。

■ 商汤画像

商原来是夏王朝的一个诸侯国，是黄河下游的一个部落。到夏朝末年时，商汤做了商部落的首领，他是一个有远见又十分仁义的人。

当时的夏朝帝王夏桀暴虐残忍，喜好淫乐，腐败至极。面对夏王朝黑暗统治，各个诸侯国民心渐失的局面，商汤决心收拢民心，取缔夏朝，便采取了一系列强商弱夏的措施。

商汤为了削弱夏王朝的势力，排除灭夏的障碍，争取更多的诸侯反夏，首先就从邻国葛开始。《尚书》中说："商汤一征，自葛始。"

葛是亳西面的一个诸侯国，在夏王朝所属的诸侯国中并不算大。葛伯是一个忠实于夏桀的奴隶主，是夏桀在东方地区诸侯国中的一个耳目，是商汤灭夏大计的阻碍。葛伯是一个好吃懒做的人，就连在古代社会中视为国家大事的祭祀天地神鬼都不愿执行了。

商汤得知葛伯已有很长时间没有举行过祭祀，就派了使者前去询问原因。葛伯说："我们不是不懂得祭祀的重要，只是每次祭祀都要用许多牛羊，我们现在没有牛羊，拿什么祭祀呢？"

商使汇报给商汤。商汤听完使者的报告，就派人挑选了一群肥大的牛羊给葛伯送去。葛伯见商汤相信了他的谎言，居然得到了不少牛羊，窃喜，就将牛羊全部杀来吃了，仍然不祭祀。

商汤得知葛伯还没有祭祀，再次派使者至葛询问为什么不祭祀。

■ 商代骨刻刀

葛伯又说："我们的田中种不出粮食，没有酒饭来做贡品，当然就举行不了祭祀。"

商汤又派亳地的人前往葛地去帮助种庄稼，酒饭也由亳人自己送。但每次送饭，葛伯就派人在葛地将酒饭抢走，并且还杀死不听话的人。

商汤见葛伯是死心塌地地与商为敌，不能再用帮助的办法来争取，就率兵到葛去把葛伯杀了。

因为葛伯不仁，所以商汤灭葛的行动，在诸侯中不但没有人反对，还一同指责葛伯的不仁，被杀是咎由自取。有的诸侯、方国的人民怨恨夏桀的暴虐，还盼望商汤前去征伐，他们愿意从夏王朝的统治下解脱出来归顺商汤。

另外，还有一些诸侯、方国自愿归顺商汤。商汤就对归顺的诸侯、方国都分别授予贵重的玉制品。

商汤从伐葛国开始，逐步剪除夏的羽翼，削弱夏桀的势力。在这个过程中，商汤的右相伊尹和左相仲虺起了重要的作用。尤其是伊尹对商汤的影响和帮助更大一些。

伊尹出生在伊水边，长大后流落到有莘氏。伊尹

方国 指中国古代高于部落以上的、稳定的、独立的政治实体，即早期城邦式的原始国家，距今4000年前。现今对方国的认识主要来源于商朝晚期的殷墟遗址出土的甲骨卜辞，卜文中多以"×方"的形式称呼这些部落国家，故称"方国"。

在有莘国做管理膳食的小头目过程中，商汤与有莘氏经常往来。伊尹见商汤是一个有德行、有作为的人，就在商汤娶有莘氏之女时，作为陪嫁跟随至商。此后，他利用每天侍奉商汤进食的机会，分析天下的形势，数说夏桀的暴政，劝商汤蓄积力量灭夏桀。

商汤发现伊尹的想法正合自己的主张，是一个有才干的人，就破格免去伊尹的奴隶身份，任命为右相。左相仲虺也觉得伊尹是一个贤才，两人的政治主张相同，也就一心和伊尹合作共同辅佐商汤蓄积力量，准备灭夏。

商汤经常率领仲虺和伊尹出外巡视四周的农耕、畜牧。有一次商汤走到郊外山林中，看见一个农夫在东南西北四面张网捕鸟，非常感慨地说："要是如此的张网，就会完全把鸟捉尽，这样做实在太残忍了！"

那个农夫深受感动，就照商汤的做法，收去三面的网，只留下一面。这就是流传到后世的"网开三面"的成语故事。

与"一网打尽"的贪婪相比，"网开三面"显示了商汤宽以待人的风范。那些和夏朝离心离德的诸侯听了这个故事后，都认为商汤是

伊尹 名伊，一说名挚，商初大臣，生于伊洛流域古有莘国的空桑涧，即后来的山东曹县。伊尹一生对中国古代的政治、军事、文化、教育等多方面都做出过卓越的贡献，是杰出的思想家、政治家和军事家，也是中国历史上第一个贤能相国、帝王之师和中华厨祖。

■ 商代玉护甲

商代龙纹刀

有德之君，可以信赖，归商的诸侯很快地就增加到数十个。商汤的势力也愈来愈大。

在当时，夏桀的统治已经很腐败了。为了观察夏王朝的情况，伊尹向商汤出谋，由他亲自去夏王都住一段时间，观察夏的动静。商汤就准备了土特产、贡品，派伊尹为使臣去夏的都城斟鄩朝贡。伊尹在夏的都城一住就是3年，认真观察夏桀及王朝的情况。

伊尹回到商后和仲虺商议，向商汤献了一策，就是不能急于出兵伐桀，还要蓄积更大的力量，继续削弱拥护夏王朝的势力，等待时机。商汤接受了伊尹的主张，做了积极的思想准备。

在夏王朝的诸侯、方国中，东部地区就有3个属国是忠于夏桀，一个是彭姓的韦，一个是己姓的顾，一个是昆吾。这3个方国执意与商为敌，他们监视着商汤的活动，还经常向夏桀报告。因此，商汤和伊尹、仲虺决心除掉这3个夏桀的羽翼。

就在商汤准备进征韦时，夏桀得知这一情况，于是派使臣至商召商汤入朝。夏桀得知商汤已来到，就下令将商汤囚禁在夏台。

伊尹和仲虺得知夏桀将商汤囚禁起来以后，就搜集了许多珍宝、玩器和美女献给夏桀，请求释放商汤。夏桀是一个贪财好色之徒，看见商送来的珍宝、玩器和美女，非常高兴，就下令将商汤释放回商。

夏桀囚商汤之事在诸侯、方国中引起了更大的恐慌。据说同一天就有500个诸侯到商汤那里去任职。夏桀囚商汤不但没有达到惩罚的目的，反倒加速了其统治基础的瓦解，更加削弱了自己的势力。

商汤回商以后，见叛夏归商的人越来越多，就和伊尹、仲虺商议征伐韦国和顾国的事。经过一番谋划和准备之后，商汤和伊尹就率领助商各方的联合军队，先对韦进攻。

商汤率大兵压境，韦连求援都来不及，很快就被商军灭亡。韦被灭，顾国势单，商汤接着又挥师东进，乘胜也将顾国灭了。韦、顾二国的土地、财产和人民尽归商所有。

地处韦、顾二国北邻的昆吾国，相传是祝融的后代封在昆吾所建的一个方国。它在夏王朝的属国中算是一个较大的方国，国君被称为"夏伯"。

夏伯见韦、顾二国被商汤所灭，立即整顿昆吾军准备与商相战。

夏台 夏王朝监狱，又称钧台，在今河南禹州。与商纣拘周文王的羑里齐名。汤即位后，表面上臣服于夏，暗中则积极作灭夏准备。汤与伊尹、仲虺谋划征伐豕韦，被桀察觉。桀假召汤入朝议事，将他囚禁于夏台。此事引起诸侯普遍反感，相传在一天之中叛离夏桀，投奔商汤的诸侯多达数百人。

139

■ 商代饕餮纹罍

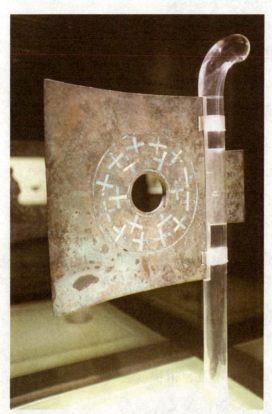

■ 夏代十字纹方钺

鸣条 古地名，又名高侯原，在今山西省运城夏县西。一说在古陈留治下，即今河南省新乡市封丘东。相传商汤伐夏桀战于此地。商汤大获全胜，夏桀大败南逃，死于南巢，夏朝由此灭亡。鸣条之战是历史上很有名的一次战争，也是夏商周三代的第一次王朝更迭。

同时派使臣昼夜兼程赴夏王都，向夏桀报告商汤灭韦、顾二国的情况。夏桀非常恼怒，于是下令起"九夷之师"，准备征商。

商汤本想率军去灭昆吾，然后征东夷，进而灭夏桀。伊尹阻止了商汤，并说："东夷之民还服从桀的调遣，听夏的号令，此时去征伐不会取得胜利，灭夏时机尚未成熟，不如遣使臣向桀入贡请罪，臣服供职，以待机而动。"

商汤采纳了伊尹之谋，暂时收兵。备办了贡品，写了请罪称臣的奏章，派使臣带到夏王都，在离宫中朝见了夏桀。

夏桀见了贡物和请罪奏章以后，和身边的谀臣们商议，谀臣们就向桀祝贺说："大王威震天下，谁也不敢反叛，连商侯也知罪认罪，可以不出兵征伐，安享太平。"

这样夏桀就下令罢兵，仍然整天饮酒作乐。

夏桀下令罢兵不征伐商，可是一年之后，昆吾的夏伯自恃其能，率军向商进攻。伊尹见昆吾死心塌地效忠于夏桀，一心与商为敌，就请商汤率军迎战昆吾。一战而大败昆吾军，再战而杀夏伯灭昆吾，并昆吾土地、人民入商。

伊尹又出谋说："今年本应向桀入贡，且先不入贡以观桀的动静。"商汤听从伊尹的建议，不再向夏桀入贡。

当夏桀得知商汤又灭了昆吾而不再入贡，就下令起九夷之师伐商。但九夷之师不听号令。夏桀又下令调东夷的军队征伐商汤，但因桀反复无常，昆吾又是助桀为虐，与商为敌，东夷的首领们也看出夏桀不会长久，最后也不听他的调遣。伊尹见九夷之师不起，灭夏的时机成熟了，就请商汤率军征桀。

商汤和仲虺、伊尹率领由70辆战车和5000步卒组成的军队西进伐夏桀。夏桀调集了夏王朝的军队，开出王都。夏商两军在鸣条之野相遇，展开了大会战。

会战开始之前，商汤为了鼓舞士气，召集了参加会战的商军和前来助商伐夏的诸侯、方国的军队，宣读了伐夏的誓词。

这就是《尚书》中的《商汤誓》。在誓词中，商汤揭露了夏朝政治的黑暗和夏桀的残暴，声称要代表天意去讨伐他。《商汤誓》是商汤在鸣条会战前的动员令，极大地振奋了士气。

两军交战的那一天，夏桀登上附近的小山顶观战。激烈的战争正在进行

祝融 本名重黎，中国上古帝王，以火施化，号赤帝，后尊为火神、水火之神、南海神，古时三皇五帝中的五帝之一，葬衡阳市南岳区。他传下火种，教人类使用火的方法，常在高山上奏起悠扬动听、感人肺腑的乐曲，相传名为《九天》。

■ 商代青铜柄玉矛

羌人 曾是古东方大族，形成于青藏高原地区，是古中原的地区最著名的民族共同体之一，从传说时代的"三皇五帝"至春秋战国之际，"姜姓"族群在中原政治、经济等领域始终占有重要的地位，是华夏族的重要组成部分。历史上因时代、地域的不同，羌人又被称之为"姜""羌""氐羌""羌戎"和"西羌"等。以羊为图腾，在中国上古时期地位显赫。

时，天忽降大雨，夏桀又急忙从山顶奔下避雨。夏军将士本来就不愿为桀卖命，此时，也乘机纷纷逃散。夏桀制止不住，只得仓皇逃入城内，随后又登上一艘小船，渡江向南巢逃窜。

商军穷追不舍，俘获了夏桀，后来就把他流放于此。夏桀养尊处优惯了，在这穷乡僻壤之地，无人服侍，自己又不会劳动，最后活活饿死。

商汤和伊尹为了彻底消灭夏王朝的残余势力，又率军西进，很快就占领了夏都斟鄩。夏朝的亲贵大臣们都表示愿意臣服于商汤。

商汤和伊尹安抚了夏朝的臣民后，就在斟鄩举行了祭天的仪式，向夏朝的臣民们表示他们是按上天的意志来诛伐有罪的桀。

商汤和伊尹在夏王都告祭天地以后就率军回到了亳。这时期商的声威已达于四方，各地的诸侯、方国以及大大小小的氏族、部落的酋长们都纷纷携带贡品到亳来朝贺，表示臣服于商汤，就连远居西面的羌人等部落也都前来朝见商汤。

■ 商代玉戈

商汤对前来朝贺的诸侯皆以礼相待，商汤自己也只居于诸侯之位，表示谦逊。商汤在诸侯的拥护下，取得了天下共主的地位，随后告祭上天，宣布商王朝的建立。

商汤建立商朝后，对内减轻征敛，鼓励生产，安抚民心，从而扩展了统治区域，影响远至黄河上游。由于商汤以武力灭夏，打破国王永定的说法，从此中国历代王朝皆如此更迭。

夏代管流爵

就鸣条之战而言，此战是中国古代通过"伐谋""伐交""伐兵""用间"达到战争速胜的最早的成功战例，对于后世战争的发展、军事理论的构建，都产生了深远的影响。

阅读链接

伊尹在平民时就以才能和厨艺高超而名闻四方。商汤听说后，向他询问天下大事。伊尹从烹调的技术要领和烹调理论，引出治国平天下的道理。商汤听后心悦诚服。后来，商汤尊伊尹为宰相，并在他的辅佐下，讨伐夏桀，建立了商朝。

伊尹以美味来讨论治国的道理。老子也曾说过："治大国如烹小鲜。"凡事物的至理，大都暗合于道。虽然饮食只是小道，一旦达到极致，也包含天下的至理。

周武王牧野之战起兵伐商

牧野之战在历史上称"武王克殷""武王伐纣"。为了赢得这场战争的胜利，周王做了十分充分的准备，一是大力发展西周经济，从而保证了灭商的经济基础；二是团结一切可以团结的反商力量，组成了反商的统一阵营；三是正确把握住了战略决战的时机。

牧野之战是中国古代车战初期的著名战例，有着非常重要的研究价值。周朝为争取人心、剪商羽翼、乘虚进攻的谋略，对中国古代的军事思想的发展有着深远的影响，可以称得上是历史典范。

■ 周武王画像

商汤所建立的商王朝，历经初兴、中衰、复振、全盛、衰弱诸阶段后，到了商纣王帝辛即位时期，已步入了全面危机的深渊。

■ 周文王画像

在商纣王的统治下，商王朝政治腐败，刑罚酷虐，并且连年对外用兵，民众负担沉重。贵族内部也矛盾重重，即将分崩离析，整个社会动荡不安。

与日薄西山、奄奄一息的商王朝形成鲜明对比的是，商的西方属国周的势力正如日中天、蒸蒸日上。周部落经过几代人的努力，其实力逐渐增强。

到了周文王姬昌即位后，任用熟悉商朝内部情况的贤士姜尚，励精图治，发展生产，打造成清明的政治局面，为伐纣灭商的宏伟大业做好了准备。

在修明内政的同时，周文王向商纣发起了积极的政治和外交攻势。他请求商纣"去炮烙之刑"，从而赢得了广泛的赞誉，同时也最大限度地孤立商纣王。

他颁布搜索逃亡奴隶的法令，保护奴隶主们的既得利益。他公平地处理了虞、芮两国的领土纠纷。通过这些措施，周文王扩大了政治影响，瓦解了商朝的附属小国。

姜尚（前1156—前1017），字子牙，先后辅佐了6位周王，因是齐国始祖而称"太公望"，俗称姜太公。西周初年，被姬昌封为"太师"，尊为"师尚父"。后辅佐周武王灭商。因功封于齐，成为周代齐国的始祖。他是中国历史上最享盛名的政治家、军事家和谋略家。

牧野之战

历史悠久的文明古国

朝歌 古代地名，位于河南省北部鹤壁的淇县。殷商末期纣王在此地建行都，后改称朝歌。周灭商后，三分其地。朝歌北边是邶，东边是鄘，南边是卫。封康叔建立卫国，建都于此地403年之久。汉代置朝歌县，元代置淇州，明代改为淇县。

在各方面准备工作基本就绪之后，周文王在姜尚的辅佐下，制定了正确的伐纣军事战略方针。其第一个步骤，就是剪商羽翼，对商都朝歌形成包围态势。

为此，周文王首先向西北和西南用兵，相继征服犬戎、密须等方国，消除了后顾之忧。接着，又组织军事力量向东发展，东渡黄河，先后剪灭黎、崇等商室的重要属国，打开了进攻商都朝歌的通路。

至此，周已处于"三分天下有其二"的有利态势，伐纣灭商只不过是一个时间问题。

周文王在完成剪商大业前夕逝世，其子姬发继位，为周武王。周武王即位后，继承乃父遗志，遵循既定的战略方针，并加紧予以落实。

公元前1048年，周武王出兵崤函，到中原与其他诸侯国会盟。会盟的地点在黄河北岸的一个渡口，后来其地也因此被称为孟津，即今河南孟州市。

《史记》中说"不期而会孟津者八百诸侯"，其实不是什么"不期而会"，而是事先早有联络，关中和江汉间的许多方国都参与了孟津大会。

在"孟津观兵"的过程中，周武王还自导自演了不少好戏。他出兵时，将周文王的灵位摆在中军的战车上，自称"太子发"，说是奉周文王遗志以伐，不敢自主。

在到达孟津后，周军与诸侯进行了联合军事演习，据说其间祥瑞屡出：在渡黄河时，有白鱼跃入周武王舟中，象征商军落入周武王之手；旋即又有一道火焰化为赤鸟，飞到周武王的营帐上鸣叫，又象征周的昌盛。

就在周兵与诸侯会盟孟津的一年后，商朝发生了激烈的内乱。商纣王杀了伯父比干，囚禁了另一个伯父箕子，另一些被牵连的贵族如微子等则审时度势，投奔了周。

姬发 姓姬名发，周文王的次子。因其兄伯邑考被商纣王所杀，故得以继位。谥号"武"。西周时期青铜器铭文常称其为"斌王"。史称"周武王"。他继承父亲遗志，灭掉商朝，夺取了全国政权，建立了西周王朝，表现出卓越的军事和政治才能，是中国历史上难得的一代明君。

■ 周代战车

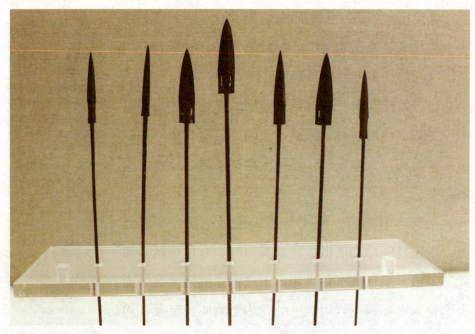
■ 周代箭镞

牧野 古地名。在今新乡市北部，包括新乡市所辖凤泉区、卫辉、获嘉等地。著名的"牧野之战"发生地，它决定了一个延续555年的殷商王朝的灭亡，一个近800年的大周王朝的诞生。牧野原非专有名词，这里是相对于殷都朝歌而言的。从朝歌城由内向外，分别称作城、郭、郊、牧和野。

周武王从来奔的殷商贵族那里得到了不少朝歌的机密情报。商纣王的昏聩无道，进一步促成了周武王发兵的契机。周武王见时机已经成熟，决定出兵伐商，同时通知去年在孟津会盟的诸侯一起出兵。

按照当时姜尚制订的伐商战略计划：趁商朝主力军滞留东南之际，精锐部队以迅雷不及掩耳之势，深入王畿，击溃朝歌守军，一举攻陷商都，占领商朝的政治中心，瓦解商政权，让残余的商人及其附属方国的势力群龙无首，然后各个击破。

按照这一计划，公元前1046年，周武王亲率战车300乘，精锐武士3000人，以及步兵数万人，出兵东征。周无疑已经倾巢出动。

周军渡过黄河到前年会盟的孟津与友军会师。第一批赶到的，有庸、羌、濮等8个方国，不少方国的国君亲自赶来，总兵力达到4.5万人左右。

从孟津到朝歌，是商王经常巡猎的区域，道路状况良好，因而此后几天，联军能够以每天近30千米的速度急行军，比平常的速度要快一倍。

联军赶到朝歌城外的牧野。这里是通向朝歌的要道，同时也是商朝戍卫部队的驻扎地。联军没有贸然进攻，而是停下来开始布阵。从关中出发到兵临朝歌，总共用了一个月的时间。就当时的条件而言，这一速度可以说是惊人的。

联军布阵未完就下起了雨，后来冒雨完成了布阵。第二天拂晓，周武王在众军面前进行誓师。周武王慷慨激昂地说："俗话说，母鸡司晨，是家中的不幸。现在纣王只听信妇人之言，连祖宗的祭祀也废弃了。他不任用自己的王族兄弟，却让逃亡的奴隶担任要职，让他们去危害贵族，扰乱商。今天，我姬发是在执行上天的惩罚……战士们，努力呀！"

顿时，周军将士们士气大振，欢呼声响彻云霄。

周武王又郑重宣布了作战中的行动要求和军事纪律：每前进六七

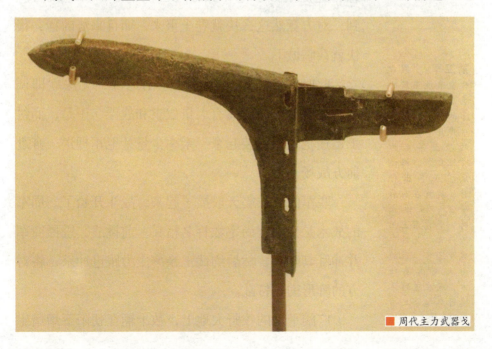
■ 周代主力武器戈

■ 周代贵族武器

禁卫军 中国古
代皇帝或王侯的
直属卫队。周天
子的禁卫军名为
"虎贲"，诸侯
的禁卫军名为
"旅贲"。据记
载，王在出行
时，虎贲在前后
警卫；王休止
时，虎贲宿卫王
的行宫。此外，
虎贲还可以跟随
士大夫出使四
方，或在道路不
通时奉征令之书
向四方传达。

步，就要停止取齐，以保持队形；每击刺四五次或六七次，也要停止取齐，以稳住阵脚。严申不准杀害降者，以瓦解商军。

朝歌方面，商纣王早就听说周人从孟津退兵的消息，这更增强了他对天命在己的信心。可是没有想到，对方竟然这么快就卷土重来，而且来势凶猛，很快就兵临城下。

此时，商军主力还远在东南地区，无法立即调回。当时朝歌城内尚有大量奴隶和战俘，于是，商纣王迅速把他们武装起来，亲率少量禁卫军押送，奔赴前方战场。

联军的战鼓震天般擂了起来，战斗开始了。周军的战术是先由姜尚率数百名精兵上前挑战，震慑商军并冲乱其阵脚，然后周武王亲率主力跟进冲杀，将对方的阵形彻底打乱。

广阔平坦的牧野大地上，数十辆在朝阳下熠熠生辉的战车组成小小的一字阵形，快速逼近商军阵线。商军前排的弓弩手开始放箭，几匹战马悲嘶着倒在血泊中，几辆战车歪到了一边。

但大部分的战车仍不为所动，如飞鹰扑击一般，冲向商军的旗帜之林中。霎时间，商军10余万人如同潮水一般退去，身后是大举追击的联军车阵。

这一天夕阳西下的时候，商纣王狼狈地逃回了鹿台。周人的军队从四面八方拥来，把鹿台团团围住。

商纣王知道，这是他最后的时刻了。他要做得符合王者的尊严。他穿上了缀满玉石的宝衣，又在身边堆满了燔柴，然后用火把点着了身边的柴草……

大战结束的第二天，周武王在将帅们的簇拥下，在商宫中举行了盛大的仪式，建立了周朝。

鹿台 商纣王所建的宫苑建筑，是殷纣积财处。纣建鹿台七年而就，工程之大不言而喻。地点就在淇县城西太行山东麓。史书记载："厚赋税以实鹿台之钱。"殷纣王在这里筑鹿台。一则固本积财，长期驾驭臣民，二则讨好妲己，游猎赏心。建造鹿台中死伤人丁无数，百姓们怨声载道。鹿台的建造为殷商灭亡敲响了丧钟。

阅读链接

周武王做事谨慎。当年，他伐纣前，有人对他说："纣王无道，百姓都在发牢骚，我们是否要讨伐？"

周武王说："再等等。"后来又有人对周武王说："纣王无道，百姓不再发牢骚，而是破口大骂，是否应该讨伐？"

周武王说："再等等。"

后来又有人对周武王禀报说："商朝百姓都不再说话了，百姓路上见面都低头而过，面带恐惧。"

周武王说："现在可以了。"

于是，周武王起兵伐商，并于牧野一战将商军打败，迫使商纣王自焚于鹿台，建立了周朝。

长平之战催生大秦帝国

■ 胡服图

长平之战是秦赵之间的战略决战。在战争中，秦军制定了正确的战略，采用了灵活多变的战术，一举歼灭了赵军主力，开创了中国历史上最早、规模最大的围歼战先例。

长平之战对中国历史有着深远的影响。在战后，秦国国力远远超过其他各个诸侯国，其统一天下的形势已不可逆转，它直接催生了中国历史上第一个封建集权的大秦帝国，从而极大地加速了中华民族大一统的进程。

古战车车轮

秦国自秦孝公任用商鞅变法以来，制定了正确的兼并战略且成就不凡：奖励耕战，富国强兵，国势如日中天；连横破纵，远交近攻，外交连连得手；旌旗所向，铁骑驰骋，胜利捷报频传。

在此后的100余年中，秦破三晋，败强楚，弱东齐，构成了对六国的战略进攻态势。

在秦国的咄咄兵锋面前，韩、魏屈意奉承，南楚自顾不暇，东齐力有不逮，北燕无足轻重。只有赵国，自公元前302年赵武灵王进行"胡服骑射"军事改革以来，国势较盛，军力较强，对外战争胜多负少，且拥有廉颇、赵奢、李牧等一批能征惯战的将领，尚可与强秦进行一番周旋。

秦国要完成统一六国的伟业，一定得拔去赵国这颗钉子。自然，赵国也不是好惹的，岂会甘心束手就擒。两国之间的战略决战势所难免。

秦孝公 嬴姓，名渠梁。战国时秦国国君。谥"孝"。在位期间，对内重用商鞅实行变法，奖励耕战，建立县制行政，开阡陌，在加强中央集权的同时，不断增进农业生产；对外合纵连横。自此国力日强，为秦统一全国奠定了基础。

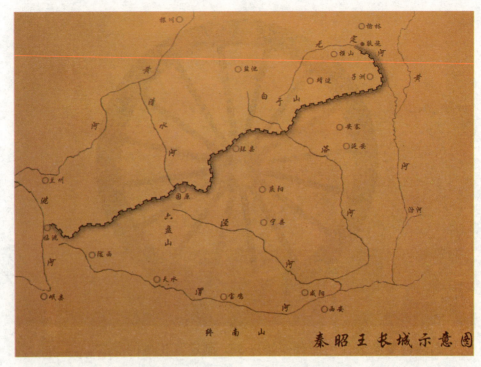

秦昭王长城示意图

　　秦昭王根据丞相范雎"远交近攻"的战略构想，从公元前268年起，先后出兵攻占了魏国的怀和邢丘重地，迫使魏国亲附于己。接着又大举攻韩，先后攻取了陉城、高平和少曲等地。又于公元前261年攻克野王，将韩国截为两段。

　　消息传来，韩国朝廷上下一片惊恐，赶忙遣使入秦，以献上党郡向秦求和。然而，韩国的上党太守冯亭却不愿献地入秦，而是做出了献上党之地于赵的选择。他的用意当然清楚：转移秦军锋芒，促成赵、韩携手，联合抵御秦国。

　　赵王目光短浅，在不计后果的情况下，接受平原君赵胜的建议，贪利受地，将上党郡并入自己的版图。赵国的这一举动，无异于虎口夺食，引起秦国的极大不满，秦、赵之间的矛盾因此而全面激化了。

　　范雎遂建议秦王乘机出兵攻赵。秦王便于公元前261年命令秦军一部进攻韩国缑氏，直趋荥阳，威慑韩国。同时命令左庶长王龁率领大军扑向赵国，攻打上党。上党赵军兵力不敌，退守长平。

赵王闻报秦军长驱东进，得地的喜悦早去了一半。只好兴师应战，派遣大将廉颇率赵军主力前往长平，企图重新占据上党。

廉颇抵达长平后，即向秦军发起攻击。遗憾的是，秦强赵弱，赵军数战不利，损失较大。

廉颇及时改变了战略方针，转取守势，依托有利地形，筑垒固守，以逸待劳，疲惫秦军。他依次设置了空仓岭防线、丹河防线和百里石长城防线。廉颇的这一招很是奏效，秦军的速决势头被抑制了，两军在长平一带相持不决。

面对廉颇的消耗战术，秦昭襄王开始调整策略：一方面，他借赵国使者郑朱到秦国议和的机会，故意殷勤招待郑朱，向各国制造秦、赵和解的假象，使赵国在外交上丧失了与各国合纵的机会，陷于孤立。

另一方面，他采用离间计，派人携带财宝前赴赵都邯郸收买赵王的左右权臣，挑拨离间赵王与廉颇的

上党郡 就是后来的山西长治。春秋属晋，及至战国，韩、赵、魏三家分晋，上党地区亦被三家瓜分。因此，战国时期韩、赵、魏三国都在上党地区占有部分土地，这一地区遂成为三国对峙的前沿，其战略地位也随之加强。并且三国都分别在自己所控制的部分土地设置上党郡。如此狭小的范围内同时设置有三个郡，这在战国时期是比较少见的。

155

上古时期

谋定天下

■ 古战场复原图

陕西出土的斜刃戈

关系。四处散布流言：廉颇不足畏惧，他固守防御，是出于投降秦军的目的，秦军最害怕赵奢的儿子赵括为将。秦终于借赵王之手，把廉颇从赵军主帅的位置上拉了下来；并使赵王不顾蔺相如和赵括母亲的反对谏阻，任命赵括为赵军主帅。

赵括是一个缺乏实战经验，只会"纸上谈兵"的庸人。他上任后，改变了廉颇的战略防御方针，积极筹划战略进攻，企图一举而胜，夺回上党。

秦昭襄王在搞乱赵国的同时，也及时调整自己的军事部署：立即增加军队，征调骁勇善战的武安君白起为上将军统率秦军。为了避免引起赵军的注意，他下令军中严守机密："有敢泄武安君为将者斩。"

这个白起，可不是寻常人物。他是战国时期最杰出的军事将领，久经沙场，曾大战伊阙，斩杀韩、魏联军24万；南破楚国，入鄢、郢，焚夷陵，打得楚人丧魂落魄。只会背吟几句兵书的赵括哪里是他的对手。

白起到任后，针对赵括没有实战经验、求胜心切、鲁莽轻敌等弱点，采取了诱敌入伏、分割包围而后予以聚歼的正确作战方针，对兵力作了周密的部署，造成了以石击卵的强大态势。

白起的具体作战部署是：首先，以原先的第一线部队为诱敌部队，等待赵军出击后，即向预设主阵地方面撤退，诱敌深入。

其次，巧妙利用主阵地构筑起口袋形阵地，以主力守卫营垒，抵挡阻遏赵军的攻势，并组织一支轻装锐勇的突击部队，待赵军被围后，主动出击，消耗赵军的有生力量。

再次，动用骑兵2.5万人埋伏在主阵地两边侧翼，待赵军出击后，及时穿插到赵军的后方，切断赵军的退路，协同主阵地上的秦军主力，完成对赵军的包围。

最后，用5000精锐骑兵插入渗透到赵军营垒的中间，牵制和监视营垒中的剩余赵军。

战局的发展果然按着白起所预定的方向进行。公元前260年，对秦军动态茫然无知的赵括统率赵军主力向秦军发起了大规模的出击。

两军稍事交锋，秦军的诱敌部队即佯败后撤。鲁莽的赵括不问虚实，立即率军实施追击。当赵军前进到秦军的预设主阵地后，即遭到了秦军主力的坚强抵抗，赵军攻势受挫。

赵括欲退兵，但为时已晚，预先埋伏于主阵地两翼的秦骑兵迅速出击，及时穿插到赵军进攻部队的侧后，迅速截断了出击赵军之间的联系，构成了对出击

■ 白起 楚白公胜之后，故又称公孙起。生于战国时的郿，就是今天的陕西省眉县常兴镇白家村。战国时期秦国兵家奇才，赫赫战神。中国历史上自孙武和吴起之后又一个杰出的军事家和统帅。

■ 古战场出土的长阑戈

赵军的包围。另外的秦军精锐骑兵也迅速地插到了赵军的营垒之间，牵制、监视留守营垒的那部分赵军，并伺机切断了赵军所有的粮道。赵军断粮时间达46天，军心动摇。绝望之中，赵括孤注一掷，亲率赵军强行突围，最后葬身于秦军的箭镞之下。赵军失去主将，斗志全无，40万赵军全部向秦军投降。秦军大胜。

在长平之战中，秦军前后共歼赵军45万人，从根本上削弱了当时关东六国中最为强劲的对手赵国，也给其他诸侯国以极大的震慑。

这场战争秦国取得全胜，其统一天下的形势已不可逆转，从而极大地加速了中华民族大一统的进程。

阅读链接

长平之战的第二年，秦昭襄王就想让白起接替王陵继续攻打赵国，加快统一六国的步伐。白起建议说："赵国并不是好打的，而且诸侯的援兵也快到了，秦军已死伤者过半，国内空虚，不可久战，建议撤军。"

秦王再三下令，但白起始终不肯前往，后来干脆称病不出。秦昭襄王于是派其他将领替换王陵，但最终损失很大，也未能攻破邯郸。

后来，秦昭襄王恼怒命人将白起遣送远方，不得留在咸阳城内，并赐了一把剑给白起，令其自刎。

秦汉至隋唐是中国历史上的中古时期。在这1100多年的时间里，新旧王朝更替，统一与分裂反复，战争艺术日益圆融。

由于南北方不同的地理条件，北方以步兵与骑兵相结合为主，南方以步兵与水兵相结合为主，其间，山地战、河川战、丛林战和荒漠战等战法已应有尽有。

中古时期的局部统一和全国统一，标志着中国古代的战争艺术已经达到了一个新的水平。

文韬武略

秦的统一结束割据局面

秦统一六国的战争，既是战国末期最后一场诸侯兼并战争，又是中国历史上最早的一场封建统一战争。

秦国相继灭掉了北方的燕、赵，中原的韩、魏，东方的齐和南方的楚6个国家，结束了春秋以来500余年的诸侯争霸与割据的局面，建立了中国历史上第一个中央集权制国家，开创了中国历史的新时期。

秦始皇画像

公元前246年，秦嬴政即王位。他在李斯、尉缭等人的协助下制定了"灭诸侯，成帝业，为天下一统"的策略。具体的措施是：笼络燕齐，稳住魏楚，消灭韩赵；远交近攻，逐个击破。在这种战略方针指导下，一场统一战争开始了。

秦在发动攻赵之前，即依李斯、尉缭之谋，以间谍挑拨活动，挑起燕赵两国之间的战争，待燕赵战起，秦国即借口援燕抗赵，开始对赵进攻。

秦军从西面、西北面、南面三路攻赵，但把进攻的重点指向赵国南部，以陷赵军两面作战、腹背受敌的困境。

公元前236年冬，燕赵两国正在酣战之际，秦派王翦率军进攻太行山之战略要地阏与，使这个早为秦国垂涎的战略要地一举被秦占领，从而打开了从西面进攻赵国都城邯郸的通道。

秦杨端和军进攻阏与之北的韩阳，并顺利攻克，使邯郸的西北方向也失去了屏障。秦桓齮军从南阳出发，很快攻占邺邑所属之安阳。至此，秦军已推进到了邯郸之南，仅与赵都邯郸相隔一条漳水和少数

城邑。

■ 战国时期战马盔甲

面对秦军的进攻，赵王起用北部边疆名将李牧为统帅。李牧军曾歼灭匈奴入侵军10万之众，威震边疆，战斗力最强。李牧率军回赵，立即同秦军交战，沉重打击了秦军。

韩国在七国中为最小，而所处地位却最重要。它扼制秦由函谷关东进之道路，秦要并灭六国，必须首先灭韩。

公元前230年，秦为彻底灭韩，派兵再度对韩进攻，韩无力抵抗，韩王被俘。这样，韩成为当时六国最先被灭亡之国。

公元前232年，秦又出动南北两路大军对赵进攻。赵军统帅李牧决定先集中兵力，打击北面来犯的秦军，取胜后，再攻击南面的秦军。

赵军虽然在李牧统率指挥下，一再战胜，可是

李牧 生于战国时期赵国柏仁，即今邢台。战国时期的赵国将领。封"武安君"。与白起、王翦、廉颇并称"战国四大名将"。李牧是战国末年东方六国最杰出的将领之一，他战功显赫，生平未尝一败仗。

兵力损失后难以补充，单凭现有兵力无法对秦持久作战，必须立即寻求外援。而这时楚、魏业已削弱，燕、赵关系欠佳，只有联齐，争取齐国人力物力的支持，才能与秦相抗衡。

秦也察觉赵的这一企图，立即派遣一批策士到齐进行游说活动，极力破坏齐、赵的联合，孤立了赵。秦则不失良机，接着发动又一次大规模的进攻。

公元前230年，赵发生特大旱灾，秦于次年再度发动对赵大举进攻。秦军派出南北两路大军并抽调一些少数部族兵参加作战，赵军则在大将军李牧、副将司马尚指挥下，继续对秦军作战。秦军虽经苦战，但胜负未分。

秦始皇和他的谋臣认为，秦两次伐赵均被李牧所阻，都深感在军事上无法取胜，遂改用反间计，不惜重金收买赵国内奸赵王宠臣郭开在赵王面前造谣诬蔑

163

中古时期
文韬武略

策士 战国时期游说诸侯的纵横之士，后泛指出计策、献谋略的人。战国时期，谋臣策士在错综复杂的政治、军事、外交斗争中大显身手。他们多有一定的政治主张，凭借智慧、辞令，四处奔走游说，周旋于政治集团之间，为诸侯征城、掠地、杀人、灭国出奇谋划妙策。张仪、苏秦、陈轸等人就是他们的典型代表。

■ 战国时期青铜剑

李牧、司马尚企图谋反。赵王竟不加分析即轻率罢免了李牧、司马尚，改任赵葱、颜聚为赵军统帅，并错误地将名将李牧杀害。

赵王由于中了秦之反间计，为秦灭赵铺平了道路。赵葱不是王翦的对手，很快被秦军击败，赵葱被杀，颜聚收拾残兵退回邯郸勒兵固守。而此时的赵王丧失斗志，任由内奸郭开摆布，竟下令开城向秦军投降，建国250多年的赵国终于灭亡。

赵被秦灭亡后，秦即想南下灭楚，但中间尚隔魏国，魏此时虽然只剩国都大梁附近的一些城邑，但终属秦进军楚地之障碍，于是决定先灭魏，再伐楚。

魏本来处于"天下之枢"，具有优越的战略形势，但由于战争频繁，大量削弱了魏的实力。多年来，在强秦的进攻下，节节败退，不断割地求和，魏国大河以北领土被吞食殆尽。

公元前225年，秦派兵进攻魏国首都大梁。秦将王贲认为大梁城垣坚固，很难在短期内攻克，于是引大沟之水冲灌大梁城。经过3个月的战争，魏国灭亡，秦以其地建为东郡。

秦军灭赵、破燕、并魏后，紧接着大举进攻楚国。当时楚仍为南方大国，拥有今河南西部及东南

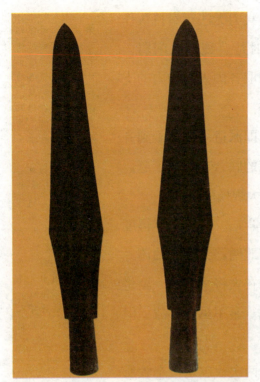

秦国的箭镞

历史悠久的文明古国

王贲 频阳东乡人，就是后来的陕西富平人，秦代名将，王翦之子，与其父是秦灭六国战争中的主要将领。公元前221年，率军从燕南下攻齐，俘虏齐王建，遂灭齐统一六国。因功被封为通武侯，曾随秦始皇东巡琅琊。

部，山东南部，湖北、湖南两省，洞庭湖以东和江西、安徽、江苏、浙江全部。

楚国此时尚有对秦作战的实力。秦始皇派年少英勇的将军李信率兵攻楚，并问李信需要多少兵马。李信答复说："不过用20万人。"

秦始皇又问王翦，王翦则说："非60万人不可。"

秦始皇不同意王翦的意见，而同意李信的说法，当即说："王将军老矣，何怯也！李将军果然壮勇，其言是也。"

王翦因为自己的建议不被采纳，谢病告老，归还频阳。李信则受命为秦军统帅，与蒙恬率兵20万人对楚发动进攻。

李信与蒙恬军企图包围楚军，聚而歼之。但李信于棠溪被楚军统帅项燕战败，损失惨重。多亏蒙恬军的掩护，李信得以突围逃回秦境，才免被俘。

秦军遭受重大挫折，秦始皇虽然感到自己当初对统帅人选委派有误，但并未动摇灭楚之决心，仍然继续进行灭楚战争。李信失败后，秦军统帅一职只有重行起用王翦。

秦始皇亲往王翦家乡频阳县，力请王翦出任秦军统帅。王翦接替李信，率领60万大军对楚作战。

■ 青铜器武王戈

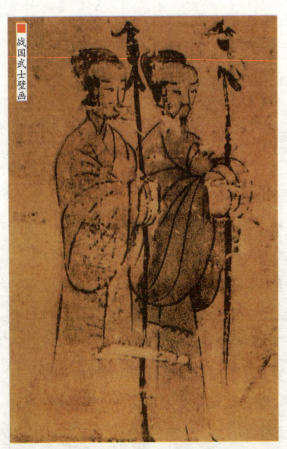

战国武士壁画

历史悠久的文明古国

王翦根据已往长期作战经验，知道楚军和赵军都具有坚强的战斗意志，是能战能守的军队。楚军新近击破李信指挥的秦军，锐气旺盛，斗志昂扬，对付这样的敌人，不仅没有胜利的把握，一旦行动不慎，还会影响整个战争结局。

所以，王翦进入楚国后，即令部队在商水、上蔡、平舆一带构筑坚垒，进行固守，并令部队不许出战，休整待命。数月以来，双方相持没有大的交战。

楚对秦军大举东进，也集中全部兵力应战。当时秦已灭三晋，无后顾之忧，有大量的物力支援，能够打持久战。楚则无论军事、政治都远为落后。统帅项燕仍然集中楚军主力于寿春淮河北岸地区，等待秦军的进攻。

楚王责怪项燕怯战，派人数度催他主动进攻秦军。项燕军只得向秦军进攻，但既攻不破秦军的营垒，秦军又拒不出战。项燕无奈，引军东去。

王翦立即令全军追击楚军，楚军为涡河所阻，双方交手，楚军被击破东逃。秦军追至蕲南，平定楚属各地。

在追击过程中，王翦斩杀了楚将项燕，随即率兵直取楚都寿春，楚国首都被秦军攻陷。楚王负刍被俘。秦军进军蕲南，只经一年多的作战，号称南方赫赫之强国的楚，便瓦解了。

公元前227年，秦派将军王翦、辛胜率军对燕作战。统帅王翦以直接攻略燕国首都蓟城为作战目标。同时判断燕军必然依托燕赵大道经过的各河川作抵抗，尤其燕赵界上较大河流易水定有重兵守备，不宜将主力投入正面进攻。于是，王翦决定以部分兵力由中山北攻燕。

在灭赵的过程中，秦国大军已兵临燕国边境。燕王喜惶惶不可终日，眼见秦国扫平三晋，就要向自己杀来，却无计可施。

燕太子丹最终想出了孤注一掷的暗杀行动，即历

燕国 中国历史上从西周到春秋战国时期在北方的一个诸侯国。周的贵族和当地旧商的贵族以及当地土著联合建立了政权。最终使该地区原来的东胡民族逐渐融入了华夏族。战国时为七雄之一，公元前222年被秦国灭亡。燕国的都城在蓟，位于今北京西南。

■ 战国武士兵戟

荆轲 燕国悲壮之士。公元前227年，荆轲带燕督亢地图和樊於期首级，前往秦国刺杀秦王。临行前，许多人在易水边为荆轲送行，场面十分悲壮。"风萧萧兮易水寒，壮士一去兮不复还"，这是荆轲在告别时所吟唱的诗句。来到秦国后，秦王在咸阳宫隆重召见了他。荆轲在献燕督亢地图时，图穷匕见，刺秦王不中，被杀。

史上有名的荆轲刺秦王，时值公元前227年。刺杀行动最终失败，但是秦始皇差一点死于荆轲的匕首下，他深恨燕国，立即增兵大举进攻。

公元前226年，秦军攻下燕都蓟，燕王喜与太子丹逃亡辽东郡。公元前222年，王贲奉命攻伐燕国在辽东的残余势力，俘获燕王喜，燕国彻底灭亡。

在秦军并灭赵、韩、燕、魏、楚战争时期，齐国一直置身度外，坐视各国灭亡。当秦、赵长平之战的关键时刻，赵向齐请求援助军粮，有政治远见的周子曾向齐王建议积极援赵。齐王竟没有接受这一具有战略远见的建议，尔后各诸侯国虽几度联合对秦作战，齐都避免参加，或者参战不力，企图讨好于秦。

公元前221年，秦王贲统率的军队，由燕南部对齐北境突然进攻，直趋齐都临淄。齐则毫无作战准备，竟无应战之兵，齐王建不战而降。经过20多年的战争，秦国最终灭掉六国，统一了天下。

秦朝统一战争顺应了历史潮流，结束了春秋以来诸侯割据混战的局面，开创了统一的新局面，建立了中国历史上第一个统一的多民族的中央集权的封建国家。秦朝统一了文字、货币、度量衡，对中国的历史和文化产生了极为重要的影响。

阅读链接

秦始皇晚年迷信长生不老，方士徐福听说渤海湾里有蓬莱、方丈、瀛洲三座仙山，仙山上仙人的手中有长生不老药，就把这个消息告诉了秦始皇。

秦始皇派徐福带领千名童男童女入海寻找长生不老药。徐福带领舰队在海上漂流了好长时间，也没有找到他所说的仙山，更不用说长生不老药。

徐福自知没有完成任务，回去后一定会被杀头，于是他就带着这千名童男童女顺水漂流到了日本。秦始皇最后没吃到长生药，连秦王朝也在秦二世手里灭亡了。

楚汉战争促成天下一统

楚汉战争或称楚汉相争，是在秦朝灭亡后，西楚霸王项羽和汉王刘邦两大集团为争夺全国最高政权而进行的一场大规模战争，最后以西楚项羽败亡，刘邦建立西汉王朝而告终。

楚汉战争造就了统一的西汉王朝，形成了中国历史上长达400余年的统一局面，促进了中国古代民族的大融合和经济的大发展，奠定了中国汉民族的伟大发展基础。

■ 汉高祖刘邦画像

■ 鸿门宴壁画

秦二世胡亥的暴政，使天下百姓苦不堪言，最终引发了秦末农民大起义。公元前209年7月，陈胜、吴广首先发动大泽乡起义，建立"张楚"政权，陈胜自称楚王，一时间天下群雄纷纷响应。

9月，前楚国大将项燕之后项梁、项羽叔侄发动会稽起义，项梁自号武信君；同月，泗水亭长刘邦亦于沛县起兵响应，称沛公。

在秦末农民大起义过程中，陈胜牺牲后，刘邦集团和项羽集团成为反秦武装的两支主力。公元前208年，项羽率5万余楚兵北上，迎战秦将章邯、王离所率40余万秦军主力。

当年，项羽破釜沉舟，亲率2万余楚兵大败王离所部20余万秦军主力于钜鹿城外，项羽威震诸侯，遂成为诸侯上将军，统领诸侯之兵。第二年，章邯等被迫率余部20万人归降，钜鹿之战胜利结束。

钜鹿之战牵制了秦军主力并最终获得胜利，同时也为西路刘邦军得以顺利入关创造了最有利的条件，经此一役，秦朝已名存实亡。

钜鹿之战后，沛公刘邦乘隙攻入关中，进入咸阳，秦王子婴投降，秦朝灭亡。

依据反秦义军"盟主"楚怀王与天下"先入定关中者王之"的约定，刘邦理应称关中之王，又闻项羽欲立章邯于关中，号雍王，于是派兵驻守函谷关，以防诸侯入关。同时，宣布废除秦朝苛政，与关中父老"约法三章"："杀人者死，伤人及盗抵罪"。

项羽消灭了秦军主力，自认为功劳最大，而胜利在即之际，却被刘邦抢先进入关中，夺取了胜利果实，自然怒气冲天，于是率诸侯军40余万人入关。项羽军攻破函谷关，进驻新丰鸿门，意图消灭刘邦军。

刘邦军不足10万人，自料力不能敌，于是还军灞上，并竭力拉拢项羽的叔父项伯请为调解，并亲赴鸿

鸿门 中国古地名，位于陕西省临潼区城东的新丰镇鸿门堡村。峭由于被骊山流下来的雨水冲刷，北端出口处状如门道，形似鸿沟，故名。公元前207年，项羽在钜鹿歼灭了秦的主力军，率军入关后，在此宴请刘邦，史称"鸿门宴"。这次宴会在秦末农民战争中发生了重要影响，被认为间接促成了项羽的败亡及刘邦成功建立汉朝。

■ 刘邦入关

门谢罪，示以诚意，并表示归顺。项羽决心动摇，放走了刘邦。

在公元前206年，项羽自恃灭秦巨功并凭借其在军事上的压倒优势，裂土分封诸侯，恢复封建割据。如分封西魏王魏豹、河南王申阳、九江王黥布、辽东王韩广、济北王田安等。项羽自立为西楚霸王，统辖黄河及长江下游的梁、楚九郡，定都彭城。

项羽封刘邦于巴、蜀、汉中三郡，为汉中王，定都南郑。同时将关中地区分为三部，封秦降将章邯、司马欣、董翳分别为雍王、塞王、翟王，合称"三秦"，企图通过他们控制关中，将刘邦困锁在汉中巴蜀地区。

刘邦被徙封汉王后，本想立即发兵攻楚，但萧何等人从楚汉双方的实力出发，主张以汉中为基地，养民招贤，安定巴蜀，然后再收复三秦。刘邦听之。

他在前往汉中的途中，烧毁所过栈道，防止诸侯军偷袭，并借此表示无东向之意，以麻痹项羽。项羽亦于同时班师彭城。

时隔不久，中原诸侯国形势发生了巨大变化。未及分封的诸侯均不满项羽分封，多起兵反楚。刘邦乘项羽发兵击齐之际，任命韩信为大将，以曹参为前锋，积极部署东进。

公元前206年，汉军以韩信"明修栈道，暗度陈仓"之计潜出故道，向楚地

■ 萧何画像

历史悠久的文明古国

进军。楚汉战争爆发了。

项羽得知刘邦已兼并三秦，且准备东进伐楚，而齐、赵地都已反叛，极为愤怒。但主力被牵制在齐国，无暇西顾。

刘邦再度抓住战机，一面巩固关中，一面扩张势力，亲自率军由函谷关出陕县东进。迫降河南王申阳和项羽新封的韩王郑昌；西魏王魏豹率军归附，继而俘虏殷王司马昂，迅速占领了今河南及山西中南部广大地区，造成东进的有利态势。

刘邦继而采纳韩信"北举燕、赵，东击齐，南绝楚少粮道，西与大王会于荥阳"的建议，给韩信增兵3万，开辟北方战场，以消灭楚的羽翼，实现对楚的战略包围。

公元前205年，韩信、张耳率领汉军越过太行山，与楚的羽翼赵国战于今河北井陉东南的井陉口。韩信一反作战常规，背水设阵，大败20万赵军，斩杀赵军主帅成安君陈馀，生擒赵王歇，一举歼灭赵国。随之采纳赵国降将李左车建议，乘势不战而迫降燕王臧荼，平定燕国。

公元前204年，楚军对汉军正面防线发动攻势，

■ 韩信 淮阴即今江苏淮安人，西汉开国功臣，中国历史上杰出的军事家，他的军事思想对后世有重要影响，与萧何、张良并列为"汉初三杰"。他曾先后为齐王、楚王，后被贬为淮阴侯。为汉朝的建立立下了赫赫战功。

■ 楚汉战争蜡像

数次切断汉军粮道，又攻占了荥阳、成皋。刘邦只好败逃关中。

为调动项羽，分散其兵力，摆脱固守城池被动挨打的局面，刘邦采纳谋士辕生建议，于5月率军出武关，兵至宛和叶。项羽急于寻汉军主力作战，果然率军自荥阳、成皋南下宛、叶。汉军坚壁不战。

就在这时，彭越乘机攻占了楚的后方重镇下邳，迫使项羽回师解救。汉军借机迅速北上，收复成皋。

6月，项羽回军，对汉军发动第二次攻势，再占荥阳、成皋，并挥军西进。汉军败至巩县，深沟高垒，阻击楚军。

为减轻正面压力，刘邦遣刘贾、卢绾率兵2万人增援彭越，在楚后方攻城略地，断楚粮道，迫使项羽第二次回兵东击彭越。汉军借此机会再次收复成皋。

成皋之战后，楚汉战争进入了最后阶段。项羽日益孤立，粮秣得不到补充，韩信又继续进兵西楚。公元前204年，韩信大破楚、齐联军于潍水之滨，平定齐国。韩信随继东进2000余里，从东、北两面形成对楚军的战略包围态势，直接威胁到了楚的大后方。

潍水之战后，项羽再无能力灭汉，已经到了被动的防御状态；而刘邦则进入全面战略大反攻的时刻。

公元前203年8月，楚军粮尽，项羽被迫议和；刘邦亦未能调来韩信、彭越援军，于是双方订立和约，中分天下。双方划鸿沟为界，东归楚、西属汉。

9月，项羽遵约东撤，刘邦亦欲西返。这时，刘邦在张良、陈平建议下，向楚军突然发起战略追击，并约集齐王韩信、魏相国彭越南下合围楚军。后因齐王韩信、魏相国彭越按兵不动，未如期会师，被迫退军固陵，坚壁自守。

刘邦退军固陵后，采纳张良建议，分别给齐王韩

鸿沟 中国古代最早沟通黄河和淮河的人工运河，位于古代荥阳成皋一带，今属河南省郑州荥阳。楚汉相争4年时，曾以鸿沟划地为界，东楚西汉。楚河汉界由此得来。"鸿沟"这个名词到了今天，就引申为两个人在思想上有分歧，价值观有距离等。

■ 鸿门宴遗址

定陶 古称陶，又名陶丘，是一座历史悠久的中原古城。自春秋至西汉800多年间，一直是中原地区的水陆交通要道和古代重要都会，享有"天下之中"的美誉。公元前202年，刘邦在定陶称帝。公元前138年，改济阴郡，后又改为定陶国，东汉时不久又改为济阴郡。

信、魏相国彭越割地封王的承诺，约定联合击楚。12月，刘邦调集齐王韩信、魏相国彭越、淮南王英布、刘贾等各路大军40万人，以韩信为最高统帅，以并本部20万人共计60万大军一同击楚。战至最后，将10万楚军包围于垓下。

楚军兵少食尽，屡战不胜，夜闻四面楚歌，军心瓦解。项羽大惊，于是置10万楚军于不顾，率800余骑兵趁夜突围南逃。天明后刘邦发觉，遂派灌婴率数千骑兵追击。

楚军渡过淮河后只剩下百余骑，逃至阴陵时因迷路，问路一田夫，被田夫诳骗而左行，结果陷于沼泽，致使汉军追上。最后逃至乌江时，项羽自度难以脱身，叹道："天亡我，非战之罪也。"

这时，乌江亭长力劝项羽过江，以图东山再起。项羽却说："上天要灭亡我，我何必还要渡江呢！姑

■ 霸王别姬蜡像

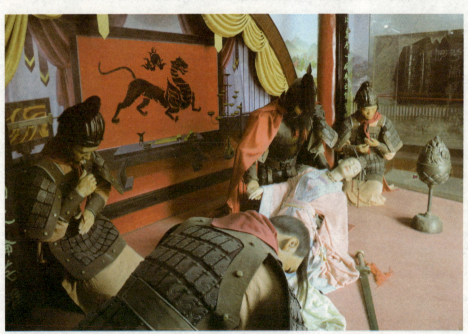

且不说我项籍当初率领8000江东子弟兵起事渡江西征，今天没有一个人回来，即便江东的父老兄弟们同情而拥戴我为王，我哪里有脸面见他们？纵使他们不说什么，我自己难道心里不愧疚吗？"

刘邦登基场景浮雕

项羽自觉无颜见江东父老，不肯渡江，在力杀汉军数人后，自刎而死。垓下一战，刘邦全歼楚军，获得最后胜利。项羽败亡后，楚地陆续平定。

公元前202年，刘邦在定陶正式称帝，建立了西汉王朝，刘邦就是汉高祖。至此，天下又归于统一。

阅读链接

刘邦做了皇帝后，分封了萧何等20余人的官职，但众将领互不服气，争功不止。一次，在洛阳南宫，刘邦看见众将坐在沙地上不知在说什么，问身边的张良怎么回事，张良说他们在谋反。

刘邦问怎么办，张良就问他最恨的人是谁，刘邦说是雍齿。张良听后就让刘邦封雍齿为侯，这样，大家就觉得被刘邦记恨的雍齿都能受封，他们就不用着急了。

于是，刘邦封雍齿为什邡侯。如此一来，众将就再也不用担心了。

官渡之战与曹操统一北方

官渡之战是中国历史上著名的以弱胜强的战役之一。曹操于官渡之战中击败了袁绍的主力，获得大胜，实力进一步增强，为统一北方奠定了坚实的基础。

在官渡之战中战败的袁绍之子袁尚、袁熙投靠了乌桓。为了彻底消灭袁氏残余势力，曹操克服艰难险阻，远征乌桓，最后打败了乌桓王。至此，曹操终于完成了统一北方的大业。

■曹操像

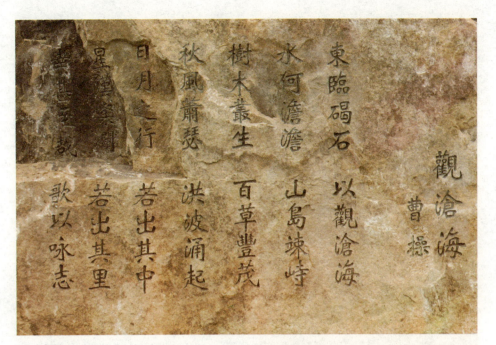

観滄海
曹操

東臨碣石 以觀滄海
水何澹澹 山島竦峙
樹木叢生 百草豐茂
秋風蕭瑟 洪波涌起
日月之行 若出其中
星漢燦爛 若出其里
幸甚至哉 歌以咏志

■ 曹操的诗

东汉末年，各地州郡大吏独揽军政大权，地主豪强也纷纷组织私人武装，占据地盘，他们争权夺利，互相兼并。当时的割据势力，主要有河北的袁绍、兖豫的曹操、徐州的吕布、扬州的袁术、江东的孙策、荆州的刘表等。

在这些割据势力的连年征战中，袁绍、曹操两大集团逐步发展壮大起来。随着双方势力的扩张，利害冲突也随之而来。于是，袁、曹两大势力之间的对立显得更加突出，便不能不兵戎相见了。

199年，袁绍挑选精兵10万人，战马万匹，企图南下进攻许都，官渡之战的序幕由此拉开。

曹操迎献帝到许都后，为开创统一大业，在此周围推行屯田，号令军民开荒播种，以适应战争的需要。袁绍举兵南下的消息传到许都，曹操为争取战略上的主动，做出了如下部署：

吕布 字奉先，东汉末年名将，汉末群雄之一，五原郡九原县人，今属内蒙古包头。他坐骑赤兔宝马，手持方天画戟，天下无双，先后为丁原、董卓的部将，也曾为袁术效力，曾被封为徐州牧。后自成一方势力，于198年在下邳被曹操击败并处死。

■ 三国时期的青铜骑兵俑

官渡 位于许都，今河南省许昌市之北，黄河之南，离许昌有200里之远，是从河北进军河南地界的军事要冲之地，因为发生了震惊天下的官渡大战而闻名。

荀攸 字公达，颍川颍阴，今河南许昌人。东汉末年曹操的五谋臣之一，荀彧从子，被曹操称为"谋主"。官至尚书令。后被追谥为"敬侯"。

派臧霸率精兵自琅琊入青州，占领齐、北海、东安等地，牵制袁绍，巩固右翼，防止袁军从东面袭击许都；派人镇抚关中，拉拢凉州，以稳定翼侧；曹操率兵进据冀州黎阳；令于禁率步骑2000人屯守黄河南岸的重要渡口延津，协助扼守白马的东郡太守刘延，阻滞袁军渡河和长驱南下，并以主力在官渡一带筑垒固守，以阻挡袁绍的正面进攻。

200年，袁绍派陈琳书写檄文并发布，檄文中把曹操骂得无法忍受。随即进军黎阳，企图渡河寻求与曹军主力决战。他首先派颜良进攻白马的东郡太守刘延，企图夺取黄河南岸要点，以保障主力渡河。

曹操为争取主动，求得初战的胜利，亲自率兵北上解救白马之围。此时谋士荀攸认为袁绍兵多，建议声东击西，分散其兵力，先引兵至延津，伪装渡河攻袁绍后方，使袁绍分兵向西，然后遣轻骑迅速袭击进攻白马的袁军，攻其不备，定可击败颜良。

曹操采纳了这一建议，袁绍果然分兵延津。曹操乃乘机率轻骑，派张辽、关羽为前锋，急趋白马。关羽迅速迫近颜良军，袁军溃败。

曹操在初战胜利之后，仍旧按照原定计划，退到官渡，集中兵力，筑垒固守。这样，既免遭敌人包抄，又缩短了军粮供应线。也使得袁军远离后方，给自己以更多伺隙出击的机会。

袁军初战失利，但兵力仍占优势。200年7月，袁军进军阳武，准备南下进攻许昌。8月，袁军主力接近官渡，依沙堆立营，东西宽约数十里。曹操也立营与袁军对峙。9月，曹军一度出击，与袁军交战不利，退回营垒坚守。

10月，袁绍又派车运粮，并令淳于琼率兵万人护送，囤积在袁军大营以北的乌巢。恰在这时，袁绍谋士许攸投奔曹操，建议曹兵奇袭乌巢，烧其辎重。

曹操立即付诸实行，留曹洪守营垒，亲自率领步骑5000人，冒用袁军旗号，人衔枚、马缚口，各带柴草一束，夜走小路偷袭乌巢。到达后立即放火。

袁绍获知曹操袭击乌巢后，一方面派轻骑救援，另一方面命令张郃、高览率重兵猛攻曹军大营。可曹营坚固，攻打不下。当曹军急攻乌巢淳于琼营时，袁绍增援的部队已经迫近。

曹军作战勇猛，大破袁军，杀淳于琼等，并将其粮草全部烧毁。张郃、高览闻得乌巢被破，于是降曹。其他将士也不再听从袁绍指挥，袁绍大败。

许攸 字子远，南阳（今河南南阳）人。本为袁绍帐下谋士，官渡之战时其家人因犯法而被收捕，许攸因此背袁投曹，并为曹操设下偷袭袁绍军屯粮之所乌巢的计策，袁绍因此而大败于官渡。官渡之战后，许攸跟随曹操平定冀州，立有功劳。

■ 官渡之战画面

荀彧 字文若，颍川颍阴（今河南许昌）人。东汉末年曹操帐下首席谋臣，杰出的战略家，被曹操称赞为"吾之子房"，对曹操的内政外交有重要影响。官至侍中，守尚书令，谥曰敬侯。因其任尚书令，居中持重达十数年，被人敬称他为"荀令君"。

官渡之战是袁曹双方力量对比发生重大转变、当时中国北部由分裂走向统一的一次关键性战役，对于三国历史的发展有着极其重要的影响。

此战曹军的胜利不是偶然的，袁曹间的兼并战争，虽属于封建割据势力之间的争斗，但实现地区性的统一，客观上符合人民的愿望。经过这次战役，袁绍的主力部队基本被消灭，曹操的军事力量大大增强，为日后统一北方奠定了牢靠的军事基础。

曹操在官渡击败袁绍后，冀州城邑，多降于曹操。随后，曹操采纳荀彧先定河北、后图荆州的建议，乘袁绍新败士众离心之际，出兵北上，占有冀、青、并州，进攻幽州。

在官渡之战后袁绍病死，其次子袁熙及三子袁尚，均因兵败而投奔乌桓。

袁绍曾与乌桓的关系十分密切。活动于辽西的

■ 三国时期的战车铜像

乌桓在其首领蹋顿的主张下，曾经与袁绍联盟，共同消灭了公孙瓒。袁绍为此拜蹋顿、难楼、苏仆延、乌延等皆为单于，并授印、车、华盖、羽旄等，帮助乌桓人建立起了正规的军队，始设千夫长、百夫长统领，还将自己的女儿嫁给了三郡乌桓首领蹋顿为妻。

在曹操实施荀彧计划的过程中，袁绍的两个儿子跑去和乌桓勾结，迟早是个大祸患，怎可不除？曹操决定北伐乌桓。

此时曹军将领都认为不值得为了袁绍的两个儿子而远攻乌桓。在众议一致的反对声中，曹操的谋士郭嘉力排众议，认为远征乌桓必获全胜，不征则遗患无穷。因为征乌桓曹军有充分的理由，不必担心刘表、刘备等人的乘虚而入。曹操采纳了郭嘉的建议，开始了远征乌桓的战役。

北征乌桓是曹操一生中最大的挑战。自古以来，从蓟到辽西就只有两条路。人们最常走的一条就是"滨海道"，位于狭长的滨海平原，也就是今天所谓的"辽西走廊"。这条路从河北出发，经玉田、丰润，出山海关取锦州。

这条路在天气良好的情况下，塞外游骑就可以直插右北平和渔阳的内地郡县。而一旦遇到夏秋季节的

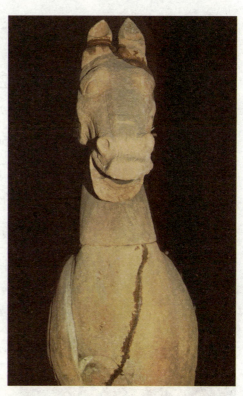

■ 三国时期的陶马

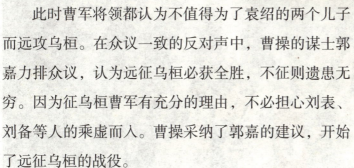

郭嘉 字奉孝，颍川阳翟就是后来的河南禹州人，东汉末年杰出的谋士。他先在实力较强的袁绍军中出谋划策，后来发现袁绍难成大业，遂转投曹操，为曹操统一中国北方立下了功勋，史书上称他"才策谋略，世之奇士"。而曹操称赞他见识过人，是自己的"奇佐"。任司空军祭酒，封洧阳亭侯，死后谥为"贞侯"。

田畴 字子泰，右北平无终，今河北省玉田县人，东汉末年隐士。好读书。初为幽州牧刘虞从事。曹操北征乌桓时为向导，因有功，封亭侯，不受。后从征荆州，有功，以前爵封之，仍不受，拜为议郎。

大雨，这条路又成了非常难行之路。曹操偏偏就遇到这种情况。

另一条路就是田畴说的"卢龙塞"，从卢龙塞到乌桓的都城柳城有800里，由于荒弃多年，少人行走，这800里中有500多里是没有路的路。可以说是曹操北征乌桓之后，这条路才重新成为路。

在没有退路的情况下，郭嘉再次帮曹操下了前进的决心："放弃辎重、轻装前进！"战车不要了，每个人只带10天的干粮，除了马匹、武器，其他的一概扔掉。郭嘉在病榻上的谏言，颇有楚霸王破釜沉舟背水一战的魄力，实令曹操为之动容。

既然是倾家荡产的豪赌，就得有壮士断腕的气

■ 曹操兵马像

■ 中国古代兵器

概。曹操相信郭嘉，更相信自己，坚信能够在这条绝境中杀出条路来。

临走前，曹操命人在滨海道旁立个牌子，上书："方今暑夏，道路不通，且俟秋冬，乃复进军。"表面是通令全军的路标，其实是为了麻痹敌人。乌桓人哪是曹操的对手，他们还以为曹操大军离去了呢！

曹军行走在荒草与乱石之间，见两旁危崖高耸，风声鹤唳，似乎随时都会有敌人的伏兵杀出。张辽等将士曾于途中劝曹操不要轻信田畴进军"卢龙塞"的建议，及早回军，以免中计。

曹操拔剑在手，说："再敢有此言者，我必诛之！"遂令全军，逢山开路，遇水搭桥，披荆斩棘，边开边走。虽军中不断有人生病，有人掉队，但曹操面色如铁，剑锋始终向前。

曹军突然出现在距离柳城不足200里的白狼山附

白狼山 位于辽宁省喀喇沁左翼蒙古族自治县境内的大阳山。大阳山汉代称白狼山，北魏时称白鹿山，清时称大羊石山。在山的主峰以西分水岭上，有一巨大的白石砬，远看像一只绵羊，也似白狼和白鹿，所以得名。山上还有"白鹿山祠"遗址，是曹操北征乌桓时所登的白狼山。

张辽雕像

近。袁氏兄弟与乌桓首领蹋顿万万没想到曹军会从这里杀出，集结数万骑兵仓皇迎战。

白狼山之战是场遭遇战，也是生死决战。曹操战败，全部曹军将覆没于辽西，因为他们没有退路；乌桓战败，整个乌桓部将臣服曹操，同样也没有退路。

表面看乌桓的优势是以逸待劳，兵马盛众，但他们面对曹军的到来却措手不及。而且和其他游牧民族一样，乌桓骑兵单兵能力强，但整体作战弱。

曹操的优势是出其不意，手下都是勇冠三军的猛将和百战余生的精锐"虎豹骑"，不过他们经过十几天的山路急行军，体力已经大打折扣，更何况他们的重装主力步兵在后面。

面对乌桓骑兵铺天盖地、来势汹汹，数量几倍于自己，曹军阵中有些慌乱，一些士兵面露恐惧。此时猛将张辽主动请战，他大呼道："主公平时厚待我们，此时不战更待何时？"言毕，撕下帅旗，挺矛策马，疾速下山。

张辽直冲敌阵，曹军的精锐骑兵随之倾泻而下，与乌桓骑兵展开厮杀。乌桓军士本来就畏曹军虎威，现在见这般阵势更加慌乱。

张辽拍马直取蹋顿，大战20余回合，未分上下。张辽佯装败走，等蹋顿赶来，猛然拨马回身，趁其不备，刀光一闪，斩蹋顿于马下。

乌桓兵见主帅已死，慌不择路，拼命逃生。袁尚、袁熙见势不妙，急领数千骑兵夺路而逃。

曹军中徐晃、张郃、韩浩、史涣、鲜于辅、阎柔、曹纯奋勇争先，数万骑兵混战。原本就仓皇迎战的乌桓军，立刻溃不成军。

白狼山之战曹操大获全胜，并一举平定了乌桓的"亲袁势力"。白狼山之战后，曹操并没有进一步追击逃亡到辽东的二袁，而是坐等二袁的人头。果然，没多久公孙康就把他们送来了。

原来，楼班、苏仆延、乌延与袁尚、袁熙逃跑后投奔辽东太守公孙康，公孙康惧曹操势力，就将他们全部斩首并献给了曹操。

曹操在统一北方战争中，深谋远虑，善纳良策，又利用汉室名义，争取民心，还重视战略基地建设，实行屯田，发展经济，减轻民

三国武士画像

曹操征战绘画

赋，安定社会秩序，并且治军严整，赏罚分明，能抓住作战时机，出奇制敌，终于取得内线作战和战略性决战的胜利。

　　曹操统一北方之后，实行屯田制，兴修水利，发展生产，百姓安居乐业，使塞北地区的局势稳定下来。同时，这也为后来的晋朝最终统一全国奠定了坚实的基础。

阅读链接

　　曹操曾经发布"唯才是举令"，招贤纳士。曹操的高级谋士戏志才是荀彧推荐的，戏志才去世后，曹操对当时任侍中、尚书令的荀彧说："志才死后，没有可以与我共同商谈国家大事之人。"

　　曹操要求荀彧继续为他推荐人才。荀彧就把郭嘉推荐给曹操。郭嘉与曹操两人初次见面，就纵论天下大势，探讨国家兴亡，畅谈治国用兵之道，十分投机默契。

　　曹操十分高兴地对众人说："能使我成就天下大业的，必定是此人！"郭嘉果然为曹操策划了很多计谋。

统一战争造就唐朝盛世

隋朝灭亡之后，称王称帝者数不胜数，相互之间争战不休，天下面临再一次大分裂的危机。

唐朝在基本统一中原后，又消灭了依附突厥的梁师都，最终得以扫灭群雄，重新统一了华夏大地。

唐太宗李世民在统一战争中发挥了巨大的作用，此后他又开创了初唐盛世的贞观之治，使中国封建社会进入了鼎盛辉煌的伟大时期。从此，一个强大、统一和繁荣的封建帝国屹立在了世界的东方。

■ 唐太宗李世民

■ 李渊 字叔德，唐朝开国皇帝，谥号"太武皇帝"，庙号高祖。唐高宗时加谥"神尧大圣皇帝"，杰出的政治家和战略家。李渊出身于北朝的关陇贵族，七岁袭封唐国公。隋末天下大乱时，李渊乘势从太原起兵，攻占长安，并称帝。不久之后唐朝便统一了全国。他奠定了290余年的盛唐伟业，属一代开国明君，在中国历史上占有重要位置。

隋朝在农民起义战争的冲击下四分五裂，贵族、官吏、豪强地主纷纷拥兵割据。隋太原留守李渊乘机起兵反隋，夺取都城长安，于618年在长安称帝，建立了唐朝，改元武德。

唐初割据政权主要有：薛举、李轨、刘武周、梁师都、王世充、萧铣、林士弘、窦建德、杜伏威等。于是，唐朝开始了统一全国的战争。

李渊为了统一全国，采取了先固关中，东攻中原，再平江南的方略。他一面采取措施争取民心，一面派兵扩大领地，先后攻占南阳、安陆、荆襄等地。

李渊在关中站稳脚跟后，首先对威胁关中的薛举、李轨和刘武周采取武力征讨与分化瓦解相结合的方法，进行各个击破。

薛举据有陇西之地，拥兵13万，自称西秦霸王，不久称秦帝，早与李渊争夺关中，但未得逞。618年，金城的西秦霸王薛举进攻唐朝。

唐军与秦军在高墌对阵。由于统帅李世民生病，唐军被秦军打败。不久，薛举病死。其子薛仁杲继位。李渊乘机派使赴凉州封李轨为凉王，以孤立薛仁杲，同时派出李世民率军进攻薛仁杲军。

两军在浅水原交战。李世民取坚壁疲敌战法，挫伤了秦军锐气，击败了秦军，一举歼敌10万之众，俘虏了薛仁杲。唐占陇西地。次年，唐军擒获割据在西北的另一个首领凉帝李轨，完成了对西北的统一。

在浅水原之战中，李世民巧妙地利用步兵和骑兵两个兵种在攻守上的不同优势，在长期的正面坚壁挫锐之后突然加以狂风暴雨般的背后突袭，从而获得会战的胜利，而此后又趁破竹之势以骑兵快速突击，攻灭敌人的老巢。

李世民的这套兵法成为后来他连破强敌的重要思想，如后来进攻刘武周、宋金刚、刘黑闼等人所采用的战术与浅水原之战都不无相似。利用骑兵奇袭敌军侧背，当己方占有骑兵优势时还不困难，但如浅水原之战那样，唐军的骑兵全占劣势，却仍然能取得大胜，这不能不归功于李世民的军事才能。

619年，马邑定杨可汗刘武周发兵南下，打败了留守太原的李元吉，第二年攻占太原，继派大将宋金刚挥军南下，攻陷唐朝数州。不久又打败裴寂，致使关中大震。

李渊想弃河东，被李世民劝止，遂派其率军渡河进击，与宋金刚对阵于柏壁。

浅水原 最早叫鹑觚。位于陕西省西安市长武县东北，是古秦地的边缘。618年，唐朝秦王李世民率军在浅水原对陇西割据势力薛举、薛仁杲父子所部作战，此役一举击败薛仁杲，夺取陇西，除去关中西面的一大威胁势力。

■ 唐代文官俑

191

中古时期

文韬武略

■ 五龙潭秦琼祠

虎牢关 又称汜水关，即今河南省荥阳市西北的汜水镇境内。它作为洛阳东边门户和重要的关隘，因西周穆王在此牢虎而得名。南连嵩岳，北濒黄河，山岭交错，自成天险。大有"一夫当关，万夫莫开"之势，地势极为险要，为历代兵家必争之地。

李世民以主力坚壁不战，待刘武周士气低落，以少量兵力扰敌，断其粮道。切断了刘武周的退路。两军相持5个月之久，宋金刚终因粮尽兵疲而引军北撤。

李世民率军穷追，秦叔宝、殷开山在美良川打败刘武周的大将尉迟敬德，日行200里，连败宋军，斩数万人。刘武周、宋金刚逃奔突厥，不久被杀。

经过3年征战，唐已拥有西至陇右，南拥巴蜀，北据河东的巩固的根据地。从此唐朝统一了北方。

在唐朝的统一战争史上，柏壁之战具有极为特殊的意义，这是唐朝建立以后遭遇的最大规模的一场战争，是秦王李世民平定北方割据势力刘武周、宋金刚的关键战役。

李世民采取先疲后打方针，以主力坚壁蓄锐，待机破敌，遣偏师袭扰敌后，断其粮道，逐渐削弱敌之力量，积极创造战机，适时转入进攻，在进攻中力排众议，穷追猛打，连续作战，终获全胜，且收服大将尉迟敬德。唐军夺回河东，对巩固关中，尔后争夺中原具有重要的战略意义。

619年，郑王王世充废隋皇泰主，在洛阳称郑帝，成为中原最大的割据势力。李渊在巩固关中后，于620年派秦王李世民率军10万人攻打王世充。同时派太子李建成、唐俭等保障其侧翼安全。

李世民鉴于洛阳城坚，王世充兵强，在攻克慈涧后，即分兵阻断其南北救援道路，自率主力屯于北邙包围洛阳。同时派兵攻占洛阳外围要地，河南各郡县纷纷降唐。

王世充几次突围，均被唐军击回。王世充派人向窦建德求救。此时，窦建德已在河北称夏王，他怕郑亡夏更加孤立，难以对抗唐军，遂亲率10万大军救援洛阳，结果被李世民阻于虎牢关前进不得。

李世民率兵3000人，抢占了虎牢关，趁夏军疲惫时发起猛攻，将夏军击败，俘获窦建德。王世充见大势已去，开城投降。

唐代骑兵武士俑

■ 唐代勇士图

窦建德部将刘黑闼再次起兵失败，后引突厥兵返回河北，一度恢复了失地，但不久兵败被杀。这时，唐王朝控制了黄河流域，取得了河南河北的统治权。

洛阳、虎牢之战，是秦王李世民与郑帝王世充、夏王窦建德的战略决战。在此战中，李世民审时度势，胸有全局，坚持既定战略方针，敢于决战，又力排众议，积极扩大战役规模。

以围城打援，避锐击惰，捕捉战机，奇兵突袭，并注意战术配合，运用穿插、迂回、分割等手段，将窦建德、王世充各部逐一予以击破，从而淋漓尽致地发挥了李世民卓越的指挥才能。

此战彻底扭转中原的情势，统一了中国北方，奠定了唐朝的疆域。李世民军功显赫，唐高祖特设天策上将册封李世民，也间接导致日后的"玄武门之变"。

621年，唐朝赵郡王李孝恭、庐江郡王李瑗、

玄武门之变 公元626年，唐高祖李渊次子秦王李世民为首的秦王府集团，在唐朝首都长安城大内皇宫北宫门即玄武门附近发动的一次流血政变，结果李世民杀死了自己的长兄皇太子李建成和四弟齐王李元吉，成为皇太子并掌握实权，旋于同年9月4日继承皇位，为唐太宗。

将军李靖等率兵进攻割据江陵、巴蜀、湖南一带的梁帝萧铣。盘踞江陵的梁帝萧铣，拥兵40万，是南方最大的割据势力。但其心胸狭窄，多疑，滥杀功臣，生怕部将恃功不能控制，借口营农制把兵员解散还乡，只留宿卫数千人，将士离心离德。

李孝恭、李靖利用长江水涨，率军进攻江陵。唐军顺江而下，大败萧铣勇将文士弘于清江，直逼江陵。萧铣大惧，临时征兵又来不及，急命宿卫军出战，结果大败而回。无奈，只得出降。

唐军进江陵后，李孝恭和李靖接受萧铣降官岑文本的建议，严明军纪，对萧铣的降将家眷予以保护。这样，南方州郡都望风归附。

唐平萧铣之战后，唐军又击败在庭州称楚帝的林士弘，使唐占据了长江中游及岭南地区。后辅公祏又图再起，在丹阳自称宋帝。

李渊派军讨伐，在博望山、青林山大败宋军，直扑丹阳。辅公祏弃城东走武康，后被俘杀。

由于李渊杀了窦建德，窦建德的部下刘黑闼以替窦建德报仇为口

唐三彩轻骑兵俑

洛水 中国古代河流名，亦称洺河，在今河北南部。古称寰水、千步水、南易水。发源于武安市西北摩天岭两侧，向东南流经武安市的绝大多数乡镇，于康二城镇的永合村相汇，南北洺河汇合后称洺河。

号，于621年起兵反唐，自号汉东王，建元天造，都于洺州，严重威胁唐朝在河北地区的统治。李渊命李世民和齐王李元吉率兵讨伐刘黑闼，命李艺再次从幽州南下，两面夹击。

621年，唐军与刘黑闼会战于洺水城。该城四面环水，水宽50余步，深三四丈，刘黑闼在城东北修建两条甬道准备攻城。李世民遂登上城南高坟，用旗语令王君廓突围，同时命勇将行军总管罗士信率200士卒进城，代其坚守城池。

刘黑闼军在甬道修成后，连续八昼夜，猛攻洺水城，恰逢大雪，唐军无法增援，洺水城陷落，罗士信被杀。之后，李世民率军夺回洺水城。并于622年先遣轻骑出战，继而亲率精骑击破刘黑闼马军，乘胜以马践踏其步兵。刘黑闼率军拼死抵抗，战斗从中午持续到黄昏。

这时，刘黑闼和范愿率骑逃入突厥。不久，汉王刘黑闼复叛。鲁王徐圆朗和燕王高开道起兵响应。李建成率兵迎战，将刘黑闼击败擒杀。

至此，除了朔方的梁师都外，唐王朝统一全国

■ 唐朝骑马俑

唐太宗上朝陶像

的大业基本完成。只梁师都依靠突厥贵族的庇护，才得以割据朔方。

628年，唐太宗乘突厥衰乱，派兵攻灭了梁师都。这样，唐朝重新统一了全国。

唐统一战争客观上顺应了广大人民要求结束战乱的意愿，有利于对当时社会经济的恢复和发展。在隋末群雄混战的复杂情况下，李渊父子把握有利时机，利用各种势力间的矛盾，采取正确的方针、政策，争取民心，收揽人才，建立和巩固关中根据地，不断增强实力；准确选定打击目标，运用远交近攻、各个击破、攻战与攻心相结合的方略和坚壁挫锐、先疲后打、攻其不备、骑兵突袭、穷追猛打等战术，历经七年征战，终于夺取了唐初统一战争的胜利，其在中国战争史上占有重要地位。

在整个战争中，秦王李世民起了举足轻重的作用。他既有战略眼光，又有指挥才能，关键时刻能挺身而出，或以智退敌，或以身诱敌，或勇猛追击。特别是其避锐击惰、疲敌制胜的战术，在中国历代兵家中是最为突出的，如他指挥的几次战略决战浅水原之战、柏壁之

唐朝士兵俑

战、虎牢之战、洺水之战等均是如此。

　　李渊、李世民父子，利用了农民起义的力量消灭隋军主力，削弱割据势力的大好时机，依靠了自己的背景及政治军事经验，完成了统一全国的宏伟大业，避免了历史大分裂的再次出现。随着李世民贞观之治的到来，一个统一强大的唐朝屹立在了世界的东方。

阅读链接

　　李世民有时受不了魏徵的直言指责，曾经发誓要治一治这个"乡巴佬"。长孙皇后见皇帝因魏徵直谏发怒，就换上正式的皇后服饰，站在庭院之中，向皇帝大礼参拜。

　　李世民大吃一惊。长孙皇后说："我听说，领袖英明则部下正直，魏徵之所以正直，正由于你的英明，我怎能不祝贺！"

　　李世民这才想到自己过分，不久之后，即擢升魏徵为侍中，相当于宰相。李世民有这样的皇后，恐怕是他成就千古英名的一个重要原因。

从五代十国到元代是中国历史上的近古时期。这一时期的战争具有独自的特点。五代十国时期没有形成具有统一意义的政权。北宋主要在今河北到宁夏一带，消灭了藩镇割据，实现了局部统一。

成吉思汗在蒙古草原上掀起了一股强劲的雄风，建立了横跨欧亚大陆的庞大帝国。蒙古帝国在灭掉西夏和金以后，又消灭了割据江南的南宋政权，这样，华夏大地第一次处在由少数民族蒙古族的一统之下。

近古时期

雄兵征战

北宋统一结束藩镇割据

北宋统一战争，是宋朝建立后，对五代十国后期的割据政权武平、后蜀、南汉、南唐、北汉的统一战争。

北宋为消灭藩镇割据，实现天下统一，采取了先易后难、先南后北的方略，举兵平荆湖，灭后蜀、南汉、南唐、北汉等割据势力，实现了局部统一，这也是来之不易的。

北宋虽未完全统一中国，但它也结束了自唐朝安史之乱以来近百年的分裂局面，实现了南北主要地区的统一，对社会经济文化的发展起到了一定的促进作用。

■ 宋太祖赵匡胤

960年，赵匡胤以"陈桥兵变"夺取帝位，建立北宋王朝，赵匡胤就是宋太祖。北宋建立后，藩镇割据的局面依然未变。

当时，除北方有契丹族建立的强大的辽政权外，尚有江汉的南平，湖南的武平，两川和汉中的后蜀，岭南的南汉，江淮地区的南唐，两浙地区的吴越，河东江州的北汉等割据政权。面对严峻局势，北宋统一战略是否得当便成为统一事业成败的关键所在。

■ 宋代骑兵模拟图

为实现统一，宋太祖加强中央集权，改革军制，发展生产，巩固统治。经过两年在政治、经济、军事诸方面的准备，确定先易后难、先南后北的战略决策，决心袭占荆南和湖南，攻灭前、后蜀，攻灭南唐，灭亡北汉，通过战争创造统一局面。

962年，宋太祖部署兵力，选择荆、湖为突破口，挥师南下，统一战争开始了。

荆南和湖南地处长江中游要冲，南北相邻，又东临南唐，西接后蜀，南靠南汉。占领荆南和湖南，即可割裂江南诸国，为各个击破创造条件。

962年，湖南衡州刺史张文表兵变占领潭州。湖南武平节度使周保权向宋求援。宋太祖遂决定在出师湖南之际，假道荆渚，先灭南平高继冲政权，再接着灭武平周保全势力。

陈桥兵变 赵匡胤建立宋朝前夕所进行的一场政变。960年，大将赵匡胤借口北汉与辽联合南侵率军出大梁，至陈桥驿授意将士给他穿上黄袍拥立他为帝。此次兵变最后导致了后周的灭亡和宋朝的建立，推动了历史的发展。

北宋睚眦纹镏银铁斧

963年初，宋太祖命山南东道节度使慕容延钊为湖南道行营前军都部署，枢密副使李处耘为都监，率安、复等10州兵马，以讨张文表为名，借道荆南向武平进军。

接着，宋军到达荆门。慕容延钊一面殷勤招待荆南使者，一面密派李处耘率数千轻骑乘夜向江陵急进，乘高继冲惶恐出迎之际，迅速抢占城内要点，高继冲被迫请降，荆南政权遂亡。

之后，宋军继续水陆并进，经三江口澧州南等作战，歼灭湖南兵，占领朗州，俘周保权，湖南周氏政权遂亡。

宋军并灭荆南和湖南，使北宋势力伸入长江以南，切断后蜀与南唐之间的联系，为尔后入川灭蜀，进军岭南南汉和东灭南唐创造了有利条件。

宋太祖灭荆南和湖南后，占据长江中游战略要地，切断了后蜀与南唐的联系，遂策划攻蜀。令张晖为凤州团练使，得蜀国虚实及山川险易；加紧制造战船，训练水军；命诸州造轻车，以供山地输送之用；设西南面转运使，做攻战的物资准备。

963年11月，宋太祖发兵5万人，分两路攻蜀。令王全斌、崔彦进为西川行营凤州路正副都部署，王仁赡为都监，率北路步骑3万人，自凤州沿嘉陵江南下；令刘光义为西川行营归州路副都部署，曹彬为都监，率东路步骑2万人自归州溯江而上。两路分头并进，直指成都。

后蜀主孟昶为抵御宋军，命王昭远为北面行营都统，赵崇韬为都监，率兵3万人自成都北上，扼守利州、剑门等要地；另以韩保正、李进为正副招讨使，率兵数万趋兴元，加强北面防御；东面仍由昭武节度使高彦俦等扼守夔州。

12月中旬，宋北路军进入蜀境，攻克兴州，败蜀军7000人，继克石圌、鱼关等20余城寨。蜀将韩保正闻兴州失守，弃兴元，移师西县，以数万人依山背城，结阵自固。

宋马军都指挥使史延德率军乘胜进攻西县，击溃蜀军，擒获韩保正、李进等人，继而穿越三泉，直趋嘉川，俘杀甚众。

韩保正和李进的余部为了阻止宋军南进，烧断栈道，退保葭萌。此时王昭远、赵崇韬率军据守利州城及其以北的大、小漫天寨诸要点，阻击宋军。

利州在嘉陵江东岸，群山环绕，地形险峻，是入蜀的咽喉要地。王全斌鉴于栈道断绝，难以直进。命崔彦进率兵一部抢修栈道，进克

宋代战马雕像

小漫天寨；自率主力由嘉川东南的罗川狭径迂回南进。两路军于深度，即小漫天寨南嘉陵江渡口会师，并夺占桥梁。又分兵三路夹攻大漫天寨，大败蜀军精锐，俘义州刺史王审超等。

宋代武将石像

王昭远、赵崇韬率兵出战，三战皆败，遂于桔柏津渡江，焚浮桥，退保剑门。宋军占利州。

12月下旬，刘光义率东路军，入三峡，连破三会、巫山等寨，杀蜀将南光海等，擒战棹都指挥使袁德弘，歼灭水、步军1.2万余人，夺战舰200余艘，乘胜向夔州急进。

夔州为巴东之咽吭，蜀军于城东设锁江浮桥，上置木栅三重，夹江列炮，防御甚严。刘光义军进至浮桥东30里处，为避实击虚，舍舟登陆，夺取浮桥，水陆配合，一举攻破蜀军防线。

夔州节度使高彦俦认为宋军涉险远来，利在速战，当坚壁固守。监军武守谦不从，率所部千余人贸然出战，大败而归。宋马军都指挥使张廷翰率军追击，突入城内。高彦俦力战失败自焚。

宋军占领夔州后，沿江西上，收降万、开、忠等州，直逼成都。

965年正月初，孟昶闻王昭远等败，惊惧之余，遂命素不习武的太子孟玄喆为元帅，率甲兵万余，增援后蜀的重要屏障剑门。此时宋北路军已占剑州以北的益光。

王全斌知剑门天险，不易强攻，命史延德率兵一部，经城东南来苏小径迂回至剑门南，自率主力从正面进攻。

王昭远闻宋军将至，仅以偏将守剑门，自率主力退保汉源坡。宋军前后夹击，速克剑门，并趋汉源坡。王昭远惊惧，战守无方。赵崇韬布阵迎战，战败被俘，损兵万余。王昭远亦被宋追兵俘获。

宋军乘胜占领剑州。孟玄喆到了绵州，闻剑门已失，弃军仓皇逃

宋代钱币

■ 宋代城砖

回成都。宋军两路先后进抵成都。

孟昶见大势已去，乃降，后蜀亡。

荆湖、后蜀灭亡后，南唐、吴越臣服，唯南汉主刘鋹拒绝臣服宋。969年，宋太祖以右补阙王明为荆湖转运使，做出战南汉的物资准备。

970年，宋太祖命潭州防御使潘美为贺州道行营兵马都部署，率由各州自行组成的地方军队长驱南下，中间突破，直趋贺州。潘美声言沿贺水东取兴王府，以诱歼南汉军主力。南汉主刘鋹派大将伍彦柔率舟师溯郁江、贺水西上增援。

9月，宋军围困贺州，随军转运使王明率护送辎重卒百余、丁夫数千，挖土填堑，直抵贺州城下。最后宋军伏击取得胜利，杀伍彦柔，占领了贺州。

宋军占领贺州后，潘美为诱南汉军主力北上，乘机歼之，遂扬言顺流东下，直趋兴王府。

刘鋹急忙起用被解职多年的宿将潘崇彻为马步军都统，领军3万人，北上截击。潘崇彻进抵贺江，适逢潘美率军西进，遂拥兵自保。

10月，宋军于昭州西南败南汉军，昭、桂二州刺史弃城遁走，宋军遂得二州。宋军继而转兵东向，11月攻克连州。12月，宋军直逼兴王府的北部咽喉要地韶州。

南汉都统李承渥率兵10余万，于莲花峰下，以象队置阵前，每象载十数人，皆执兵器，梯次向宋军推进。宋军设拒马为障，以强弩猛射，象中箭回奔，反践南汉军。宋军乘势冲杀，俘斩数万，遂取韶州。

971年，宋军攻克英、雄二州。随即进至马径，以火攻破南汉招讨使郭崇岳6万兵。宋军乘势急攻，大败南汉军。郭崇岳死于乱军中，刘保兴逃归兴王府。宋军兵临城下，刘鋹被迫出降，南汉亡。

在此战中，宋军长驱直入，运用奇兵设伏、弩射象阵、火攻栅栏等战法，逐次攻破南汉军防线，直捣其都城，迫其投降。

宋灭南汉后，南唐后主李煜，表面上臣服以求自保，暗中却加紧备战，以防宋军进攻。

宋太祖志在统一江南。经两年准备，于974年9月，命宣徽南院使曹彬为升州西南面行营马步军战棹都部署，偕都监潘美，统领10万大军出荆南，调

207

■ 宋战争壁画

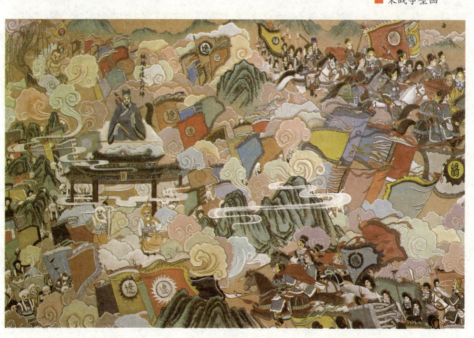

宋太宗像真

帝名匡义袁太祖弟在位二十二年就浮化

■ 宋太宗 赵炅，本名赵匡义，后因避其兄宋太祖讳改名赵光义。宋朝第二位皇帝，谥号"至仁应道神功圣德文武睿烈大明广孝皇帝"，庙号太宗，葬永熙陵。他在位期间很有作为，勤于政务，关心民生，并消灭北汉割据政权，完成宋太祖的遗愿，实现统一。不过由于他两度伐辽失败，导致四川王小波、李顺农民起义。

吴越军出杭州北上策应；并遣王明牵制湖口南唐军，保障主力东进。

10月，曹彬率军顺长江东下，水陆并进，攻破池州，占领采石。于11月，在采石架通长江浮桥，保障大军渡江，继续向东推进。

975年，宋军破溧水，继与10万南唐军激战于秦淮河，大败南唐军，直逼江宁城，在西路王明军和东路吴越军配合下，全歼南唐神卫军都虞侯朱令赟率领的10万救援军，于11月攻破江宁。李煜降，南唐灭亡。

此战是继晋灭吴之战和隋灭陈之战后，中国战争史上第三次大规模的渡江作战，宋军在长江下游成功地架通浮桥，成为中国古代战争史上的一个创举，使大军克服天险，分兵击破南唐守军，攻占江宁，迫降南唐。

历史再一次证明，在南方作战，从某种意义上说，是水军的较量。水军强大并预有准备者，赢得战争的胜算会更大。晋灭吴、隋灭陈都是如此，宋灭南唐也是如此。南唐后主李煜过分依赖长江天险，欲以

"坚壁以老宋师"的防御战法，坐失利用宋军渡江时反击的时机，终于失败。

976年8月，宋太祖准备收复燕云。正在调兵遣将之时，不料宋太祖去世，赵光义继位，为宋太宗。因国丧之故，遂于12月召回北伐之师。至此，宋太祖遣军进攻北汉的战争，均因辽军援阻，未获成功。

宋统一江南后，实力倍增。宋太宗继承太祖赵匡胤的未竟之志，决意继续攻北汉。

979年初，宋太宗采取攻城阻援的作战指导，命宣徽南院使潘美为北路都招讨制置使，率崔彦进、李汉琼、曹翰、刘遇等军攻太原；命云州观察使郭进为太原北石岭关都部署，阻击从北面增援的辽军；命田仁朗、刘绪负责侦察太原城四面壕寨并检查攻城的各种器材；命孟玄喆为兵马都钤辖，驻泊镇州，阻击从东面增援的辽军；命河北转运使侯陟、陕西北路转运使雷德骧分掌太原东、西路转运事项，并命行在转运使刘保勋兼任北面转运使；宋太宗亲率主力一部出镇州，牵制幽州的辽军大规模西援或南下。

2月，宋太宗率军由东京出发，3月进至镇州，分

北汉（951—979），五代十国时在山西中部的政权，为十国之一。统治范围包括今山西北部、陕西、河北部分地区。北汉国兵役繁重，与后周、北宋进行多次的战争，人口锐减到只有盛唐时的八分之一。北汉最后在979年宋太宗年间被包围，杨业归宋后，太原城内军心动摇，最终投降。

■ 宋代钟形铜镜

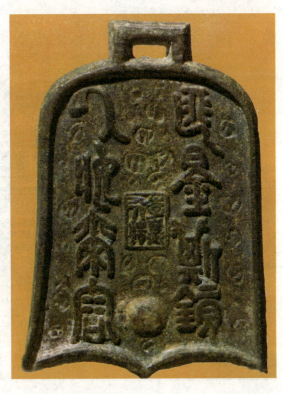

兵攻盂县、沁州、汾州、岚州等外围州县，以牵制这些地区北汉军对太原的增援。

北汉主刘继元闻宋大兵压境，急遣使赴辽求援。辽帝命南府宰相耶律沙为都统，冀王敌烈为监军，率兵援救北汉。耶律沙打算等后续部队到齐后再战，敌烈等认为立即进攻有利，于是在白马岭抢先渡涧进攻宋军。

郭进军乘敌烈部半渡，突然出击，斩敌烈等五员大将，歼万余人，辽军余众仓皇逃走。此时，北院大王耶律斜轸率军赶到，万箭齐发，宋军方始退。

北汉再次派人向辽求援，但使者被郭进军捉住杀掉。北汉潜师出击，又被宋军击败，遂据太原城固守。

宋军打援获胜，乘势全线进攻。4月，宋军攻下盂县、隆州、岚州等地区后，宋太宗率军至太原，以数十万大军，集兵围城。宋太宗巡城抚慰诸将，并致书招降北汉主刘继元，但被拒绝。

■ 宋代岳阳楼复原模型

5月，北汉主刘继元在外无援兵，内无斗志的情况下，出城投降。北汉灭亡。至此，北宋统一战争以消灭北汉之战的最后胜利而结束。

北宋在削平南方诸国后，按照先南后北、统一中国的战略，收复幽云便被提到了议事日程之上。后于1004年12月，宋辽讲和，签订"澶渊之盟"，双方约为兄弟之国，承认边界现实，宋每年给辽白银10万两，绢20万匹。从此，宋辽两国维持了100余年的和平通好关系。

北宋虽未完全统一中国，但也实现了局部统一。结束了自唐朝中叶安史之乱以来的藩镇割据和五代十国的分裂局面，实现了南北方主要地区的统一，对社会经济文化的发展起了促进作用。

阅读链接

有一天，宋太祖在御花园内用弹弓打鸟，正玩得高兴，突然传来景阳钟急促的响声。在古代，景阳钟响说明是有事要奏明皇帝的。

宋太祖丢下打鸟工具匆忙入殿，岂料那些奏折只是有一些鸡毛蒜皮的小事，大为恼怒。撞钟人小声地说："小事也比打鸟要紧。"

宋太祖一听，随手夺过侍卫手中的钺斧，用钺斧柄敲掉了撞钟人两颗门牙。撞钟人慢慢捡起牙齿放进怀里，并说："此事虽小，却会有史官记载。"

太祖冷静一想，便消除了怒气，还给撞钟人封了个官。

成吉思汗统一蒙古之战

　　成吉思汗统一蒙古之战，指成吉思汗自12世纪80年代至13世纪初统一蒙古高原上分布着的几个强大的游牧部落的战争。

　　成吉思汗统一蒙古各部落的战争，在中国古代战争史上具有重要地位，在中国历史上也具有重要意义。它既充分显示了成吉思汗的雄才大略和高超的军事指挥艺术，也给中国北方草原带来了勃勃生机。

　　蒙古统一后，蒙古帝国在政治、经济和文化等方面都获得了较快发展和质的飞跃，为后来忽必烈建立大元打下了坚实的基础。

■ 成吉思汗铁木真

■ 成吉思汗壁画

辽及北宋时期，在蒙古高原上分布着几个强大的游牧部落，如蒙古、塔塔儿、篾儿乞等。蒙古各部贵族为了抢夺草原、财产和奴隶，相互间展开了长期的、激烈的部落战争。

在蒙古诸部战争中，蒙古乞颜氏首领合不勒汗被推举为第一位可汗，统辖了全部蒙古。合不勒汗的继任者忽图剌汗死后，蒙古部落联盟分裂为泰亦赤兀惕和乞颜两大部落。

蒙古乞颜氏的孛儿只斤氏贵族首领孛儿只斤·也速该，被塔塔儿人用毒药害死，其子铁木真在克烈部首领王罕和札只剌惕部首领札木合的援助下，打败了来袭击的篾儿乞人，夺回了很多部众，力量逐渐壮大了起来。

1189年，铁木真被推举为蒙古乞颜部可汗，成为

孛儿只斤·也速该 他是成吉思汗的父亲。也速该一生坎坷，生不逢时。他在世时，正值祖上创立的第一个蒙古王国被塔塔儿部和金国摧毁，处于多灾多难的历史时期。在历史上，像也速该那样死后获得显赫声名的人简直寥若晨星。

■ 草原蒙古包

金朝 中国历史上
少数民族女真族
建立的统治中国
东北和华北地区
的封建王朝，是
中金太祖完颜阿
骨打在统一女真
诸部后，于会宁
府，今黑龙江阿
城建都立国，国
号大金。贞元元
年，海陵王完颜
亮建都于北京，
称为中都。金世
宗与金章宗时
期，金朝政治文
化达到最高峰。
1234年，金朝在
南宋和蒙古南北
夹击之下灭亡。

蒙古乞颜部的首领。铁木真从属民及奴仆中选拔自己
的亲信，组成了护卫军。这支队伍，成为铁木真统一
蒙古高原军事力量的基础。

铁木真称汗引起了雄心勃勃的札木合的嫉恨，札
木合感到危及了自己的霸主地位。于是，他借口部人
劫掠铁木真马群被射杀，于1190年，联合泰赤乌等13
部共3万人进攻铁木真。

铁木真得到札木合部下亦乞列思人的报告后，将
自己所属3万人分为十三翼，也就是13个营，铁木真
和母亲诃额伦各分统一翼军，其余各翼多由乞颜部贵
族统领。双方大战于答阑巴勒主惕。史称"十三翼之
战"。铁木真在"十三翼之战"中战败，为保存实力
退至斡难河的哲列捏山峡，扼险而守。

在此战中札木合虽然取得胜利，但他残忍地对待
俘虏，激起了所属部落首领的反对，丧失了人心。

而铁木真对部众多施仁义，关怀笼络，故归心于铁木真。于是术赤台、畏答儿、晃豁坛、速勒都思等族人纷纷来附。此后，铁木真力量进一步壮大。

1196年，从属于金王朝的塔塔儿部叛金，金遣丞相完颜襄率军征讨。铁木真联合克烈部王罕，以为父亲报仇的名义，率军在斡里匝河上游击溃了塔塔儿部，使塔塔儿部从此一蹶不振。战后，金朝授铁木真札军统领之职，使他可以用金朝属官名义号令蒙古部众。

1202年，铁木真与王罕联军又在阔亦田击败了札木合同乃蛮、泰赤乌、塔塔儿、篾儿乞等联军，取得了阔亦田之战的胜利。

阔亦田之战是铁木真与札木合集团的最后一次决战，也是争夺蒙古部领导权的最后一战。至此，铁木真成为蒙古部的唯一首领。少数不服从他的人无法立足，只好带着一部分部属，投奔克烈部首领王罕。

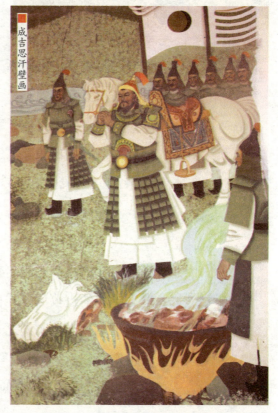

成吉思汗壁画

阔亦田之战后，铁木真接着招降了呼伦贝尔一带的弘吉剌惕等部。至此，西起斡难河上流，东至大兴安岭以西的蒙古高原，都被铁木真控制了。

1203年春，铁木真发动了合兰真沙陀、折折运都山之战。合兰真沙陀在今内蒙古东乌珠穆沁旗北境，折折运都山在今克鲁伦河上游之南。这是铁木真与克烈部王罕的战略决战。

克烈部是蒙古高原上最强盛的一个部落集团，该部落首领脱斡邻勒汗，因入金纳贡和助金作战有功，被金朝册封为王，故蒙古人称之为王罕。铁木真被推选为蒙古乞颜氏首领后，一直依附于强大的克烈部，遵王罕为父，凭借其力量保护自己，同时征战四方。

铁木真曾经意欲联合王罕消灭乃蛮部。王罕见铁木真势力不断地壮大，危及自己在蒙古高原的霸主地位，便开始招纳蒙古部的叛逃者，利用他们来扩充自己的势力。

■ 蒙古袍

铁木真为了争取王罕力量，进而瓦解其势力，采用离间与联婚的策略。王罕伪许婚姻，邀请铁木真吃许亲酒，欲乘机杀死铁木真。因阴谋泄露，诱杀未成，立即发兵进击。

铁木真仓促迎战，双方交战于合兰真沙陀，铁木真仅以3000兵马，迎击数倍的王罕军，苦战一日，击退王罕军的进攻后，乘夜移师至合勒合河畔，分军沿河而下，到今贝尔湖之东的董哥泽，始脱险境。王罕也引军西归。

战后，追随王罕的蒙古贵族，阴谋袭击王罕，

王罕 又名王汗，《元史》作汪罕，其名字叫脱里或脱斡邻。是克烈末代首领，因受金国册封为王，故称王罕。他因铁木真的势力迅速扩大而感到不安，派遣其子桑昆进攻其部落。后被铁木真彻底击败，死于乃蛮人之手。

自立为王。王罕获悉起兵攻之，答里台等逃归铁木真，札木合等奔乃蛮。

铁木真失利后，休养士马，纠集部众，派使者责问王罕，并行离间之策，稳住对方，争取时间，欲图再战。待力量得到恢复后，遂移驻斡难河西岸的三河源头，整军备战。

不久，铁木真探知王罕毫无戒备，他一面令其胞弟拙赤合撒儿前去诈降，一面移军客鲁涟河上游，秘密袭击王罕。经过三天三夜激战，破其隘口，围王罕大营，全歼王罕军。王罕父子二人西逃后，亦被乃蛮哈剌鲁汗所杀。至此，克烈部灭亡。

此战在中国战争史上占有重要地位，战争中双方所采用的远程偷袭战术，最能发挥骑兵快速、机动、灵活、速决的特长。

王罕的偷袭使铁木真丧失两翼军，因军情泄露免遭全歼。可是，铁木真有充分准备的远程突袭，则使王罕全军覆没。

在合兰真沙陀之战中，王罕所采用鱼鳞阵进攻的战术和铁木真占据有利地形，趁敌立足未稳，主动进攻的攻势防御战术，在统一各部

蒙古战马木雕

■ 蒙古射手

太阳汗 乃蛮部建立的乃蛮汗国的国王，为人骄纵狂恣。在蒙古人兴起以前，乃蛮部已很强大，已建立起国家机构，并拥有精良、庞大的军队，经常同克烈部发生战争。在铁木真时期，经过纳忽崖之战，貌似强大的乃蛮部被彻底消灭，太阳汗战死，大部分乃蛮人跟随其子屈出律西迁至今哈萨克斯坦东部。

战争中都是首创的，对后来骑兵战术的发展有其深远的影响。

1204年春，铁木真发动纳忽昏山、不黑都儿麻之战。纳忽昏山即今巴颜乌拉山，不黑都儿麻即今哈萨克额尔齐斯河支流布赫塔尔马河。这是铁木真与乃蛮部太阳汗的战略决战。

在当时，铁木真正在野外狩猎，得知太阳汗准备进袭的情报后，立即召集诸将商议。铁木真采纳弟弟别勒古台主动进击的计策，并把军马集中在合勒河畔，进驻客勒贴该合答，并对军队进行整顿。

整军于4月结束后，马上祭旗出发。铁木真率大军到达萨里川之后，为使乃蛮太阳汗产生错觉，以便延缓其进攻时间，恢复蒙古远征军的疲劳，不但用瘦马骄敌之计，而且采用增火惊敌之计，白昼多设疑兵，夜令每人各烧火5处，以示蒙古兵众势强。

乃蛮前哨见蒙古军已满集于地区。萨里川之野，且似日增无已，其火多于星辰。太阳汗闻报后准备后撤，诱蒙古军到阿勒台山南麓，再行决战。由于大将豁里速别赤的坚决反对，勉强率军进至纳忽昏山东麓的察乞儿马兀特。

铁木真得知情报，立即向乃蛮军发起进攻。双方鏖战于纳忽昏山峡谷。救援太阳汗大本营的乃蛮军被铁木真军迂回分割，分别在各山头被歼。太阳汗看到援救无望，便乘夜率军突围，因通路被蒙古军封锁，只好攀登山涧陡崖，人马多半失足坠落山涧陡崖，死伤甚众。太阳汗在突围过程中受箭伤而死。

太阳汗之子屈出律和一部蒙古叛逃者脱黑脱哈等率残部奔乃蛮北部的不欲鲁汗，企图重整旗鼓，共同设防。铁木真乘胜分南北两路追击，他引西路军追至

屈出律 乃蛮部太阳汗之子。1208年到西辽投靠古儿汗，趁古儿汗出征在后方发动了叛乱，联合花剌子模推翻古儿汗，夺取西辽政权。1218年，成吉思汗命哲别进攻西辽。屈出律逃至巴达哈伤后，被当地伊斯兰教徒抓捕送给哲别，处死。

■ 蒙古包内牧民的生活

阿勒台山征服太阳汗所属部众后，继续北追古出鲁克，进至不黑都儿麻源头，设哨对峙。铁木真大军因冬季作战不便，在汗呼赫岭以南过冬。

1205年春，冬雪融尽之后，铁木真率大军越过汗呼赫岭向乃蛮北部军进攻。此次作战中，乃蛮北部首领不欲鲁汗等被杀死。蒙古军追击乃蛮军至额儿的失河全歼溃军，只有屈出律渡过河，后逃亡西辽国。强大的乃蛮部灭亡。至此，铁木真统一蒙古的大业完成。

此战是统一蒙古诸部战争中规模最大的一次作战。铁木真以4万人的劣势兵力，战胜太阳汗8万之众的优势兵力，是中国战争史上著名的以少胜多的围歼战。

铁木真在这次作战中，总结了以往的作战经验，改革了军制，提出了"凿穿战"的三原则和"攻心为上""穷寇必灭"的作战指导思想，对其独特的战略战术思想的形成打下了良好的基础，在中国战争史上占有重要地位。

1206年春天，蒙古贵族们在斡难河源头举行"忽里勒台"，也就

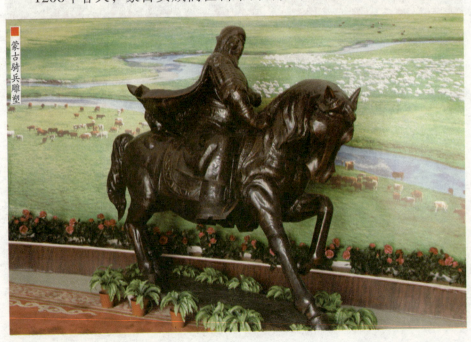

蒙古骑兵雕塑

是大聚会，诸王和群臣为铁木真上尊号成吉思汗，正式登基成为大蒙古国皇帝，这是蒙古帝国的开始。

草原上的猎鹰人

成吉思汗之所以能够统一蒙古各部，是因为他在战略上藐视一切敌人，注重分清敌友，力避树敌过多；并重视掌握敌情，以做到知己知彼，百战不殆；同时强调集中优势兵力，各个歼灭敌人；在战术上机动灵活，惯于实施远程奇袭，速战速决，或者佯退诱歼，在运动战中歼灭敌军；这一时期创建的鱼鳞战术，成为战争指挥艺术的优秀遗产。成吉思汗的卓越军事才能，还表现在蒙古各部统一战争中的军事组织能力，统御天才，知人善任，恩威并济。

成吉思汗统一蒙古各部，在中国历史上具有重要意义。它使蒙古帝国在政治、经济和文化等多方面都得到了空前的发展，还为后来忽必烈建立大元王朝打下了坚实的基础。

阅读链接

铁木真小时候，常与四个弟弟吵架怄气。有一次，为了争夺一头死鹿，他和几个弟弟几乎动起手来。

铁木真的母亲诃额仑是个深谋远虑的女人，他发现几个儿子老是不团结，心中非常不安。

这天，她把五个儿子叫到身边，从箭囊里取出五支箭，用一根皮绳捆在一起，让孩子们分别试着折断。大家试了试都折不断。诃额仑又分给每人一支箭。结果很容易就折断了。

铁木真一下子明白了其中的道理，并深受感动。从此，铁木真与兄弟们相处得非常和睦。

大元帝国对南宋的战争

　　大元帝国对南宋发动的战争，以忽必烈建元为界，之前叫蒙宋战争，之后则称为元宋战争。这场战争分为3个时期，分别为窝阔台南征、蒙哥南征和忽必烈南征。

　　这是一场耗时近半个世纪的持久战。忽必烈通过这场波澜壮阔的统一战争，结束了唐末以来多年的分裂局面，成为了入主中原的第一位少数民族帝王。他结束了中华民族的分裂局面，重新统一了全国。另外，他建立的行省制度影响十分深远，并沿用至今。

● 忽必烈像

窝阔台继承蒙古国汗位后，联合南宋灭金，成为北方统治者，形成了蒙宋对峙形势。1234年，南宋乘蒙古军自河南撤兵河北之际，遣军收复原宋西京、东京、南京，但被蒙古军击败。

窝阔台便与诸王议定，在西征钦察、斡罗思，东征高丽的同时，集中部分兵力，南下攻宋。由此开始，揭开了对南宋战争的序幕。

蒙古联宋灭金后，南宋仍沿袭御金部署，实施对蒙古防御。在四川战区部署四支御前诸军，在荆湖战区沿边一线分点屯兵，在两淮战区屯兵于诸军事重镇。窝阔台针对南宋防御部署，采取削弱南宋实力、迫其臣服的方略，分遣两路大军，实施连续进攻。

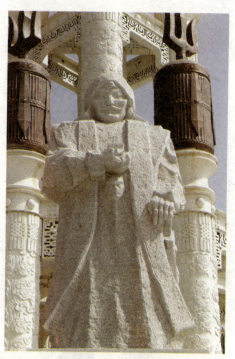
■ 窝阔台雕塑

1235年，窝阔台命皇子阔端、将领达海绀卜等率西路军攻蜀；命另一个皇子阔出、宗王口温不花等率东路军攻荆襄。

窝阔台的东路军破唐州、枣阳，西掠襄阳、郢州、邓州后北归。时隔不久，他的西路军攻占沔州，前出至大安军，被南宋御前诸军都统制曹友闻击退。

不久，窝阔台再发东路军攻荆襄，占襄阳，破郢州、荆门。后来东路军主帅阔出病死，忒木台率军进逼江陵，被宋军孟珙击退。窝阔台的西路军分兵两路入川，避开仙人关要隘，迂回至阳平关，全歼曹友闻

窝阔台 元太祖成吉思汗的第三子。蒙古帝国可汗，史称"窝阔台汗"。元世祖忽必烈追尊窝阔台庙号为太宗，谥号"英文皇帝"。他继承父亲的遗志扩张领土，南下灭金朝，派拔都远征欧洲，在位期间成功地征服了中亚、华北和东欧等大片领土。

军。西路军攻占成都后，主力则退回陕西。

此后，东路军因进攻荆襄受挫，遂将主攻方向转向两淮，先后于安丰军，庐州被宋将杜杲击败。

南宋京西湖北路制置使兼知鄂州孟珙遣军收复襄阳、信阳、光化等城。遂以江陵府为基地，大兴屯田，训练军伍，经理荆襄，策应四川，使荆湖战场出现转机。

窝阔台的西路军统帅阔端，派遣达海绀卜率军入蜀，攻掠成都、潼川两路及重庆周围州县。汪世显部越渠江而东，破万州，克夔州，企图出三峡入两湖，至归州大垭寨，遭南宋将领孟珙截击败退。孟珙乘势收复夔州。

1241年，蒙古军再度入蜀，再破成都。就在这时，窝阔台患病去世，蒙古军留部分兵力屯驻要地，主力北归，对宋战争暂告一段落。

南宋在同蒙古军作战中，逐渐形成守长江上游以固下游，守汉淮以蔽长江的防御方针，加强了四川、荆湖、两淮3个战区的设防。

四川战区，余玠采取守点控面的防御措施，建立了以重庆为中心，以堡寨控扼江河、要隘的梯次防御体系。

荆湖战区，宋安抚制置大使孟珙招兵置军，大兴

■ 蒙古士兵画像

孟珙 字璞玉，原籍绛州，今山西新绛，曾祖孟安是岳飞部将。南宋优秀的军事家、统帅，抗金抗蒙名将。曾以一人之力统御南宋三分之二战线上的战事，由于其在抵抗蒙古军的杰出表现，被后世军史家称之"机动防御大师"。

屯田；为阻止蒙古军过夔门沿江东进，同样实施了梯次防御措施。

江淮战区，在军事重镇和要点加筑城寨，增兵守备，并于城寨百里以内，三里一沟，五里一渠，遏制蒙古骑兵长驱奔袭。同时，还造轻捷战船，以水、步混编组成游击军，屯戍长江，拟随时应援。

窝阔台病逝后，蒙哥继汗位。蒙哥针对南宋防御部署，命四川、河南、山东诸军开辟屯田，与南宋军争夺城镇与堡寨。又鉴于水军缺少，难以越过长江天险，遂采取战略大迂回，从翼侧及侧后攻宋。

1253年，蒙哥命其弟忽必烈率军征大理。忽必烈兵分三路南进，自率中路经满陀城，再渡大渡河，取古清溪道南下，穿行山谷2000多里，三路会师后全歼大理宋军主力，占领大理城。随即忽必烈北归，留兀良台等继平大理诸部。

蒙哥以对南宋的侧后包围完成后，乃由两翼进攻。命右翼的兀良合台自云南，帖哥火鲁赤、带答儿自利州、兴元，以南北夹击之势进攻四川；命左翼的宗王塔察儿、驸马帖里垓攻南宋两淮。

右翼的兀良合台、帖哥火鲁赤等会师于合州附近后，各按原路返回。左翼塔察儿军至山东，因其军纪不严被蒙哥召回。

1258年，蒙哥准备亲率大军攻宋。他命兀良合台自大理经广西北上策应；命忽必烈南攻鄂州；自率主力攻

蒙古骑兵铜像

阿里不哥 又译阿里布哥，蒙古贵族，是成吉思汗第四子拖雷之幼子。他素来反对忽必烈的汉化政策。忽必烈自立为大汗后，阿里不哥在哈拉和林被蒙古本土贵族推举为大蒙古国大汗。双方遂展开激烈内战，历时4年。后被忽必烈幽禁。

四川，企图东出夔门，浮江而下，待三路会师鄂州后，合兵攻临安。

蒙哥率军4万人由陇州经大散关南进。达到利州后，先后克降苦竹隘、大获、青居、大良平等城。先期入蜀的蒙古军，由纽璘率战船200艘沿江东进，占领涪州，造浮桥以阻宋军援蜀，又于铜锣峡据险为垒，阻扼重庆宋军北进。

蒙哥率军围攻东川防御要点合州时，南宋守将王坚依托险峻地形和坚固壁垒，固守力战。蒙古军连攻5个月不克。后蒙哥亲临现场督战中炮，卒于军中，进攻四川的蒙古军撤军北归。

正在率军进至长江边的忽必烈，虽得蒙哥死讯，仍令诸军自阳逻堡渡江，围攻南宋要地鄂州；并派兵接应兀良合台军北上。忽必烈督军攻城两月未克，后

■ 蒙古骑兵塑像

■ 骑兵冲锋队列雕像

得知阿里不哥准备在漠北称汗，决定北归争夺汗位，遂扬言攻临安，以迷惑南宋军。

南宋军统帅贾似道在各路援军集结鄂州附近，又得知蒙哥死讯的情况下，不乘机反击，却擅自遣使以划江为界，且岁奉银和绢各20万为条件向蒙古军乞和。忽必烈趁此允和，撤军北归。

贾似道隐瞒乞和真相，谎报战功，竟被擢为右丞相。他唯恐阴谋败露，极力打击陷害作战有功将领。宋度宗赵禥继位后，贾似道专权，军政愈加腐败，民力日竭，将士离心，战备松弛。

在此期间，忽必烈成功继承汗位，并平定内乱。随即便着手整顿军队，督造战船，组训水军，进行灭宋准备。他制定了先取襄樊，实施中间突破，浮汉入江，直趋临安的方略。

经过充分准备，1268年，忽必烈命都元帅阿术、

宋度宗 赵禥，南宋第六位皇帝，宋太祖十一世孙。初名孟启，又名孜、长源。荣王赵与芮之子，宋理宗没有儿子，收其为养子。继位后改年号为咸淳。宋度宗在位10年，死后葬于永绍陵，谥号为"端文明武景孝皇帝"。度宗即位后，孱弱无能，致使朝政昏暗，民不聊生，使宋朝处于灭亡的前夜。

■ 文天祥 字履善，又字宋瑞，自号文山，浮休道人。南宋末期吉州庐陵，今江西吉安县人，南宋末大臣，文学家，爱国英雄。他坚持抗元。1279年被俘，被俘期间，元世祖以高官厚禄劝降，文天祥宁死不屈，与陆秀夫、张世杰被称为"宋末三杰"。他在狱中坚持斗争了3年多。后来在柴市从容就义。著有《过零丁洋》《指南录》等。他的爱国精神，激励了一代又一代人。

刘整率师包围襄樊，后以枢密副使史天泽主掌军务。鉴于襄阳、樊城城池坚深、军储充足，史天泽决定长围久困，待机而破，并完成了对襄樊的包围。

此后，蒙古军多次击退南宋援兵。襄阳守将吕文焕曾多次出击未能打破被围局面，襄阳、樊城孤立无援。

1271年，忽必烈将蒙古改国号为"大元"，同时令军队加紧攻城。元军水陆夹攻，配以威力较大的回回炮，破樊城。吕文焕以襄阳城降。

元军破襄樊，忽必烈令征兵10万，增加攻宋兵力，决定乘胜直捣南宋腹地。他命驻蜀元军进攻南宋各要地，以阻南宋东援；命淮西行枢密院使合丹、刘整攻淮西，淮东都元帅博罗欢等攻淮东，牵制两淮南宋军；以荆湖行省左丞相伯颜、平章政事阿术等率领主力，自襄阳顺汉水入长江，直趋临安。忽必烈还告诫伯颜，不要妄杀，以争取人心。

元军伯颜率水、步军进至郢州，绕过南宋将领张世杰的阻截，顺汉水趋汉口，以声东击西之计，袭占沙芜口，屯军江边。又以捣虚之计，突破宋军防线，占领鄂州。随即以降将吕文焕为先锋，战抚兼施，顺江东进，宋沿江州府纷纷归降。

1275年，伯颜率军于丁家洲大败南宋军精锐，继而攻占建康、镇江等重镇，逼近临安。

这时，张世杰、文天祥等奉诏率兵入卫临安。南宋朝廷命文天祥扼守平江，屏蔽临安；命张世杰率军向镇江方向反击元军。张世杰率舟师于焦山江面列阵，欲与元军决战，但遭元军火攻，一时溃不成军。

忽必烈命伯颜乘势率主力攻取临安。为分宋军兵势，牵制各地宋军入援临安，他令阿术率军攻扬州；令阿里海牙攻湖南；令宋都带等攻江西。与此同时，伯颜分军三路向临安进发。

元宋大军对阵于皋亭山时，南宋朝廷拒绝张世杰、文天祥提出的背城一战以图求存的建策，一面送益王赵昰、广王赵昺南逃，一面遣使向元军请降。不久，宋恭帝赵㬎率百官于临安降元。淮西制置使夏贵见皇帝投降，也以淮西降元。

■ 古代战争场景

蒙古骑兵仪仗队演示

1276年，右丞相文天祥、制置副使张世杰、礼部侍郎陆秀夫在福州拥立益王赵昰为帝，出兵闽北失败，流亡海上。此时的江西、湖南和淮东，皆已被元军占领。

1277年，文天祥率军反攻江西，各地义军纷起响应，所至大捷，后因势孤力单，败退广东。第二年，赵昰病死，8岁的赵昺继位，徙至今广东新会之南的厓山。1279年，在厓山海战中，陆秀夫背着8岁的小皇帝赵昺跳海而死，南宋亡。

宋元战争持续40多年，忽必烈总结前两次攻宋的经验教训，适时改变主攻方向和发展水军，采取牵制两翼、集中兵力中间突破、浮汉入江、直捣临安的方略，缩短了战线，割裂了南宋的东西联系。同时，实行招降安抚之策，形成政治、军事优势，实现统一。

阅读链接

忽必烈是成吉思汗之孙。其兄蒙哥在1259年去世，次年其弟阿里不哥在哈拉和林被选作蒙古帝国大汗，而忽必烈则在中原开平自立为大汗。

于是阿里不哥与忽必烈开始争夺汗位。虽然忽必烈在这场斗争中获胜，但西方的四大汗国则因他违背大汗选举传统以及他的"行汉法"主张而纷纷与他断绝了来往，脱离了他的统治范围。

1271年，忽必烈改国号为大元，正式即位皇帝。

安邦定国

明清两代是中国历史上的近世时期。这一时期，巩固统一、反对分裂作为中国历代战争的主流，有了更加鲜明的特点。

明朝在北疆的8次北征就是证明，而在东南沿海的用兵则是为了巩固统一。如郑成功收复台湾之战就属于这类性质。

清朝在建国之前，努尔哈赤统一女真并建立后金政权，可以看作是满族入主中原的前奏。如果说实现一统是中国历代战争的主流，那么近世时期的几场战争基本都实现了这一目标。

明统一战争南北并举之策

明统一战争，是明太祖朱元璋为统一全国，遣军推翻元朝，消灭各地割据政权及元朝残余势力的一系列作战。

明太祖从建立明王朝到纳哈出归降，历经22年的南征北伐，终于结束了元朝的民族等级制度，完成了统一全国的大业，为明代政治制度的加强和经济建设的发展奠定了坚实基础。

明朝是中国历史上承元朝、下启清朝的朝代，也是中国历史上最后一个由汉族建立的统一王朝，并被史家认为是中国传统文化复兴的关建，为汉文化的继续发展起到了承前启后的作用。

■ 明太祖朱元璋

■ 明代将军石像

元末爆发了以红巾军为主的农民起义，首领朱元璋相继攻灭了江南汉帝陈友谅、吴王张士诚政权。

1368年，朱元璋在应天即帝位，国号大明，是为明太祖，建元洪武。明太祖审时度势，决定北定中原与南略沿海并举，发动统一战争，以彻底夺取全国统治权。

元朝灭亡时，元顺帝脱欢帖木儿北走上都，仍用元国号，史称"北元"。为了消灭元朝残余势力，统一漠北，明太祖先后8次发动进攻北元战役。

1370年，明太祖开始了第一次北征沙漠。

对于此次北征沙漠的战略方针，明太祖根据元主滞留塞外的和林，扩廓帖木儿驻兵定西，不断南犯的情况，决定兵分二路：一令大将军徐达自潼关出西安捣定西，以取扩廓帖木儿；一令左副将军李文忠出居

朱元璋 字国瑞，原名朱重八，后取名兴宗。濠州钟离人。明朝开国皇帝，谥号"开天行道肇纪立极大圣至神仁文义武俊德成功高皇帝"，庙号太祖。他建立了明朝，结束了元朝民族等级制度，努力恢复生产，整治贪官，其在位时期被后人称之为"洪武之治"。

庸关入沙漠以追元主，使其彼此自救，不暇应援。并命大同指挥金朝兴、大同都督同知汪兴祖等先期进攻山西、河北北部的元军，以吸引元军注意力，策应主力作战。

2月，金朝兴攻克东胜州。之后，汪兴祖攻克武州、朔州，徐达率师进抵定西。4月大败元军于沈儿峪，扩廓帖木儿逃往和林。5月，徐达分遣邓愈招谕吐蕃，自率大军南向攻克略阳、沔州、兴元，随即回军西安。

李文忠部出居庸关以后，于5月初，经野狐岭连败元太尉蛮子、平章沙不丁朵耳只八剌于白海骆驼山，再败元平章上都罕于开平。进逼应昌，大败元军，缴获甚众。李文忠在回师途中还攻克兴州。

10月初，明太祖命徐达、李文忠等班师回朝。

明军首次北征，两路皆获大胜，元朝在近塞的残余势力遭到沉重打击。

1372年1月至11月，明太祖对北元进行第二次大规模作战。

明太祖命徐达为征虏大将军、曹国公李文忠为左副将军、宋国公冯胜为右副将军，各率兵5万人，分三路出征。

此次作战方针是：以徐达为中路，出雁门关趋和林，扬言急趋和林，实则缓慢进军，诱元军出战而歼灭之；李文忠为东路，出居庸关经应昌趋和林，出其不意，攻其不备；冯胜为西路，出金兰趋甘肃，以疑元军，使其不知所向。这一战略部署，以中路为正，东、西两路为奇，奇正并用，三路合击。

中路军于2月进至山西境内，徐达以都督佥事蓝玉为先锋，先出雁门关，败扩廓帖木儿游骑于野马川。3月，蓝玉又败扩廓帖木儿于土剌河，扩廓逃去，与元将贺宗哲联合，在岭北一线抵御明军。

5月，徐达兵至岭北，轻敌冒进，骤然交战，被元军击败，被迫敛军守塞。7月，偏将军汤和在断头山败绩，指挥同知章存道战死。

西路军进至兰州以后，颍川侯傅友德率骁骑5000人败元将失剌罕于西凉。进至永昌，再败元太尉朵儿只巴于忽剌罕口，获辎重牛马甚众。然后与冯胜主力会师，败元兵于扫林山，擒其太尉锁纳儿加、平章管著等人，军威大振。

6月初，逼降元将上都驴，获吏民830余户。明军抵亦集乃路，故元守将伯颜帖木儿举城降，继败元军于别笃山口，元岐王朵儿只班遁去。傅友德率兵追至瓜州、沙州，又败元军。

东路军于6月抵达口温，元

傅友德 宿州，今属安徽人，迁居砀山。明朝开国名将。元末参加刘福通军，随李喜喜入蜀。旋率部归朱元璋，从偏裨升为大将，屡建功勋。朱元璋作《平西蜀文》，盛赞傅友德功勋第一。以功封为颍国公，封太子太师，后坐事赐死。追封丽江王，谥号"武靖"。

235

近世时期

安邦定国

■ 明代将士画像

冯胜 明朝开国名将，初名国胜，又名宗异，冯国用弟，定远人，喜读书，通兵法，元末结寨自保。1387年，明太祖以冯胜为大将军，与傅友德、蓝玉等率兵20万远征辽东，降伏纳哈出，肃清元朝在辽东的势力。因累积军功而受封宋国公，"诏列勋臣望重者八人，胜居第三"，功高遭太祖猜忌，赐死。

■ 明代将军蜡像

军闻讯而遁，获牛马辎重无算，经哈刺莽来至胪朐河。李文忠留部将韩政守辎重，亲率大军轻装急进，在土刺河、阿鲁浑河一带与元将蛮子哈刺章激战数日，元军败退。

李文忠率师追至称海，元兵复集拒战，李文忠见元军气势甚锐，乃敛兵据险自固并张疑兵，元军惧有伏兵，不敢逼近，遂引军而去。李文忠班师而还。10月西路军冯胜班军回京。

11月，因塞外苦寒，一时难以作战，明太祖遂令中路军徐达、东路军李文忠班师。

明军二次北征，主力中路军战败，东路军得失相当，仅西路军获胜，明军主要是轻敌冒进造成失败。

1380年，明太祖对塞外北元进行第三次进攻作战。2月，北元国公脱火赤、枢密知院爱足率众万余人屯于和林。明太祖命西平侯沐英率陕西之军进讨。3月，沐英师至灵州，获悉脱火赤兵亦集乃路，遂率

师渡黄河，经宁夏，过贺兰山，涉流沙，历时7昼夜，突至其境。

在距其营50里处，分兵四路，袭其背，掩其左、右，沐英亲率骁骑当其前。各路乘夜衔枚而进，实施合围。脱火赤、爱足等惊骇不知所措，皆俯首就擒，明军尽获其众而归。

1381年，明太祖对塞外北元进行第四次进攻作战。1月，北元平章乃儿不花等进犯明边。明太祖命魏国公徐达为征虏大将军，信国公汤和为左副将军，颍川侯傅友德为右副将军率军北征。

关于此次北征的战略战术，明太祖做了指示：首先派侦察部队出塞，刺探军事情报，若有埋伏，则诱其深入，待其困疲而反击之；若无埋伏，即以精兵直捣其营。

4月，徐达率诸将出塞，兵分东西两路，相互策应。东路以傅友德为前锋，夜袭灰山，败北元军，获其部落人畜甚众。行至北黄河，北元军惊惧而遁，明军追擒其平章别里不花、太史文通等。

西路军在沐英率领下，出古北口，直捣高州、嵩州、全宁诸部，渡胪朐河，获其知院李宣及其部众。至8月底，北征部队班师回京。

1387年1月至6月，明太祖对塞外北元进行第五次进攻作战。

1月，明太祖命宋国公冯胜为征虏大将军，颍国公傅友德、永昌侯蓝玉为左右副将军，南雄侯赵庸、定远侯王弼为左参将，东川侯胡海、武定侯郭英为右参将，前军都督商暠参赞军事，率师20万人北征

■ 明代的炮兵

纳哈出 扎剌儿氏，蒙古族，元末大将，元太平路万户。元亡，拥兵据辽阳金山，明太祖屡诏不从，数侵扰辽东。洪武二十年就是公元1387年，明将冯胜、傅友德、蓝玉等率师攻辽阳，他出降，明封为海西侯，赐铁卷丹书。次年病死于武昌。

北元太尉纳哈出。

2月，冯胜率兵抵达通州，侦知纳哈出分兵屯守庆州，遂遣蓝玉率轻骑趁天下大雪出兵，杀其平章果来，擒其子不兰奚，获人马而还。3月，冯胜等率师出松亭关，筑大宁、宽河、会州、富峪四城，驻兵大宁。5月，冯胜留兵5万人驻守大宁，率大军直捣金山。6月，进至辽河之东，获其屯兵进驻金山之西。

这时，乃剌吾亦到达松花河，力劝纳哈出投降。纳哈出心怀二志，犹豫不决，先后多次派使臣赴明军驻地，以献降为名，观明军虚实。在明军大军压境，步步进逼的情况下，纳哈出被迫投降。最后肃清了元朝在辽东的势力。

1387年至1388年，明太祖对塞外北元进行第六次进攻作战。

1387年，明太祖为肃清沙漠北元势力，命永昌侯蓝玉为征虏大将军，延安侯唐胜宗、武定侯郭英为左右副将军，都督佥事耿忠、孙恪为左右参将，率军15万人北征。11月，蓝玉获悉北元丞相哈剌章、乃儿不花等逃入和林，遂由大宁发兵进讨。

1388年3月，师至庆州，闻元主脱古思帖木儿屯驻捕鱼儿海，间道兼程而进。4月，进至捕鱼儿海南岸，侦知脱古思帖木儿营在捕鱼儿海东北80余里，蓝玉遂以王弼为前锋，率精骑直捣其营。

元主毫无准备，正欲北行，忽闻明大军至，其太尉仓促率众拒战，被明军击败投降。脱古思帖木儿与其太子天保奴、知院捏怯来、丞相失烈门等数十骑遁去。蓝玉率精骑追击千余里，不及而还，俘获众多人等及物资，遂奏捷班师。

1390年1月至3月，明太祖对塞外北元进行第七次

■ 明代士兵铜像

进攻作战。

1月，明太祖命晋王朱冈、燕王朱棣分兵两路，各率师北征。并以颖国公傅友德为征房前将军，南雄侯赵庸、怀远侯曹兴为左右副将军，定远侯王弼、全宁侯孙恪为左右参将，督兵从征。敕王弼率山西兵听晋王节制，其余均听燕王朱棣节制。

3月，燕王率军出长城古北口，侦知乃儿不花等屯驻迤都，遂趁大雪直捣其营，攻其不备。30日，师抵迤都，先派与乃儿不花有旧的观童入营求见，大军进围其营，乃儿不花等被迫投降，悉收其部落人马而还。晋王率军出塞，不见北元人马而还。

■ 明代士兵战斗图

1396年，明太祖对塞外北元进行第八次作战。

3月，明太祖获悉大宁卫北有北元踪迹，遂命燕王朱棣选精卒自北平抵大宁，沿河南北侦察元兵所在，相机进击。

朱棣兵至彻彻儿山，遇元兵，大败之，擒其将索林帖木儿等数十人。追至兀良哈秃城，遇北元哈刺兀，又大败之，凯旋。

在明太祖及时有力地打击之下，北元部众奔散，北元政权灭亡，明

太祖统一了漠北，明朝统治得到巩
固。

解决了北元问题，明太祖全力
征战福建两广，想统一南方。其实
此项战略在北伐时已开始实施。

明太祖命汤和与副将军廖永忠
在灭方国珍势力后，出奇兵克福
州，于1368年破延平，控制了当时
的福建行省平章陈友定；胡廷瑞克
建宁、兴化，招降汀州及泉州以南
州县；浙江行省平章李文忠率部入
闽，歼金子隆等部，占福建。

接着，明太祖命廖永忠为征南
将军，朱亮祖为副将军，由福建海
道入广东，与先遣由湖南征广西的
杨璟及江西赣州卫指挥使陆仲亨部
互为掎角，进军两广。

杨璟攻克全州、武冈等地。廖
永忠率部抵广州，当时的广东行省
左丞何真势穷出降。诸路明军入广
西，相继攻取未下州县。

明太祖趁南征北伐胜利之际，
遣使赴蜀招降割据的夏政权首领明
昇，遭拒绝后，决计用兵。明太祖
命汤和为征西将军，周德兴、廖永
忠为副，率舟师溯长江而上；傅友

奇正战法 "奇正"是古代军事术语。奇正战法，就是以变幻莫测的手段实施攻击为"奇"；采用常规战法为"正"。在兵力使用上，守备钳制为正，机动突击为奇；在作战方法上，正面进攻为正，迂回侧击为奇；在战略上，堂堂正正的为正兵，突然袭击的为奇兵。

德为征虏前将军，顾时为副，率步骑从陕西南下，两路明军水陆并进攻夏。

汤和部进攻瞿塘受挫。傅友德部声言出金牛道，暗率5000精兵出陈仓，攻克夏军的阶州，开辟入川通道，随即克汉州。汤和克夔州，抵重庆，明昇势穷出降，夏亡。傅友德围成都，夏丞相戴寿以城降。

自1372年起，明太祖多次遣使赴云南招降元梁王把匝剌瓦尔密，均遭杀害。遂于1381年命傅友德为征南将军，蓝玉、沐英为副将军，率步骑兵30万征讨。

明军至湖广境，兵分两路：由都督郭英领兵5万人为北路，南趋乌撒，以作牵制；由傅友德率主力为东路，克普定，直趋云南。

开战后，明军用奇正战法，败元司徒平章达里麻部10万，俘达里麻以下2万余人，攻占云南东部门户曲靖。随即由蓝玉、沐英率部进占昆明，元梁王出逃

■ 明代士兵的武器

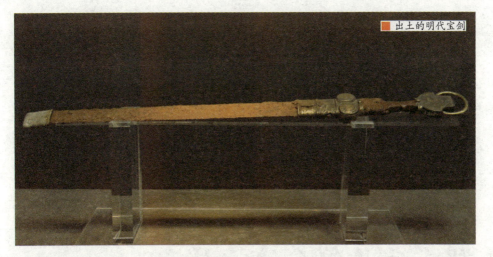
出土的明代宝剑

自杀。傅友德北上与郭英会师，大败元右丞实卜，克七星关，招降附近各州县。

1382年，蓝玉、沐英攻占大理，俘首领段明弟段世，分兵取云南全境。随后明军分道进兵乌撒，又平东川、建昌、芒部等。大军第二年班师回朝，留沐英镇守云南。

明太祖趁元末元朝势力削弱，其他作战对象各据一方、互不应援等情况，审时度势，运筹帷幄，恰当任用将帅，攻抚兼施，南北兼顾，各个击破，统一全国大部分地区，显示了卓越的用兵才能和驾驭战争的能力。

阅读链接

朱元璋是中国历史上的政治家和军事家，也是明朝的第一个皇帝。有人说朱元璋在参加红巾军以前是一个不务正业的人。其实，朱元璋无非是元朝末年黑暗统治时期的一个清苦的农民而已。

朱元璋年轻时就失去了父母亲，由于吃不上饭，他还曾经做过和尚。朱元璋当时深感元朝统治者的残暴，于是，他投奔郭子兴，参加了农民起义军。

朱元璋最终建立了大明王朝并统一了全国。

郑成功收复台湾之战

郑成功是明末清初的著名军事家和民族英雄。他收复台湾之战，是中华民族反对外来侵略的伟大胜利，使台湾从此回到了祖国的怀抱。

这场战争驱逐了荷兰殖民者，收复了沦陷了38年的宝岛台湾，捍卫了中国的主权和领土完整，具有极其重大的历史意义。

■ 郑成功 名森，字明俨，幼名福松，因蒙隆武帝赐明朝国姓朱，并赐名成功，世称"国姓爷"，又因蒙永历帝封延平王，称"郑延平"。中国17世纪明末抗清名将、军事家和民族英雄。1661年率军收复台湾，台湾重新回归中国。郑成功收复台湾后，为中华民族立下了不朽的功绩，为世代传颂。

台湾是中国领土，位于中国东南的海中，在台湾海峡的另一侧，南接东山、海南、南海诸岛，北连马祖、大陈、舟山群岛，被称为七省之藩篱，东南之锁钥，战略位置极为重要。

早在东吴王时期，吴王孙权便派将军卫温、诸葛直，率甲士万余，航海到达台湾。元代在澎湖设巡检司，管理台湾与澎湖列岛。

17世纪上半叶，荷兰殖民主义者大规模侵掠亚洲，数度入侵台湾。郑成功便考虑收复台湾，准备渡海东征台湾。

郑成功雕像

郑成功要收复台湾，需渡海作战，背水攻坚，为此进行了充分周密的准备。除通过各种侦察手段不断了解敌情和多方筹备粮饷外，他把准备的重点放在练兵造船上。为了提高渡海作战的能力，郑成功主要在以下3个方面进行了准备：

一是改编部队。郑成功对部队进行了改编整顿。编制采用五五制，重组作战主力部队。设总督五军戎政一员，总制五军。每军设提督一员，负责该军的征战事宜。另设总理监营一员、左右协理监营各一员，协助提督工作。水军是郑军中的骨干力量。

水军成员多系渔民出身，不畏风浪，作战英勇顽强，在其父郑芝龙手下时，就曾经屡败荷军水师于海上。郑成功正是依靠这样一支军队，取得了台湾登陆作战的胜利。

郑成功收复台湾

二是督造战船。郑成功按照作战任务和大中小相结合的原则，配套建造战船。计有大贡船、水船、犁缯船、沙船、鸟尾船、乌龙船、铳船、快哨8种。

战船上的武器配备是，大贡炮、灵贡、火贡，均为铜制，安装在船首；连环贡、百子炮在船的两舷中部，这些都是重武器。轻武器则有神机铳、千花铳、百子花钎铳、鸟枪、鹿铳、连珠火箭、喷筒、火罐、倭刀、云南大刀、不空归木棍等。

当地人民听说要收复台湾，也纷纷前来献船、献料、献工，赶造战船。只用了两个月时间，就修造战船300余艘，加上原有船只，基本上满足了渡海作战的需要。

三是加强训练。郑成功在厦门等地设置水操台、演武场和演武池，亲自督导操练，并制定和颁布了"各镇合操法"和"水师水操法"，令全军遵照执行。经过严格训练的水军将士能在惊涛骇浪中跳蹿上下，矫捷如飞。有了这样一支战斗力强的水军，渡海登陆就有了胜利的保障。

郑成功基本完成战前准备工作后，遂从厦门移师金门。郑成功命其子郑经及部分将领留守厦门、金门，以防清军乘虚袭取；自率马信、周全斌、肖拱宸等进军台湾。

郑成功根据敌情、地形，提出如下作战方针：首先收复澎湖，以之为前进基地，然后乘涨潮之际，通过鹿耳门入港，实施登陆，切断台湾城和赤崁楼两地荷军的联系，予以围歼，最后收复台湾全岛。

郑成功攻台作战主要经过穿越鹿耳门登陆禾寮港、水陆战台江迫降赤崁楼、海战破荷舰攻台获全胜等阶段，最终击败荷兰殖民者，收复台湾。

1661年3月初，郑成功在金门举行了隆重的"祭江"誓师仪式，表达收复台湾的坚定决心。3月23日，郑成功率领第一梯队从金门料罗湾出航，领航的是澎湖游击洪喧。郑军船队浩浩荡荡，向澎湖进发，于次日清晨越过风浪险恶的黑水沟，驶抵澎湖。

郑军各部分别驻扎澎湖各岛，等待风顺时再向台湾开进。岛上的老百姓听说是郑成功收复台湾的军队，便带着鱼虾猪羊前来慰问，并自愿做先锋船的向导。

水军行至柑橘屿海

郑经 字贤之、元之，号式天，昵称"锦舍"，延平郡王，郑成功长子。曾多次参与郑成功的战事。郑成功病逝后，郑经在陈永华的辅政下，抚土民，通商贩，兴学校，进人才，定制度，境内大治。

247

■ 郑成功油画

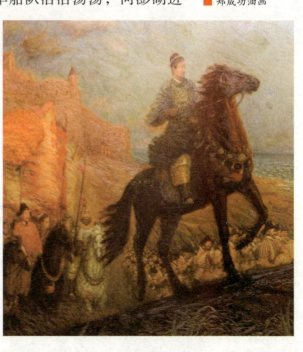

■ 郑家军使用过的火炮

面时，遭风雨所阻，被迫折回。在候风期间，郑成功视察各岛地形，最后当机立断，决定冒雨开船。3月30日晚，郑军渡过了海峡。

郑军船队抵达鹿耳门港外，他换乘小船，由鹿耳门登上北线尾，踏勘地形，派出能潜水的士兵进入台江，进行侦察。根据该地的潮汐情况，郑军决定从澎湖冒风浪出航，顺利地通过鹿耳门，进入台江。

荷军以为郑军会从南航道实施正面进攻，所以只在南航道岸上架设了大炮。郑军出其不意地从鹿耳门开进台江后，荷兰殖民者面对密布在江上的郑军战船惊慌失措，忙派夹板船阻击，并以赤崁楼炮台发炮拦击。

郑军突破荷军的火力拦阻，只用了不到两个小时，就在禾寮港登陆，扎下营寨，准备从侧面进攻赤崁楼。同时，在鹿耳门也登陆扎营，以防北线敌军进攻。

台湾的汉族和高山族人民见郑军到达，争先恐后地出来迎接，用货车和其他工具帮助他们登陆，正是由于台湾人民的大力支持，郑军得以顺利登陆，而且造成对敌分割包围的有利态势。

郑军顺利登陆后，荷兰侵略者的要塞赤崁楼、台湾城以及一些战舰，便处于分隔被围状态。虽然荷军官兵的战斗力不强，但荷兰侵略军企图凭借船坚炮利和城堡坚固，乘郑军立足未稳，实施反击，将郑军赶下海去。

4月初的一天晚上，郑成功见赤崁楼之敌炮击郑军禾寮港营寨，引起街市起火，急派户部都事杨英持令箭，督饬部队救火，抢运仓库物资，保护居民住宅。

与此同时，调整了兵力部署：令左护卫王大雄、右护卫陈蟒率铳船控制鹿耳门海口，以便接应第二梯队登陆；令宣毅前镇陈泽率兵防守北线尾一带，以保障主力侧后安全，并置台湾城荷军于腹背受敌的境地；另派兵一部进入台江，切断赤崁楼与台湾城的联系。这样就为从海、陆两面打败荷军的反击做好了准备。

在海上，当荷军的4艘舰船企图阻击郑军时，郑成功以60艘战船由

郑成功海军作战图

陈广和陈冲指挥，把荷舰包围起来，展开了激烈的炮战。荷军最大的"赫克托"号战舰首先开炮，其他荷舰也跟着开火。

郑军战船上的水兵们十分勇敢，从四面八方向"赫克托"号进行猛烈轰击。顿时，安平港外，浓烟弥漫，炮声震天，激起无数巨大的水柱。不久，"赫克托"号即被击沉。其他荷舰企图突围逃遁，又被郑军灵活的战船包围。

郑军以6艘战船尾追"斯·格拉弗兰"号和"白鹭"号，很快追上敌舰。郑军士兵奋不顾身地同敌人展开了接舷战、肉搏战，同时又用火船去烧敌舰。郑军用铁链扣住"斯·格拉弗兰"号的船头斜桅，并登上甲板，与敌人进行白刃格斗。

有的荷舰被熊熊烈火吞灭了，有的荷舰不敢再

安平港 中国台湾的重要渔港、工业区，位于台湾本岛西南岸。明末清初时，原为台湾进出主要门户，1624年荷兰入侵后，在沙洲岛上建筑城堡，名"热兰遮"。港口北侧有沙洲岛名北线尾，隔鹿耳门水道为加老湾沙洲岛。两处水口以内为辽阔的海湾水域。

■ 郑家军的战船

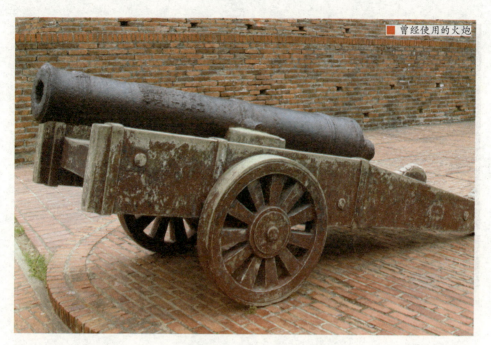

战而逃回台湾城边。敌通信船"马利亚"号在战斗失败后逃往巴达维亚。

在陆战中，荷军也遭到惨重失败。战斗是在北线尾和赤崁楼附近进行的。

郑军登陆北线尾后，荷兰舰长贝德尔率领240名士兵，乘船急驶北线尾，上岸后即分两路向郑军反击。

郑军在北线尾的部队约有4000人，郑将陈泽以大部兵力正面迎击，以七八百人迂回到敌军侧后，进行前后夹击。

荷军腹背受敌，手足无措，争相逃命。贝德尔上尉被击毙，荷军被歼180多人，其余的人逃回台湾城。

这时，荷军总督揆一应被围的赤崁楼守军的请求，命阿尔多普上尉率200名士兵渡海增援，企图解赤崁楼之围。郑成功出动"铁人"迎击。

这些"铁人"双手挥舞大刀，头戴铁盔，身着铁铠甲，脚穿铁鞋奋勇向荷军砍去。200名荷军士兵，只有60名上了岸，其余都被"铁

■ 郑家军的印信

人"消灭了。阿尔多普见势不妙，赶紧率残部逃回了台湾城。

荷军在连遭失败之后，被迫龟缩在赤崁楼和台湾城，再也不敢出战。郑军乘胜围攻赤崁楼，并切断了荷军水源。

荷兰侵略军总督揆一，龟缩在城内负隅顽抗，拒绝投降，并妄图以年年纳贡并奉送劳师银10万两为条件，诱使郑军撤出台湾。对此，郑成功予以严词驳斥，并强调指出："台湾为我故有，应当还我！"

在郑军进逼下，台湾城一片混乱。荷兰侵略者在街市区放火，妄图把全市燃成灰烬，被郑军扑灭。郑成功一面准备攻城，一面两次给揆一写信，令其投降，遭到拒绝。于是，郑成功以28门大炮猛轰台湾城，摧毁了城上的大部胸墙，击伤许多荷军。

郑成功鉴于台湾城池坚固，强攻一时难以奏效，为了减少部队伤亡，进一步做好准备，决定改取长围久困，且耕且战的方针。他一方面派提督马信率兵驻扎台湾街围困荷军，另一方面把各镇兵分散到各地屯垦，以解决军粮不足的困难。

5月初，郑军第二梯队黄安、刘俊、颜望宗、胡靖、陈瑞、陈障等率军六镇，铳船20艘，兵6000人，

胸墙 即齐胸高的矮墙，中国古代为了便于射击和减少敌人火力可能造成的损害，在掩体前面和战壕边沿用土堆砌起来的矮墙。修筑工事的时候，用泥土或石头筑成的用以保护士兵的防护墙。一般位于战壕、掩体的上沿。

抵达台湾，并从台湾城南面逼近该城城堡。

郑军在兵力得到加强，供给有了补充之后，在所有通向城堡的街道都筑起防栅，并挖了一道又宽又深的壕沟，以利对荷军的围困。同时，还准备了攻城器械和炮具。6月初，郑成功又三次写信给揆一谕降，但荷军等待巴达维亚派兵增援，仍拒绝投降。

郑成功在台湾作战期间，被郑军击败的"马利亚"号通信船，经过50多天的逆风行驶才逃到巴达维亚，报告了荷军在台湾战败的消息。巴达维亚当局立即调集700名士兵、10艘战舰，在雅科布·考乌的率领下，赴台湾增援，7月到达台湾海面。

困兽台湾城的荷兰侵略者得到增援之后，力求迅速改变台湾城的被围状态，决定用新到的舰船和士兵，把郑军驱逐出台湾街市区，并击毁停泊在赤崁楼附近航道上的郑军船只。

荷舰企图迂回郑成功水军侧后，焚烧郑军船只，却反被郑军包围。郑成功水军一部隐蔽在岸边，当敌舰闯入埋伏圈后，火炮齐发。

经过一个小时的激战，击毁、烧毁荷舰2艘，俘小艇3艘，使荷兰

■ 古代作战武器

援军损失了一个艇长、一个副官、一个军曹和数百名士兵，另有一些人负伤。其余来援的荷舰逃往远海，再也不敢靠近台湾城。

郑军围困台湾城8个多月，并进行了充分准备之后，便开始发起总攻。主攻目标是乌特利支堡。该堡是台湾城周围的外堡之一，坐落在台湾城南侧一个小山上，位置险要，是控扼台湾城的锁钥。

12月的一个清晨，郑成功下令炮轰乌特利支堡。经两小时激战，在南部打开了一个缺口，当天就占领了该堡。郑军立即将此堡改建成炮垒，居高临下地向台湾城猛烈轰击。

总督揆一见大势已去，决定由评议会出面同郑成功谈判，并签订了18款投降条约。根据条约规定，揆一于1662年2月1日率部投降。

至此，沦陷了38年的台湾重新回归中国，郑成功驱逐荷兰侵略者，收复台湾的伟大斗争，终于取得了胜利。

阅读链接

有一次，郑芝龙和郑成功父子俩在宾友陪同下乘船游江。船内吹箫弹琴，船外风鼓船帆，很有气派。邓芝龙眼前一亮，想出个对子考一考郑成功，就说："两舟并行，橹速不如帆快。"此联语带双关，"橹速"影射鲁肃，"帆快"隐喻樊哙，意思是"文官不如武将"。

聪敏过人的郑成功很快想出了下联："八音齐奏，笛清难比箫和。"语音一落，满座叫绝。此联中"笛清"暗指狄青，"箫和"暗指萧何，意思是"武将难比文官"。

郑成功边读书边习武，终成文武全才。

努尔哈赤统一女真战争

努尔哈赤统一女真的战争，是建州女真首领努尔哈赤起兵复仇并统一女真各部的战争。努尔哈赤顺应历史发展的大趋势，使女真社会发生了翻天覆地的变化，奠定了他统一战争的基础。

女真的统一，在中国历史上占有重要的地位，它结束了女真长期分裂混战的局面，顺应了历史发展的大趋势，对中国边疆地区的发展与巩固有着重大的作用，也为后来大清王朝的建立奠定了基础，并最终开创了大清王朝。

■ 努尔哈赤画像

■ 努尔哈赤雕像

明朝初年，散居白山黑水一带的女真人，经过长期战争、迁徙、融合，逐步分化为建州女真、海西女真和东海女真三大部分。

女真各部地相交错，各自雄长、不相归一，长期处于分裂割据状态。加之明朝采取分而治之，相互牵制的分化政策，更加剧了女真族各部的混战。

1583年5月，建州女真首领努尔哈赤，以祖父和父亲留下的13副铠甲起兵，开始了长达30多年的统一战争。

努尔哈赤采取先内后外、先弱后强、远交近攻等策略，首先统一建州本部，继而夺取东海部，最后征服海西部。

起兵之初，努尔哈赤在建州女真中力量弱小。他虽以建州左卫都指挥使的封职和替父亲、祖父报仇的义名兴师，但并未得到所有族人的拥护。尼堪外兰反

女真 又名女贞、女直，中国古代生活在东北地区的古老民族。17世纪初建州女真部逐渐强大，其首领努尔哈赤统一了女真诸部，1616年建立后金政权，至1636年，皇太极改女真族号为满洲，后来满洲人融合了蒙古族、汉族、朝鲜族等民族，逐渐形成今天的满族。

而被建州各部甚至同族一些寨主所庇护。于是，努尔哈赤首先着手解决建州左卫同族内部的分裂。

1584年初，努尔哈赤攻克兆佳城，俘李岱；6月克马尔敦城，大败纳木占、萨木占、讷申和完济汉等，基本上稳定了自己在建州左卫的统治地位。随着势力的加强，他不断出兵。7月，乘董鄂部内乱之际，取瓮鄂洛城，降服近邻董鄂部。

1585年初，努尔哈赤转兵西向，在太兰冈击败马尔敦、巴尔达等五寨联军，创造了以4个人大败五寨联军800人的奇迹。随即攻克苏克素护部的安土瓜尔佳城，杀城主诺谟珲。

1756年，攻掠哲陈部的托漠河城，并乘势攻占尼堪外兰所居之鄂尔浑城，追斩尼堪外兰，征服苏克素护部。

1587年，努尔哈赤攻取克山寨，杀城主阿尔泰，

尼堪外兰 又作尼康外郎。尼堪外兰有"汉人秘书"或"掌汉文之小官吏"意，可见此名只是称呼，并非本名。明朝后期女真领袖之一。后被努尔哈赤击败。在古勒之役中随李成梁出征，并出面骗诱古勒寨守军投降，李成梁军始能攻克古勒寨。此役，努尔哈赤祖父、父亲战死，舅父以及堂姐均遭杀害，此后努尔哈赤视尼堪外兰为杀父仇人。

■ 女真骑兵

历史悠久的文明古国

清朝官员顶戴

古勒山 位于辽宁新宾满族自治县上夹乡古楼村西北。1593年，在努尔哈赤统一女真的战争中，在古勒山一带大败海西女真叶赫等九部联军。古勒山之战对统一战争的胜利发展起到决定性作用。它打破了女真九部军事联盟，改变了建州女真和海西女真的力量对比，表明女真力量核心由海西而转为建州。努尔哈赤自此"军威大震，远迩慑服"。

征服哲陈部。1588年，攻克完颜城，斩城主戴度墨尔根，收服完颜部。

经过几年的征战，努尔哈赤相继征服建州五部。从1591年始，努尔哈赤挥师东向，攻取鸭绿江路，相继征服珠舍里路和讷殷路，将长白山部纳入自己的势力范围。

由于努尔哈赤此前正式颁定国政，自称淑勒贝勒之后，就引起海西女真的不满。正当努尔哈赤率兵东向，征讨长白山各部的时候，海西女真叶赫部首领卜寨联合乌拉、辉发、哈达及蒙古科尔沁等九部向建州发动进攻。九部联军扎大营于浑河北岸，南向古勒山一带推进。

努尔哈赤闻讯，遂令将士安营扎寨，指授方略，鼓励士气，与联军对峙。同时进行周密的布置：令部将在赫济格城相对的联军必经之地古勒山上，据险设兵；又在入山道路两旁埋伏精兵；在山险要隘处置滚木礌石等器械。确定了居高临下，依险固守，诱敌深入，以期伏兵制胜的作战计划。

交战开始，叶赫部卜寨、那林孛罗连续两天对赫济格城发动攻击，双方损耗极大。在关键时刻，努尔哈赤登上古勒山，派大将额亦都率精骑百人，驰至赫济格城诱战；令守山各军做好攻击准备。

额亦都至赫济格城交战不久，即佯败回退。叶赫卜寨等督队疾驰追杀直至古勒山下，争功而上。他们背对浑河，仰攻古勒山。

古勒山上滚木礌石齐下，建州兵奋力拼杀。卜寨不及躲避被杀，那林孛罗见状昏倒。联军失去主帅，各自夺路而逃。数万联军拥挤于河边沼泽或山间狭途，混乱不堪。蒙古明安贝勒，只身而逃。

努尔哈赤趁机督伏兵四面杀出，联军纷纷落水溺死。建州兵一直将联军追逐至百里之外，至天黑方收兵。在古勒山之战中，努尔哈赤沉着应敌一举获胜，为统一战争的胜利发展奠定了基础。

由于海西女真势力强大，难以迅速征服，努尔哈赤遂采取远交近攻、各个击破的策略。在与明朝深示臣服，与朝鲜、蒙古表示友善的同时，重点拉拢势力较强的叶赫、乌拉二部，与叶赫首领布杨古、锦台失联姻，椎牛刑马为盟，以便逐步孤立哈达部和辉发部。

■ 建州女真所用的短炮

■ 清代铁索甲

经过几年的努力，努尔哈赤达到了完全孤立哈达部和辉发部的目的。1599年，努尔哈赤以背盟为由，灭掉哈达部，擒杀猛格孛罗。随后又以同样理由，消灭辉发部。

海西女真的削弱，使努尔哈赤得以全力进攻东海部。他连续进兵东海，相继征服渥集部的瑚叶路、那木都鲁、绥芬、宁古塔、尼马察、雅兰、乌尔古宸、木伦、西林等路，攻占渥集部东额赫库伦城。东海库尔喀部亦纷纷归附。

1616年，努尔哈赤首次派兵进入黑龙江、精奇里江、牛满河一带的萨哈连地区，攻占52村寨。至1618年，东海各部基本上为其所征服。

当年，努尔哈赤即汗位于赫图阿拉，被推尊为"英明汗"，年号天命。数年之后，努尔哈赤又定国号为后金，表示要恢复女真先世完颜阿骨打的事业。这样，一个新兴的后金政权就在东北地区出现了。

随着东海各部的相继征服，努尔哈赤转兵征讨海西。自辉发部被消灭，海西仅剩叶赫、乌拉二部。努尔哈赤以布占泰背盟负约为由，率军3万人征讨乌拉部，克其6座城池，尽毁其屯寨粮储。又攻克乌拉大城，消灭乌拉部。紧接着，以叶赫部藏匿乌拉部首领布占泰为由，出兵攻击叶赫、克乌苏等19座城寨。

赫图阿拉 中国满洲后金政权都城。又称兴京、黑图阿拉、赫图阿喇或黑秃阿喇，满语"横岗"之意。故址在今辽宁省新宾县。1603年，努尔哈赤始建城堡于此。后来，努尔哈赤建立后金，就定都于此。赫图阿拉故城首创布橼筑城法，开创了大清建都之制，对研究清初历史具有重要意义。

正当努尔哈赤即将消灭叶赫部时，明朝出面干涉后金，并直接出兵驻守叶赫两城。努尔哈赤认为，如果不排除明朝的插足，统一战争就无法进行下去。于是，他从1618年4月开始转兵伐明。

1619年，明朝大军8.8万人，号称47万，云集辽沈。杨镐制订了作战方案，即兵分四路，分进合击，直捣后金政治中心赫图阿拉。

具体部署是：西路以山海关总兵杜松为主将，率兵2万余人，由沈阳出抚顺关，从西南进攻；北路以总兵马林为主将，率军2万余人，合叶赫兵2000余人，出靖安堡趋开原、铁岭，攻其北；南路以总兵李如柏为主将，率兵2万余人，经清河堡、鸦鹘关，从南面进攻；东路以刘总兵为主将，率官军1.5万人，会合朝鲜兵1.5万人，出宽甸攻其东。杨镐坐镇沈阳，居中指挥，限令四路明军于3月初会攻赫图阿拉。

但明军出动之前已经泄密，努尔哈赤得知后迅速做出决策。努尔哈赤正确分析判断敌情，认为明军东、南、北三路道路险远，不能马上到来，遂决定"凭尔几路来，我只一路去"，采取集中兵力、逐个

261

近世时期

安邦定国

杨镐 字京甫，号风筠，商丘，今河南商丘人。明末将领。在萨尔浒之战中，败给努尔哈赤。其后不久辽东北部边防重镇开原、铁岭相继失守，御史杨鹤交章劾奏杨镐，因此下狱，令兵部侍郎熊廷弼代任经略。

■ 清代腰刀和宝剑

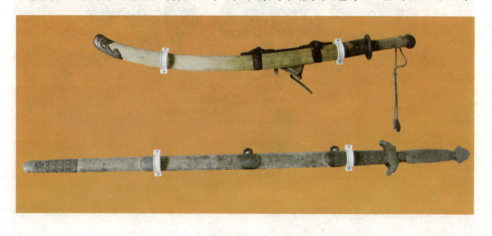

八旗 八旗制度是努尔哈赤于1601年正式创立的，初建时设四旗，分别为黄旗、白旗、红旗和蓝旗。1614年因"归服益广"将四旗改为正黄、正白、正红、正蓝，并增设镶黄、镶白、镶红、镶蓝四旗，合称八旗，统率满、蒙、汉族军队。皇太极为扩大兵源又创建了蒙古八旗和汉军八旗，其编制与满八旗相同。满、蒙、汉八旗共二十四旗构成了清代八旗制度的整体。

■ 女真骑兵

击破的作战方针。他把6万八旗兵集结于赫图阿拉附近，准备首先给予孤立冒进的明西路杜松军以迅雷不及掩耳的打击。

明东路刘军正由宽甸向西开进；北路马林军由开原出发，叶赫军尚未行动；南路李如柏虽已由清河堡出发，但行动迟缓；只有西路主力杜松部进至萨尔浒。杜松分兵为二，以主力在萨尔浒扎营驻守，自率万人攻打吉林崖。

努尔哈赤针对杜松分兵情况，派遣大贝勒代善等率两旗兵力增援吉林崖，截击杜松，使杜松两部不能互援，自己亲率六旗兵力进攻萨尔浒的杜松军主力。

战斗打响后，萨尔浒大营的明军以炮、铳逆击抵挡。努尔哈赤的八旗铁骑奋力冲击，所向披靡，不多时即破其营垒，斩杀了很多明军。

而后，努尔哈赤又驰兵与代善会师，包围进攻吉

林崖的杜松。杜松虽奋力拼杀，无奈寡不敌众，力竭战死，部队溃败。

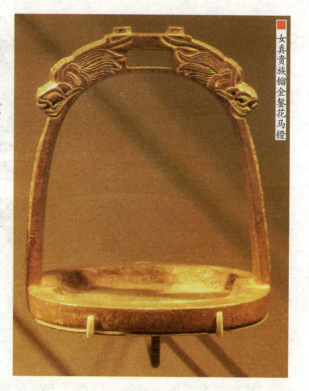

次日，努尔哈赤又挥师攻击进至尚间崖的明北路马林军。当时马林已知杜松被歼，遂在尚间崖一带就地驻扎防御。马林分兵为三，形成牛头阵，互为犄角。

后金军队集中兵力，逐个击破。八旗军奋勇冲击，短兵相接，使明军炮、铳失去威力。明军势不能敌，马林仅带数骑逃往开原，余众大溃。这样，北路明军又告失败。

击败马林后，努尔哈赤立即移兵南下，迎击明朝东路刘军。当时，刘不知西、北路失利，已进军至距赫图阿拉50里的地方。

努尔哈赤亲率4000兵守城，派遣主力设伏于阿布达里冈，另以少数兵卒冒充明军，持着杜松令箭，诈称杜松已逼近赫图阿拉，要刘速进会师。

刘中计，轻装急进，在阿布达里冈遭到后金军伏击，惨败，本人阵亡。然后，努尔哈赤乘势迫降了协同作战的朝鲜军队。

杨镐坐镇沈阳，闻听三路丧师后，急忙传檄李如柏军撤兵。李如柏军在回师途中，为后金的小股哨探所骚扰，军士惊恐逃奔，最后总算逃脱被全歼的命运。

萨尔浒之战是明朝与后金争夺辽东的关键性战役。努尔哈赤从此

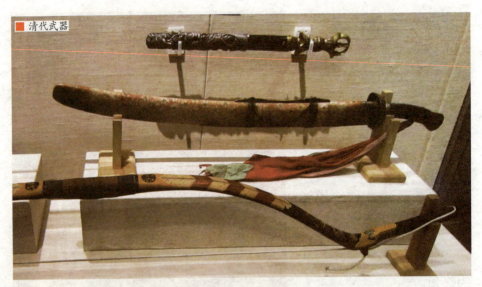
■清代武器

夺取了辽东战场主动权，为日后的进一步发展创造了有利条件。

1619年8月，努尔哈赤亲率大军围困叶赫部东西两座城池，一举攻克，消灭叶赫部。至此，努尔哈赤基本上统一了女真各部。

努尔哈赤的统一战争，结束了女真民族长期分裂混战的局面，顺应了历史的发展，对满族的形成和发展，对东北地区的统一，起到了重要的促进作用。

阅读链接

努尔哈赤出身建州女真的贵族家庭。祖父觉昌安和父亲塔克世，都是建州女真的贵族，被明朝封为建州左卫的官员。

努尔哈赤从小就练习骑马射箭，练得一身好武艺。10岁那年，母亲死去，他的继母待他不好。努尔哈赤不得不离开家庭，和当地小伙伴在一起，在茫茫林海里打猎、挖人参、采松子、捡蘑菇，然后把这些山货带到抚顺去卖掉，挣钱过活。

艰苦的生活锤炼了努尔哈赤顽强的性格，后来，他统一了女真各部，并建立了后金政权。

太平盛世

历代盛世与开明之治

中兴之朝

春秋战国是中国历史上的上古时期。夏商周三个朝代分别代表了中国历史上奴隶制的形成、发展和结束，因此它们是不可分割的。任何一个朝代，不论其经济和文化发展到什么程度，民心始终是第一位的。

夏朝姒少康之所以能复国中兴；商朝的武丁之所以能够开创商朝盛世；西周的成王和康王之所以能使西周强盛，都是因为赢得了人民的拥护和支持。这就是说，朝代兴亡取决于民心的向背。

少康复国中兴

少康逐犬图

　　姒少康是中国夏朝第六代君主，是相的儿子，杼的父亲。姒少康的父亲夏后氏首领姒相被敌对的寒浞派人杀死后，他凭借个人的魅力，广施德政，得到夏后氏遗民的拥护，积累了一定的实力。

　　同时，他在同姓部落斟灌氏与斟鄩氏的帮助下，与夏后氏遗臣伯靡等人合力，以弱胜强，最终战胜寒浞，恢复了夏王朝的统治。

　　这个时期被史家称为"少康中兴"，是中国历史上第一个出现以"中兴"两字命名的时代，对后代社会具有很大的影响作用。

姒少康的父亲相在太康失国后被族人立为夏王，但相因为国家已经被后羿和寒浞占据，就逃往帝丘的同姓诸侯斟寻氏和斟灌氏处避难。寒浞为防止夏的势力复兴，就派人杀死了相。

　　在寒浞清剿夏的势力时，相的妻子后缗氏此时已经怀孕。她为了躲避寒浞的追杀，就逃到娘家有仍氏所在地，生下了遗腹子姒少康。后缗氏把眼泪咽到肚里，把仇恨埋到心底，她决心将姒少康抚养成人。

■ 夏朝象征权力的鼎

　　姒少康得知自己的身世后，极度悲愤，立志复仇兴国。外祖父见姒少康人小志大，满心欢喜，命他在有仍氏族中担任牧官。

　　他恪守本职，做好牧官工作。同时，他利用空闲时间向有智谋的人学习治国方略，向有军事才能的人学习排兵布阵、攻战野战，并积极纠集武人谋士，密切注视杀父仇人的举动。

　　不料，一年夏天，寒浞长子浇打听到了姒少康的下落，便派手下大将椒率兵搜捕姒少康。所幸姒少康事先得到了消息，提前逃离有仍氏住地，躲过了椒的搜捕。

　　姒少康逃至舜的后代有虞氏部落，被有虞氏任用

寒浞（前2041—前1962），姓寒，名"浞"，又名澆，所以史书上也称寒澆。东夷族寒氏，即今山东省潍坊子弟。他不仅杀死了自己的师父，还杀死了他的义父后羿，夺取了有穷国的半壁江山。后来继续穷兵黩武，兴师灭掉了夏朝，使夏朝亡国长达40年之久。

有虞氏 中国古代五帝之一的舜帝部落名称。有虞氏部落的始祖是虞幕，这个部落信奉一种食自死之肉的仁兽"驺虞"为图腾。舜为虞幕的后裔，后来便成为了有虞氏部落首领，受尧帝禅让，登上帝位。

为庖正，负责管理厨房膳食。有虞氏首领虞思见姒少康年轻有为，很具才干，十分欣赏，便将自己的两个女儿嫁与姒少康为妻，又将一处叫作纶的地区划给他做封地。

自此，姒少康拥有了一片肥沃的土地和不少士兵，这些成为他复仇兴国的根据地和武装力量。

姒少康以自己的封地为据点，收抚斟灌氏和斟寻氏被伐灭时逃散的族人，组建、发展武装力量，招揽昔日夏朝官吏旧部，广泛宣扬夏祖先的功德，揭露寒浞、浇等人篡权杀君暴虐天下百姓的罪行，积极争取邦国部落以及平民百姓的支持。

在有仍氏、有虞氏的帮助下，姒少康的势力更为壮大，开始寻机起兵复仇。

姒少康首先暗中派遣谍报人员女艾进入寒浞统治地区，刺探实情。寒浞此时已经死了，其长子浇继承寒浞的位置，把持国政，驻扎在夏朝故都安邑。此人身大力蛮，暴虐百姓，人民无不痛恨。

姒少康率领各邦国及部落的人马，浩浩荡荡杀奔夏朝故都安邑。此时，浇正在王宫中寻欢作乐，忽然听到姒少康大军兵

■ 夏朝的青铜器

临城下，非常震惊，依仗其蛮力负隅顽抗。但最终无力抵抗妫少康大军的进击，被妫少康消灭。

妫少康进入安邑后，在众人的拥护声中，重新登上王位，恢复了夏王朝的统治。

妫少康重建夏王朝统治后，在夏朝的另一旧都阳翟重建都城，出现了较为稳定的政治局面。史家称之为"妫少康复国中兴"，妫少康也被誉为一代中兴之主。

从"太康失国"到"妫少康中兴"，前后共约近百年。在这个过程中，斗争成败的重要原因，在于能否得到人民的拥护。太康失国，是因为他生活奢侈，导致国政荒疏；而妫少康能中兴，则在于他立足纶邑以后，在政治上重视人的因素，军事上重视谋略。

这是妫少康能以弱胜强，重建政权的主要原因。

夏朝青铜矛

阅读链接

传说妫少康在梦中得到神人指点，在山中找到3滴不同的人血，将其滴入泉中，泉水立刻香气扑鼻，品之如仙如痴。因为用了9天时间又用了3滴血，妫少康就将这种饮料命名为"酒"。

因为有了秀才、武士、傻子的3滴血在起作用，所以人们在喝酒时一般也按这三个程序进行：举杯互道贺词，好似秀才吟诗作对般文气十足；第二阶段，酒过三巡，情到胜处，一饮而尽，好似武士般慷慨豪爽；第三阶段，酒醉人疯，似呆傻之人不省人事。

武丁振兴商朝

  武丁是中国商朝第二十三位国王，著名的军事统帅。他也是商朝一位有政治才能的君王大帝，雄才大略，有远大的政治理想。

  武丁在位期间，在丞相傅说、将军妇好等人的共同辅佐下，对内大治，对外征伐。通过几十年的文治武功，使商朝政治、经济、军事、文化得到空前发展，百姓生活安定，四方诸侯宾服，开创了商朝繁盛的局面。同时商朝版图和势力范围扩张，使商朝成为泱泱大国。史称"武丁中兴"。

■ 商王武丁画像

武丁年少之时，父王小乙为了其能成为一个称职的国王，就把他派到外地观省民风，增长见识，锻炼才能。于是，武丁来到黄河两岸，观察当地人民的生活，接触大量的平民和奴隶。有时，武丁还和这些人一起做杂役，参加农业劳动。这些生活体验，使他了解到生活的艰辛和劳动的不易。

■ 商周时期青铜器后母戊鼎

武丁在体验生活时，认识了一个叫傅说的杂役，二人极为投缘。武丁常常在他面前谈起对现实的不满及世道的黑暗，傅说往往就此发表一下自己的见解。武丁发现傅说谈吐不凡，是一个经世济民的奇才。

武丁即位时，根基还不算稳固，但他不甘心让国家就此衰败下去，也不情愿让有识之士傅说无用武之地。于是他使了一计，假托受在太华山接受天帝教诲，给他指点治国之道。

他对群臣说："天帝告诉我，有一个圣人叫傅说，天帝为了磨炼他的意志，把他贬为奴隶，此人能助我兴国。你们速去把他请回。"然后，命人按照他描述的样子画了傅说的画像，又讲述了他所在的地方，限期寻找傅说。

由于武丁善于选拔人才，善于任用人才，所以在

小乙 殷墟甲骨文又称小祖乙、后祖乙、亚祖乙。小乙是庙号。姓子名敛，祖丁之子，小辛之弟。是中国商朝第二十二任国王。在位时让太子武丁去田里耕作，为以后武丁中兴奠定了基础。

祖己 古薛国人。是商代第二十位国王盘庚的侄子，商王武丁时的贤臣。他辅武丁执政，主张修明政事，施德重民。故辅政期间，殷势复兴。祖己在商王朝的发展中，起到过重要作用。

他的身边，就聚集了傅说、祖己等众多名臣。在这些人的共同辅佐下，武丁推行仁德政治，开始施展自己的才能。

武丁重新任命各级官员，将3年来尽忠职守的大臣提拔重用，将擅离职守的大臣贬职放逐，然后公布新的法制。消息传出，举国欢庆。

武丁是一个虚心纳谏的君王。聪明的大臣往往借自然的异变来劝谏君王，都起到了很好的作用。

有一次，武丁祭祀成汤之时，一只野鸡飞到了鼎身上啼叫。在王都的郊外，有一片茂盛的森林，是飞鸟经常栖息的地方。所以，一只野雉飞到太庙中来鸣叫，这本是一件非常自然的事情。但武丁却认为这是一种不祥之兆，害怕会有什么不好的事情发生。

祖己趁机劝谏武丁："请大王不

要担惊，不要害怕。现在，只要你修好政事，励精图治，勤俭节约，一切不祥之兆自会烟消云散。"当时，武丁用来祭祀的祭品太过于丰盛，而祖己却担心他流于奢侈，便劝谏如此一番话。

武丁时期，对周围侵扰商朝的各诸侯国、方国，包括羌方、土方、人方、鬼方、虎方、荆楚等展开了一系列的征讨。此举造成了许多负面影响，比如，浪费了大量的人力、物力和财力，加重了百姓的负担等。

针对这种情况，傅说希望尽量减少杀伐，对已经征服的部族做好管理，并禁止屠杀奴隶，还提出了许多治国兴邦的建议。武丁一一应允。

武丁为了控制广大被征服的地区，就把功臣和臣服的少数民族首

商王武丁妻子妇好塑像

商朝妇好三联甗

回归年 又称"太阳年"。从地球上看，太阳绕天球的黄道一周的时间，即太阳中心从春分点到下一个春分点所经历的时间。现在已经观测和计算出，一个回归年，地球围绕太阳公转的时间是365天5小时48分46秒。

领分封在外地，被分封者称为侯或伯，开了周代分封制的先河。其中，周人的祖先就是在武丁时代被征服并接受了商的封号。

武丁施展治国才干，大力发展农业生产，使农牧业产量大力提高。与此同时，他还严明法律，使一切都井然有序。商王朝人口得到增加，国力逐渐增强。

在武丁的治理下，商王朝自此兴盛起来。至武丁末年，商朝已成为西起甘肃，东到海滨，北及大漠，南逾江汉，包含众多部族的泱泱大国，实际上奠定了秦始皇之前华夏族大体上的疆域。

公元前1192年，武丁去世。在武丁之前，商朝的王位继承以兄死弟继为主，从武丁开始，由他的儿子祖庚继位。此后逐渐确立了父死子继的制度。

武丁开拓了广大的疆域，而商代的科技成就，也从一个侧面反映了武丁时代的不世之功。这些成就有的可能不是武丁时代的成果，但武丁创造了商朝的盛世，这对于当时科技文化的发展具有不可低估的直接或间接作用。

在商朝时，日历已经有大小月之分，规定366天为一个周期，并用年终置闰来调

■ 商代甲骨文

整朔望月和回归年的长度。商代甲骨文中有多次日食、月食和新星的记录。

商代甲骨文中有大致3万的数字，确立了明确的十进制，奇数、偶数和倍数的概念，有了初步的计算能力。

商代掌握了许多光学方面知识并得到应用。商代出土的微凸面镜，能在较小的镜面上照出整个人面。

商代青铜乐器云纹铙

武丁的雄才大略和政治理想不仅体现在对外征伐、文明输出，而且还体现在殷商国内各行业的快速发展，从而造就了一个积极进取，不断开拓的时代。

阅读链接

武丁在体验生活时，有一天对傅说说："假如有一天我能做国王，一定让你做我的近臣。"

傅说说："我们这些奴隶连自由都不敢想，哪还谈得上当国王呢！"

武丁不再说话。

武丁即位后把傅说请来，傅说见国王竟是以前的杂役，不禁大吃一惊。武丁就向傅说讲述了事情的来龙去脉与自己的打算，希望他在出谋划策的同时，能及时纠正自己的错误，以便兴国富民。

傅说听了武丁一席话，感动得热泪盈眶，他表示一生愿为武丁效犬马之劳。

成康强盛西周

中国西周时期，周成王和其子周康王继承周文王和周武王的功业，励精图治，务从节俭，克制多欲，令周公制礼作乐，创立和推行王朝各种典章制度，大规模进行自周武王时开始的分封制，加强对周王朝的统治。

在周成王、周康王相继在位的40余年间，天下安宁，国力强盛，经济繁荣，文化昌盛，社会安定，刑具40余年不曾动用，是西周最为强盛的阶段。被史家称为"成康之治"。

■ 周康王姬钊画像

■ 周公辅政蜡像

周武王灭商居功至伟，他去世后，太子姬诵继立，是为周成王。周成王年幼，就由曾经辅佐周武王的弟弟周公旦代行国政。

周公旦是一个大政治家，依据西周原有的制度，参酌殷礼，有所损益，制定出一套巩固封建统治的制度来，这就是后世儒家所极力称颂和推崇的"周公旦之礼"或"周典"。

周武王的两个弟弟管叔、蔡叔怀疑周公旦将篡夺王位，诋毁周公旦，并和以武庚为首的殷遗民联络，一时朝野流言四起。武庚本人也认为有机可乘，便积极图谋复国。

于是，他们勾结在一起，并纠集了徐、奄、蒲姑和熊、盈等方国部落起兵反周。

周公旦处在内外交困的境地，非常困难。他向周成王解释清楚后，毅然率领军队，进行东征。经过三年的艰苦作战，周公旦杀武庚，黜管蔡，攻灭奄、徐

洛邑 现在的河南省洛阳。西周时期的东都，东周时期的国都，也称成周。当时认为成周位于天下中心，四方贡赋道里均等，又把曾反抗周朝的殷民迁到其东郊，借以控制，所以，洛邑在西周的政治经济中起有重要作用。

等17国，俘商贵族及遗民为俘虏。

为了消弭殷商的残余势力，也为了巩固西周的统治，周公旦首先命令诸侯在伊洛地区合力营建新城，即东都洛邑。洛邑建成之后，把曾经反对周朝的殷遗民迁徙到这个地方，严加控制。同时，周公旦建议周成王实行分封制。

周成王听从周公旦的建议，把奄国封给周公的大儿子伯禽，让他做鲁侯，故都在今山东省曲阜；又封他的外祖父太公吕尚做齐侯，故都在今山东省临淄。这样一来，齐、鲁两大国代替了奄和蒲姑，商朝不能再反叛了。

周召公的儿子封在燕，故都在今河北省易县，后迁都今北京。周成王的弟弟叔虞封在唐，故都在今山西省太原市，后称晋国。当年周武王攻灭商朝时，纣王的庶兄微子启曾抬着棺材到周武王的军队前投降。

武庚死后，周成王把商朝旧都商丘封给微子启，爵位为"公"，国号为宋。宋国附近，实际上还有陈、杞和焦3个国家，这样分封是为了监视宋国。

周成王实行"封土建国"政策，按疆土距京城的远近，把土地及

周公分封诸侯

封诸侯

■ 周文王（前1152—前1056），姓姬名昌，黄帝后裔，季历之子，华夏族人，西周奠基者。商纣王统治时，他被封为西伯，也称伯昌。他治理岐山50年，使岐山的政治和经济得到了极大发展。其子姬发得天下后，追尊他为"周文王"。孔子称周文王为"三代之英"。

土地上的人民赐予分封者。一方面，受封者在所封的土地上握有政治、经济、军事等大权，实行全面的统治；另一方面，受封者要对周天子承担镇守疆土、出兵勤王、缴纳贡赋、随王祭祀等义务。

通过分封，周天子从长远处着眼，利用一级一级的分封制，形成一个统治网；同时，建立了自己的据点，用以抵御北方的少数民族，保护卫国和周国。而这些受封者又都是周朝最重要的贵族，足见周朝初年的大分封，确实有政治远见。

周公旦见西周政权得以巩固，便功成身退，还政于周成王，周朝进入巩固时期。到周成王姬诵在位后期，政治清明，人民安居乐业。

周成王病故后，他的儿子姬钊继位，是为周康王。周康王在老臣召公、毕公陪同下，率领诸侯来到祖庙。两位老臣把周文王、周武王创业的艰辛告诉周康王，告诫他要节俭寡欲，勤于政事，守住祖先的基业。周康王一一记下，决心不负众望，把国家治理好。

周康王继续推行周成王在位期间所实行的国策，再接再厉，使经济得到更大的发展，国库丰裕，人民安居乐业，社会安定团结，到处呈现一派升平盛世的景象。生活好了，犯罪案件也少了，可以说是路不拾遗、夜不闭户。

所有这些，跟周康王的努力是分不开的。

周康王在位时，西北方的犬戎兵经常对边境进行侵扰，给周朝带来极大的损失和威胁。为了使国家长治久安，周康王果断做出了发动征伐鬼方战争的决定。

这次决定是经过一番谨慎的考量和充分的准备的。一方面国内政治稳定，经济繁荣，综合国力不断上升；另一方面，军队经过治理整顿，战斗力大大提高，发动这样一场战争已经是胜券在握了。于是，周康王命得力将领率领大军进攻犬戎。

经过两次大规模的作战，战斗力已经大大增强的周军取得决定性的胜利，歼灭敌人4800多人，俘获1.3万多人，并缴获大量车马和牛羊等战利品，使边境在很长的一段时间内得到安定。

从周朝开始，进行境内各个民族与部落的不断融合，在这期间，逐步形成了华夏族，成为现代汉民族的前身。在当时，还有其他少数民族如夷族、蛮族、越族、戎狄族、肃慎族、东胡族等，也都加入到融合的行列中。

周成王在周公旦的辅佐下与其子周康王，将文王、武王时的一些好传统继承下来，西周的奴隶制进一步巩固，王权进一步加强。同时，文化昌盛，社会安定，据说刑具40年间不曾用过。

阅读链接

周成王小的时候，有一天，他和与自己感情非常好的小弟弟叔虞在宫中的一棵梧桐树下一块儿玩耍。

忽然，一阵秋风吹来，梧桐树上的叶子纷纷飘落。风过后，地上留下了许多梧桐叶。

周成王一时兴起，便从地上捡起一片梧桐叶，用小刀切成一个像当时大臣们上朝时手中所持的"圭"，并随手将它送给了叔虞，以玩笑的语气对他说："我要封给你一块土地，喏，你先把这个拿去吧！"

周成王执政以后，实现了诺言，将叔虞册封于唐地。

治世盛景

　　秦汉至隋唐是中国历史上的中古时期。秦汉帝国与隋唐帝国的终始，间隔1100余年。其间延续较长的王朝，都会在其早期出现一次"治世"。作为封建盛世的典范，它们表现出了一致的特征：百姓富庶，社会经济高度繁荣；文治兴盛，文化繁荣。

　　这些现象以惊人相似的面貌在不同时期显现，如果从"一般"的角度予以审视与考察，不难从中发现某种"必然"的东西。事实上，荣辱皆因统治者之手而生！

西汉文景治世

西汉王朝建立之初，经济萧条，其统治者吸取秦灭的教训，减轻农民的徭役和劳役等负担，注重发展农业生产。西汉王朝建立后，统治者着力于恢复农业生产，稳定统治秩序，收到了显著的成效。

汉文帝和汉景帝相继即位后，又在这基础上进一步采取了轻徭薄赋，与民休息的政策，使生产日渐得到恢复并且迅速发展，汉王朝的物质基础大大增强，人民的生活水平得到了很大程度的提升。是中国历史上经济文化发展水平最高的时期。史称"文景之治"。

■汉文帝刘恒画像

汉初统治者坚持黄老之学"赏罚信"的思想，主张严格执法，即使皇帝也不得犯法。汉文帝就是一位不以个人意志破坏法律规定而循守成法的皇帝。

一次，汉文帝出行中路过渭桥，有人从桥下走出，使汉文帝乘车的马受惊而跑。廷尉判处此人罚4两金。汉文帝要求处死。

张释之向汉文帝说："法律是天子和天下人共同制定的，如果我们轻易地改变法律，就会使人们对法律失去信任，不知怎样做才对。"汉文帝最后表示廷尉做得对。

汉文帝最重要的改革是废除对受审者肉体上的处罚，改革刑制。这一刑制的改革，在中国法制史上的意义是重大的，它是中国古代刑制由野蛮阶段进入较为文明阶段的标志。

这一改革，为刑制向笞、杖、徒、流、死这一"五刑"的过渡奠定了基础。

汉代在军事重镇或边地要塞，都设关卡以控制人口流动，检查行旅往来。出入关隘时，要持有"传"，即通过关卡的符信，也就是凭证，方可放行。

公元前168年，汉文帝取消出入关的"传"，从而有利用于商

汉文帝（前202—前157），刘恒，汉高祖中子，母薄姬，汉惠帝之庶弟。汉代第五位皇帝。谥号"孝文皇帝"，庙号太宗，葬于霸陵。信奉黄老之学，在位时稳定汉初封建统治秩序，恢复水利发展经济，开创"文景之治"。

■ 西汉长信宫灯

品的流通和各地区间的经济联系，对于农业生产的发展也有一定的促进作用。

为了吸引农民归农力本，汉文帝以减轻田租税率的办法，改变背本趋末的社会风气，用来激发农民的生产积极性。

公元前178年和公元前168年，汉文帝曾两次"除田租税之半"，即租率由"十五税一减为三十税一"，即纳三十分之一的税，13年免去全部田租。

自此以后，"三十税一"成为汉代定制。算赋也由每人每年120钱减至每人每年40钱。另外，成年男子的徭役减为每3年服役一次。这样的减免，在中国封建社会史上是独一无二的。

公元前158年，汉文帝下令，开放原来归属国家的所有山林川泽，准许私人开采矿产，合理利用和开发渔盐资源，从而促进了农民的副业生产和与国计民生有重大关系的盐铁生产事业的发展。

公元前168年，号称"智囊"的太子家令晁错向汉文帝建议入粟拜爵，并在他的《论贵粟疏》中宣传此思想，这一套思想非常符合汉文帝时期充实国力的目的。

汉文帝采纳了这个建议，

算赋 秦汉时政府向成年人征收的人头税。创于商鞅。这种作为军赋征收的人头税，在秦时或称口赋。公元前203年，汉高祖刘邦下令，确定十五岁以上到五十六岁出赋钱，每人一百二十钱为一算，是为算赋，东汉时称口算，从此成为定制。

■ 汉景帝刘启画像

采取公开标价卖爵的办法来充实边防军粮。入粟拜爵办法的实行，使农民的处境暂时有所改善，而晁错的《论贵粟疏》也被后世广为传诵。

由于汉文帝采取了上述的方针和措施，使当时社会经济获得了显著的发展，统治秩序也日臻巩固。西汉初年，大的侯封国不过万家，小的五六百户；至汉文帝和汉景帝时期，流民还归田园，人口迅速繁息。列侯封国大者至三四万户，小的也户口倍增，而且比过去富裕多了。我国古代社会开始进入治世。

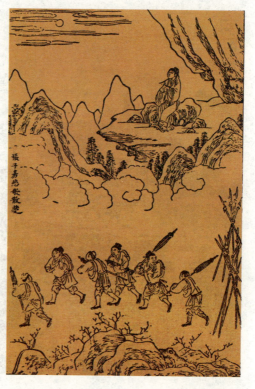

■ 西汉人远行图

公元前157年，汉文帝驾崩。汉文帝的长子刘启即位，是为汉景帝。

汉景帝除了支持李广等边将对匈奴抵抗，及维持和战之外，还采取了一些措施，为以后汉武帝时期匈奴问题的彻底解决做了很多准备工作。

汉景帝执行黄老无为而治的政策，采取了一系列行之有效的措施。允许居住在土壤贫瘠地方的农民迁徙到土地肥沃、水源丰富的地方从事垦殖，并"租长陵田"给无地少地的农民。

同时，还多次颁诏，以法律手段，打击那些擅用民力的官吏，从而保证了正常的农业生产。他曾两次

晁错（前200—前154），颍川，即今河南省禹县人。是西汉文帝时的智囊人物，后历任太常掌故、太子舍人、博士、太子家令、贤文学。在教导太子中受理深刻，辩才非凡，当时被太子刘启尊为"智囊"。后因七国之乱被腰斩。

下令禁止用谷物酿酒，还禁止内郡以粟喂马。

公元前155年，汉景帝又下令推迟男子开始服徭役的年龄3年，缩短服役的时间。这一规定一直沿用至西汉昭帝时代。

汉景帝在法律上实行轻刑慎罚的政策：其一，继续减轻刑罚，如前所述，对汉文帝废肉刑改革中一些不当之处的修正；其二，强调用法谨慎，增强司法过程中的公平性；其三，对特殊罪犯给予某些照顾。

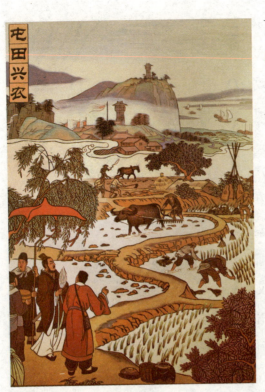

■ 西汉屯田兴农图

汉景帝时期，由于社会经济的恢复及发展已达到相当的程度，所以统治阶级上自汉景帝，下至郡县官都逐渐重视文教事业的发展；当时在教育领域中最突出的就是文翁办学。文翁首创了郡国官学，对文化的传播起了重要作用。

汉景帝一面弘扬文教礼仪，一面又打击豪强。为了保证上令下达，汉景帝果断地采取了多项措施。

重要的有两项：一是在修建阳陵时，效法汉高祖迁徙豪强以实关中的做法，把部分豪强迁至阳陵邑，使他们宗族亲党相互分离，削弱他们的势力，以达到强干弱枝的目的；二是任用酷吏，如郅都、宁成、周阳等，严厉镇压那些横行郡国、作奸犯科者，收到了

文翁 名党，字仲翁，庐江舒人。汉景帝末年为蜀郡守，他在职期间，兴教育、举贤能、修水利，政绩卓著。为纪念文翁，庐江县建乡贤祠，首立文翁崇祀，以启后贤；舒城县将原文冲小学改名为文翁小学，原枫香树中学改名为文翁中学。

杀一儆百的功效，使那些不法豪强、官僚、外戚等人人股栗，个个慑恐，其不法行为大大收敛，这便局部地调整了阶级关系，有利于社会的发展。

上述措施的推行，进一步促进了社会经济的稳定和发展。人口翻番，国内殷富，府库充实。

据说，汉景帝统治后期，国库里的钱堆积如山，串钱的绳子都烂断了；粮仓满了，粮食堆在露天，有的霉腐了。但是，文景时期社会经济的发展，又带来了贫富悬殊的分化。这种状况，既为后来汉武帝实施"雄才大略"提供了雄厚的物质基础，又给西汉中期带来了新的社会问题。

公元前141年正月，汉景帝患病，病势越来越重，他自知不行了，于是病中为太子主持加冠，临终前，对刘彻说："一个人不但要知人、知己，还要知机、知止。"

■ 古代耕作蜡像

■ 西汉历史故事图

汉景帝似乎已经感觉到儿子有许多异于自己的品质，把天下交给他是放心的，路还是让他自己走吧，多嘱咐也无益。汉景帝太累了，去世时仅仅48岁。

汉文帝和汉景帝顺应历史发展，采取与时代相应的统治政策，符合当时社会的发展状况，因而促进了政治和经济的进步，出现了中国历史上前所未有的繁荣局面。

阅读链接

汉文帝时，齐太仓令淳于公犯了罪，因为他做过官，所以要押解到长安去受刑。

淳于公幼女缇萦非常悲痛，便随父到长安，上书文帝，说："臣妾愿意入官府为奴婢，来抵赎父罪。"

汉文帝看了信，觉得小姑娘说得也很有道理，便召集制定法律的官员，要他们用别的刑罚来代替肉刑，后来就改为以打板子来代替肉刑。

对汉文帝废除肉刑，后世有许多评说，大多是认为出于"悲怜"缇萦，体现了文帝的"德政"。

汉武帝开创盛世

汉武帝是汉朝第七位皇帝，身为雄才大略的政治家，他的时代所产生的政治思想与规划，在历史上留下了深刻的影响。他在位期间，励精图治，对内广揽人才，发展经济；对外征伐四夷、开通西域，使汉王朝走向鼎盛，并且政治、经济、军事、文化及哲学都有相当程度的发展。西汉帝国以其精神文化和物质文化的辉煌成就成为东方文明的骄傲，在林立于世界的不同文化体系之中居于领先的地位。

汉武帝刘彻画像

汉武帝时代的政治体制、经济形式和文化格局，对后世皆留下相当重要的历史影响。后世称之为"汉武盛世"。

■ 汉武帝与大臣商
谈国事蜡像

主父偃（？—
前126），汉武
帝时大臣。临
淄，即今山东临
淄人。他出身较
贫寒，早年时学
长短纵横之术，
后学《易》《春
秋》和百家之言。
他曾做过谒者、
中郎、中大夫，
后被汉武帝破格
任用。并向汉武
帝提出了"大一
统"的政治主张。

公元前140年，年仅16岁的刘彻即位，他就是中国历史上赫赫有名的汉武帝。公元前113年，汉武帝以当年为元鼎四年，并追改以前为建元、元光、元朔、元狩，每一年号六年。他是中国历史上第一位使用年号的皇帝。

汉武帝即位之初，在继续推行汉景帝各项政策的同时，采取了一系列强化中央集权的措施。

为了加强中央集权，汉武帝接受主父偃的建议，允许诸王将自己的土地分给子弟，建立较小的诸侯国，即"推恩令"。这样，就使原来独立的地方王国自动地将权力上交给了国家。

此后，地方的王与侯仅仅享受物质上的特权，即享用自己封地的租税。但是没有了以前的政治特权。他还一次性削去了当时一半的侯国，从而奠定了大一统的政治格局。这种做法，成为此后两千年间中华帝国制度的基本范式。

在军事方面，主要是集中兵权，充实了中央的军事力量；改革兵制。后又派卫青和霍去病出击匈奴，使北部边郡得以安定。他还以武力平定四方，大幅开拓领土。

如三越、西南夷、朝鲜半岛北部和西羌等地，成为西汉领土的一部分，而倭奴国、朝鲜半岛南部和东南亚等地，也开始与西汉有文化上的交流和商业上的往来。

公元前140年，汉武帝欲联合大月氏共击匈奴，张骞应募任使者。张骞通西域，虽然起初是出于军事目的，但西域开通以后，它的影响，远远超出了军事范围。

从西汉的敦煌，出玉门关，进入新疆，再从新疆连接中亚细亚的一条横贯东西的通道，再次畅通无阻。这条通道，就是后世闻名的"丝绸之路"。

"丝绸之路"把西汉同中亚许多国家联系起来，促进了它们之间的政治、经济和军事、文化的交流。

在思想方面，汉武帝采纳董仲舒"罢黜百家，独尊儒术"的建议，使儒学成为

卫青（？—前106），字仲卿，汉族，河东平阳，即今山西省临汾市人。西汉武帝时大司马大将军。谥号"烈"。他战法革新始破匈奴，首次出征就打破了自汉初以来匈奴不败的神话，曾七战七胜，为北部疆域的开拓做出了重大贡献。

■ 张骞去西域图

■ 董仲舒（前179—前104），是西汉一位与时俱进的思想家、儒学家，西汉时期著名的唯心主义哲学家和今文经学大师。汉景帝时任博士，讲授《公羊春秋》。他把儒家的伦理思想概括为"三纲五常"，汉武帝采纳了董仲舒的建议，从此儒学成为官方哲学，并延续至今。其教育思想和"大一统""天人感应"理论，为后世封建统治者提供了统治的理论基础。其"罢黜百家，独尊儒术"主张，对中国文化的影响尤其深远。

了中国社会的统治思想，大力推行儒学，在长安设太学。

儒家学说成为中国封建统治正统思想，一直延续了2000多年，对后世中国政治、社会、文化产生了深远的影响。但是也有弊端，就是不利于思想多元化的发展。

在经济方面，汉武帝致力于重农轻商，整顿财政，征收商人资产税，大力打击奸商；又采取桑弘羊建议，将冶铁、煮盐收归官营，禁止郡国铸钱，统一铸造五铢钱；设置平准官、均输官，由官府经营运输和贸易，大大增强了国家经济实力。

同时，兴修水利，移民西北屯田，实行"代田法"，有利于农业生产的发展。在经济方面还有一条重要的举措，就是将当时的货币进行统一。

汉武帝还取消郡国铸币的权力，改由中央朝廷铸造，另外，发行新的货币，名"五铢钱"，使仿铸者无利可图。之后立五铢钱为全国唯一合法流通的货币，垄断造币的原料和技术，从而一扫私人铸币之风。

西汉文化建设在汉武帝时代取得重大突破。汉武

代田法 西汉武帝时期赵过推行的一种适应北方旱作地区的耕作方法，即在同一地块上作物种植的田垄隔年代换。赵过在用地养地、合理施肥、抗旱保墒、光能利用、改善田间小气候诸方面多建树，是后世进行耕作制度改革的先驱和祖师。

帝能够以宽怀之心，广聚人才，给予他们文化发挥的宽阔舞台，诱使他们充分表现自己的文化才干。

汉武帝以独异的文化眼光，使很多人才不致埋没。比如公孙弘、董仲舒、司马迁、司马相如、东方朔、李延年、张骞、苏武、卫青、霍去病等，都在历史上留有盛名。

正是由于汉武帝身边聚集了各种不同类型的人才，因此形成了历史上引人注目的文化盛况。

汉武帝曾经认真反思过去自己施政的所作所为，他利用远征军失利的时机发表了著名的轮台之诏，不再奉行穷兵黩武的政策，使西汉国势得以避免恶化。

汉武帝创造了六个第一：第一个用儒家学说统一思想；第一个创立太学培养人才；第一个大力拓展中

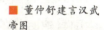

■ 董仲舒建言汉武帝图

汉武帝塑像

国疆土；第一个开通西域；第一个用皇帝年号来纪元；第一个用罪己诏形式进行自我批评。正是由于这些功绩，西汉进入鼎盛时期，也是中国封建时代的第一个盛世。

汉武帝在位54年期间，励精图治，对内广揽人才，创设制度，发展经济；对外征伐四夷、开通西域，从而使汉王朝走向鼎盛。

汉武帝建立了一个国家前所未有的尊严；他给了一个族群挺立千秋的自信；他的国号成了一个伟大民族永远的名字。

阅读链接

据民间传说，天上的王母娘娘见汉武帝喜欢求仙访道，十分虔诚，心里头很高兴。

农历七月初七这天晚上，汉武帝又到承平殿祭祀供奉的神仙，这时有青色的鸟从西方飞来，落在承平殿里。当时有个奇人名叫东方朔，一看就说这是青鸟，是西王母的使者。

汉武帝一听，又惊又喜，天天拜神仙求神仙保佑。

王母娘娘对汉武帝虔心敬神十分欢喜，于是当面就许给他开疆扩土、文治武功、江山一统的功业，保佑他江山永固。从那以后，汉武帝果然是成就了大业。

西晋武帝太康之治

西晋武帝司马炎是晋朝开国君主。他吸取教训，厉行节俭，虚心纳谏，用人唯贤，采取一系列经济措施以发展生产，并废屯田制，颁行户调式，包括占田制、户调制和品官占田荫客制；劝课农桑，兴修水利，使得民和俗静，家给人足，牛马遍野，余粮委田。

与此同时，他还大力发展文化事业，弘扬民族文化，颁行《泰始律》。

建国之初，社会民生富庶，人民安居乐业，经济文化繁荣，出现了四海平一，天下康宁的景象，史称"太康之治"。

■ 晋武帝塑像

■ 西晋青釉薰炉

百戏 是古代民间表演艺术的泛称，秦汉时已经出现，汉代称"角抵戏"。包括找鼎、寻橦、吞刀、吐火等各种杂技幻术，装扮人物的乐舞，装扮动物的"鱼龙曼延"及舞蹈和器乐演奏与带有简单故事的"东海黄公"等，是综合性娱乐节目。

265年，司马昭病死，司马炎继承了相国晋王位，登上帝位，改国号为晋，史称为"西晋"，司马炎就是西晋武帝。使用的年号依次是泰始、咸宁、太康和太熙。

执政之初，为了完成消灭江南东吴政权统一全国大业，晋武帝在战略上做了充分准备。

在此之前，他就派羊祜坐守军事重镇荆州，采取了"以善取胜"的策略，向吴军争取军心。时机成熟后，迅速发兵，六路大军直指江南。

由于西晋武帝准备充分，时机恰当，战略正确，前后仅用了4个多月，便夺取了灭吴战争的全部胜利，东吴的全部郡、州、县，正式并入西晋版图。

全国统一后，西晋政治上趋于安定，但由于多年战争的创伤，老百姓生活依然很艰苦。西晋武帝总结前代亡国的教训，认为曹魏朝廷束缚、防范宗室，导致皇帝孤立无援。

为了捍卫皇室，他实行五等封爵之制，把大批同宗的叔侄弟兄封作王。即位之始一次封王27人，以后又陆续增封，总计达57王，并允许诸王自选王国内的长吏。宗王出镇是西晋武帝加强宗室权势的重要措施，对以后西晋的政局影响极大。

西晋武帝由于凭借朝臣、士族的支持，才得以建立西晋政权，所以对拥戴有功的大臣和世家大族极力照顾。

他杂糅上古及汉代"三公"的名目，在中央朝廷设置品级极高的太宰、太傅、太保、太尉、司徒、司空、大司马、大将军等职，号称"八公"，成为历史上鲜见的因人设官的典型。

西晋立国之初，年富力强的西晋武帝雄心勃勃，意欲有所作为。他先后颁布过一些旨在移风易俗、革除前朝弊政的措施。

撤销对曹魏宗室和汉朝宗室的督军，宣布解除对他们的禁锢；罢除曹魏朝廷对出镇和出征将士留取人质的法令；恢复被曹魏废止的谏官制度，开直言之路；提倡节俭。

削减各郡国朝廷对皇室的贡调，禁止乐府排演开支较大的靡丽百戏，停止有司制作各种游戏田猎的器具。

■ 司马昭（211—265），字子上，河内温，即今河南省温县人。三国时期曹魏权臣，西晋王朝奠基人之一。司马昭继承父兄权力，弑魏帝曹髦，彻底控制了曹魏政权。其子司马炎称帝后，追尊司马昭为文皇帝。有著名的成语"司马昭之心，路人皆知"。

西晋武帝在用人方面尽量不计旧怨，起用某些原属于曹魏集团的官吏。太常丞许奇的父亲许允因参与魏主废黜司马师的密谋，事泄被杀。

西晋武帝认为许奇有才，不顾别人反对，把他提

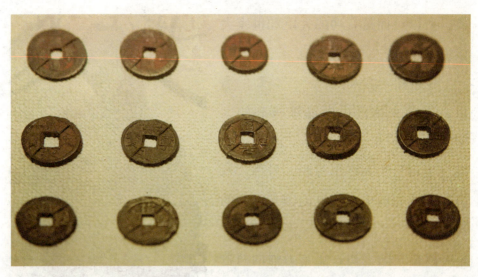

■ 西晋时期的钱币

祠部 官署名。东晋设祠部尚书为主官，掌祭祀之事。南北朝沿设，除祠部一曹外，也兼辖他曹，内容颇杂。隋改部名为礼部，辖四曹，即礼部、主客、膳部，余各曹分归兵部、工部。从此祠部成为礼部所属机构，明、清改称祠祭司，祠部又为礼部司官的习称。

升为祠部郎。以后，他还选用了一批原在蜀汉朝廷任职的人，其中包括著名的学者谯周和文立等人以及诸葛亮的孙子诸葛京。

为了恢复经济，发展生产，西晋武帝颁布了西晋基本经济和财政制度户调式，包括占田制、户调制和品官占田荫客制三项内容。

占田制就是让每个农民都可以合法地去占有应得的田地；户调制即征收户税的制度；品官占田荫客制是一种保障贵族、官僚们经济特权的制度，同时也有为贵族、官僚们占田和奴役人口的数量立一个"限制"的用意，以制止土地无限制地兼并和隐瞒户口的情况出现。

户调式制度是从一定程度上，用行政的手段使大量的流动、闲散的人口安置到土地，使他们从事农业生产，这对于稳定社会秩序，促进社会经济的恢复与发展起到了积极作用。

西晋武帝很注意开垦荒地，兴修水利。如在汲郡开荒5000多顷，郡内的粮食很快富裕起来，又修整旧陂渠和新开陂渠，对于灌溉和运输起到了很重大的作用。

西晋武帝还采取一些措施增加中原地区的人口。

他下令，17岁的女孩儿一定要出嫁，否则要由官府代找婆家。灭蜀之后，招募蜀人到中原，应召者由国家供给口粮两年，免除徭役20年。灭吴后，又规定吴国将吏北来者，免徭役10年，百工和百姓免徭役20年。

西晋武帝还命人完成了《泰始律》。这是中国封建社会中第一部儒家化的法典，在实行中起到了缓和阶级矛盾和统治阶级内部矛盾的作用，巩固了封建统治。《泰始律》在中国法律发展史上有着很重要的地位，是中国古代立法史上由繁入简的里程碑。

由于西晋武帝采取了这样一系列强有力的经济措施，从而使农业生产逐年上升，国家赋税收入逐年充裕，人口逐年增加，仅平吴之后不到三年时间，全国人口就增加了130多万户，出现了"太康繁荣"的景象。

西晋武帝在位20多年。他曾为经济、文化的发展做出了突出的贡献。

青瓷执物俑

青瓷褐彩龙首壶

但是，受时代的影响，他在政治制度上基本上沿用了汉代以来的分封制，严重地削弱了中央集权的巩固。再加上他晚年生活奢侈腐化，宫中姬妾近万人，上行下效，各级官吏不理政事，斗富成风，奢侈之风盛行，最后引发司马氏同姓王之间争夺权力的"八王之乱"，加速了西晋王朝的灭亡。

"太康繁荣"的盛景很快失去了昔日的光彩，但它作为一段短暂的历史，记入了中华民族历史的画卷。建兴五年（317年）西晋灭亡后，司马睿在建康重建晋廷，为晋元帝，史称东晋。但晋廷稳定后大量引用侨姓世族（原北方世族），使得侨吴世族在政治及经济上的冲突仍在。加上世族对寒族歧视、与朝廷分庭抗礼；中央与方镇对立及野心家的崛起，使得东晋一朝始终动荡不安。

阅读链接

西晋武帝在统治后期，原来很节俭的他追求起了奢靡的生活，开始丧失了进取心。

据说这时他的后宫美女人数竟达万人。美女多得让司马炎无所适从，只好想了个办法，用羊拉着辆车，自己坐在车上，任凭羊在宫中漫游，羊停在哪个宫女门前，他便住在哪儿。

那些一心想讨皇上欢心的宫女们，把竹叶插在门前，以此来诱惑拉着皇帝的羊儿在自己门前停下来。

西晋武帝纵欲生活不仅透支了健康，55岁就死掉了，而且导致后来"八王之乱"等，司马氏几乎被斩尽杀绝。

南朝宋文帝元嘉之治

南朝宋文帝刘义隆统治时期，是中国南北朝时国力最强盛的历史时期。宋文帝在位期间，继续实行刘裕的治国方略，在东晋义熙土断的基础上清理户籍；下令劝课农桑，奖励垦荒，采取减轻农民负担政策，免除百姓所欠朝廷"通租宿债"，发展生产，实行劝学、兴农和招贤等一系列措施。

同时采取抑制豪强，使战争减少，百姓得以休养生息，经济得以恢复，文化得以繁荣，人民的生产和生活出现了安定局面。史称"元嘉之治"。

■ 宋文帝刘义隆画像

南朝花鸟窝形铜器

屯骑校尉 官名。汉武帝置。八校尉之一。掌管骑兵。所属有丞及司马，领兵七百人。东汉时属北军中候，校尉秩为比二千石。魏、晋、南朝及北朝魏齐均置，属领军将军，北齐时属左右卫府。隋不置。

徐羡之 字宗文。南朝宋东海郯人。历官琅琊内史、吏部尚书、丹阳尹、尚书仆射。宋武帝逝世后传位长子刘义符，是为宋少帝，遗诏谢晦、傅亮、徐羡之、檀道济4位大臣辅政。后被宋文帝以废君弑君之罪下诏治罪，徐羡之遂自杀。

南朝宋武帝刘裕病死后，太子义符继位，因他游戏无度，被辅政的司空徐羡之、中书令傅亮、领军将军谢晦于424年5月废黜，迎立刘义隆为帝，这就是宋文帝，年号元嘉。

宋文帝刘义隆是精明能干的人。他14岁被封为宜都王，住在江陵，把封地内的大小事情都管理得井井有条，因此很有声望。他做皇帝那年，只有18岁，已经懂得如何治理国家了。

他下定决心，有朝一日，非除掉徐羡之、傅亮、谢晦3个大臣不可，为哥哥报仇。表面上，宋文帝却给这3位大臣加官晋爵，充分信任，大事小情，同他们商量。

3位大臣对宋文帝开始就存在戒心，怕他为死去的义符复仇，也是处处留神，并做好了精神准备和军事准备。他们密谋让谢晦坐镇荆州，一旦京城有变，马上发兵进京。

但后来他们并没能看出新皇帝对他们有半点加害之心，反而觉得皇帝信任他们，于是渐渐放了心。

宋文帝表面很信任3位大臣，暗中却积极地调兵遣将，做扫除他们3人的准备。他先把亲信王华、王昙调任皇帝的近侍宫侍中，又调亲信道彦之从襄阳到京都任中领军，掌管宫中禁军，并且让道彦之与谢晦结交成朋友。又把谢晦的大儿子世休封为秘书郎，留在皇宫之中。

　　一天深夜，傅亮正在睡梦中，忽然有人在窗外告诉他，如果皇帝诏请入宫，千万不要去，说完迅速离开。天亮以后，果然传来皇帝请傅亮、徐羡之入宫的手谕。

　　傅亮对来人说："老臣的夫人病重，待服药后就去内宫。"

　　来人走后，傅亮即刻派人通知徐羡之，他自己骑着马逃出城去。

　　宋文帝闻听傅亮下落不明，便给屯骑校尉郭泓下了死命令。郭泓领兵追杀傅亮，结果在他为二哥傅迪修造的墓中束手就擒，第二天便被处死。

　　徐羡之得到傅亮的家人告密，匆匆骑着马往城外跑，跑到郊外的树林时，发现后面来了追兵，知道逃不掉了，便停了马，解下腰带，在一棵树上吊死了。这位帮助刘裕打天下的开国元勋，就这样结束了自己的一生。

　　在江陵握有兵权的谢晦得知消息，勃然大怒，忙给

■ 宋武帝刘裕（363—422），字德舆，小名寄奴，彭城县绥舆里，即今江苏省铜山人。曾两度北伐，收复洛阳、长安等地，功勋卓著。卓越的政治家、改革家、军事家。刘宋开国之君。他执政期间，抑制豪强兼并，轻徭薄赋，改善了政治和社会状况。他对江南经济的发展，汉文化的保护发扬有重大贡献，被誉为"南朝第一帝"。

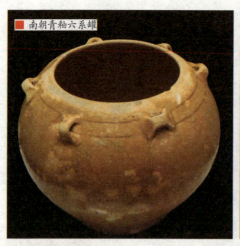
南朝青釉六系罐

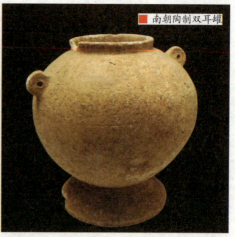
南朝陶制双耳罐

好友檀道济和道彦之送信，让他们起兵配合，一起讨伐宋文帝。檀道济和道彦之复信，表示同意做内应。

其实，这是宋文帝的一步棋而已，谢晦自然蒙在鼓里。几天之后，谢晦也被抓住处死。

清除了3位重臣，宋文帝掌握了国家大权。他认为，国家稳定的关键，是让农民有地种，有饭吃，这样他们才不会起来造反，自己的皇位才能坐得稳。

在当时，农民很穷，欠的官债不少，连种子也买不起。宋文帝宣布，农民欠朝廷的租税一律减半等秋后收了粮食再交。到了秋天，他看到农民交了欠租以后，第二年播种又要发生困难，就再次宣布所欠的租税一概免除，但以后要好好生产，不许继续欠账。

农民听到减免租税的命令，高兴极了，生产的劲头更足了。接着，宋文帝又下令给全国官吏，叫他们带领农民好好耕种。农民缺少种子的，朝廷要借给他们。如果哪里生产搞得不好，就要处分官吏。

宋文帝还亲自带领文武大臣去京郊耕田锄地，给大家做出榜样。农民看皇帝重视农业，都努力开荒种地，战乱中被破坏的农业生产，很快得到了恢复。

农业生产虽然恢复了，但是有的地方还免不了要闹灾荒。宋文帝对救灾的事情很关心。

有一年，江南闹旱灾，水稻种不上，宋文帝下令改种比较耐旱的麦子。又有一年，丹阳、淮南、吴兴、义兴一带闹水灾，田地被洪水淹没，农民没有饭吃。宋文帝下令从朝廷的粮仓里拨出几百万斛米，用船运到灾区，救济灾民。

当时的很多地主常常利用灾荒吞并农民的土地，使农民成为他们庄园里的农奴。于是，宋文帝又经常下令清查户口，把农民和他们的土地登记在朝廷的户籍册上，防止大地主侵吞。

同时，土地多的，要向朝廷多交租税，这不仅增加了国家的收入，也使租税不至于平均摊给土地少的农民，相对地减轻了他们的负担。

宋文帝为了贯彻执行所制定的政策，他很重视官员的选拔。他派有能力的人到地方去做官，对于贪官污吏严加处分。

宋文帝对贪官污吏毫不客气地予以惩办。南梁郡太守刘遵考，是宋文帝的堂叔，他在南梁郡做太守的时候，当地发生特大旱灾，他不但没有采取措施拯救灾民，还乘机侵吞朝廷拨来的救灾粮。

宋文帝得知刘遵考这种不法行为后，不徇私情，

■ 青瓷龙柄鸡首壶

南梁郡 383年11月，在寿阳，即安徽省寿县置南梁郡，撤销寿阳县，置睢阳，即今河南省商丘，兼郡治，属豫州。南梁郡领睢阳、蒙、虞、谷熟、陈、义宁、新汲、宁陵、阳夏、安丰、义昌12个县。378年，南梁郡改属豫州。413年，南梁郡去"南"字叫梁郡。

陶渊明画像

果断地免去了他的官职，给了他应得的处分。

宋文帝的举措，使得社会经济逐渐繁荣起来。宋文帝在位30年，他诛杀权臣，修明政治，压抑豪强兼并，清理户籍。

"元嘉文学"更是中国文学史上大书特书的时代，有谢灵运、鲍照、陶渊明等群星照耀；武将赫赫，如檀道济和道彦之等辈，横槊跃马，皆为中国战争史上不可多得的英豪人物。

宋文帝在位期间，宋国境内政治、经济、文化均得到较大的发展，是东晋南北朝国力最为强盛的历史时期，史称"元嘉之治"。

阅读链接

檀道济立功数朝，威名日重，左右心腹都是百战之将，他的几个儿子又多具才气，引起了朝廷的猜忌。

当时，宋文帝久病不愈，掌朝的彭城王刘义康及领军将军刘湛担心宋文帝晏驾后，难以钳制檀道济，便向宋文帝屡进谗言，劝其尽早除掉檀道济。

436年，檀道济奉诏回京时，刘湛和刘义康假托王命，以收买人心、图谋不就之名捕杀檀道济，同时被害的还有他的11个儿子。

隋文帝开皇之治

　　隋文帝杨坚是中国隋朝开国皇帝。他在位期间，励精图治，发展生产，倡导节俭，废除了不必要的杂税并设置谷仓储存食粮，成功统一了严重分裂数百年的中国，开创了选官制度，促进了经济文化发展。

　　当时民生富庶，人民安居乐业，政治安定，国富民强，冠绝古今，使中国成为盛世之国。

　　隋文帝在位的开皇年间。疆域辽阔，人口达到700余万户，是中国农耕文明的巅峰时期。被后世史家称为"开皇之治"。

■ 隋文帝杨坚画像

■ 隋文帝杨坚像

历史悠久的文明古国

北周静帝宇文阐继位后，杨坚的女儿做了太后，杨坚做了丞相。为了完全控制朝廷大权，杨坚除掉了皇室中宇文家族的势力，被封为随王。

581年，周静帝禅让，杨坚登基，改国号为随。杨坚觉得"随"这个字的"走之儿旁"不吉利，于是就改为"隋"，正式建立了隋朝，改元开皇，杨坚就是隋文帝。

隋文帝很明白治理天下道理，所以他一面躬行俭朴，一面锐意改革，在军事、政治、经济、文化方面采取了一系列行之有效的政策和措施。

在军事方面，隋文帝首先解决的是北方的问题。在当时，鉴于南北朝晚期，突厥借强大的军事力量，不时侵扰北周、北齐，故采取了大规模军事行动。

583年，隋文帝派兵将其击败，并大修长城加强防御。突厥可汗尊杨坚为"圣人天可汗"，表示愿为藩属，永世归顺，千万世为圣朝典牛马。后来更采用离间分化策略，使突厥分为东西两部，彼此交战不已，隋则得以消除北顾之忧。

隋朝初年，在南方还存在着西梁和陈两个政权。

突厥可汗 突厥部落里部众对首领的尊称，又称"大汗"，或简称为"汗"，原意为王朝、神灵和上天，类似于汉字的天子。古代北亚阿尔泰语系游牧民族鲜卑、回纥、柔然、高车、吐谷浑、铁勒、女真等建立的汗国，其君主或政治首领皆称可汗。

西梁虽然以南朝正统自居，与陈朝对立，但地少国弱，一直是北方西魏、北周和隋的附庸国。

587年，隋文帝召西梁皇帝萧琮入朝，废之并吞西梁，由此完全做好了南下统一全国的准备。

588年，隋文帝以杨广为帅，起兵南下攻陈。隋朝大军突破了长江防线，并迅速攻入陈都建康，也就是现在的南京。至此，隋文帝结束了自西晋以后中国近300年的分裂局面，实现了南北大统一。

在政治方面，隋文帝首先是改良政治，改革制度。制定了三省六部制这一中央机构。地方政治体制则由州、郡、县三级改为州、县两级行政制。同时，又采用西魏、北周的府兵制，寓兵于农，府兵在农时耕种、闲时练兵，轮番宿卫，或临时调遣。

其次，是废除魏晋南北朝以来维护世族豪门权益的九品中正制和门阀制度。任用官员不限门第，唯才是举，通过考试以取士。

隋文帝本人躬身节俭，整饬吏治，曾派人巡视河北52州，罢免贪官污吏200余人，又裁汰地方冗员约十分之三。他还宽简刑法，删减前代的酷刑，制定隋律，使刑律简要，"以轻代重，化死为生"。

■ 隋朝骑马武士俑

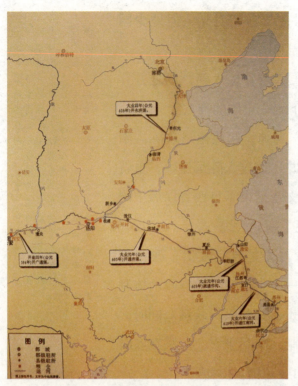

■ 隋运河示意图

历史悠久的文明古国

义仓 科又称义廪。封建社会时期仓储制度民办粮仓的一种，为官督而绅办。民办粮仓分为义仓和社仓，义仓在县一级政府所在地设置仓廪而社仓则普及范围较大，一般在村镇设仓。是隋唐两代于地方上所设立的公共储粮备荒的粮仓。唐自武则天末年起，以义仓粮解决国家财政困难。

在经济方面，隋文帝效仿北魏的均田制，实行均田法，定丁分田。又减免赋役，轻徭薄赋，与民休息。下令重新编订户籍，县以下以五家为保，五保为闾，四闾为族、分置保长、闾正、族正。为了积谷防饥，广设仓库，分官仓和义仓。官仓作为粮食转运、储积用，义仓则备救济之需。

隋文帝又致力城市建设，在原长安城东南营建新都大兴城。大兴城乃当时的"世界第一城"，它的设计和布局思想，对后世都市建设及日本、朝鲜都市建设都有深刻的影响。

隋文帝于584年命宇文恺率众开漕渠。自大兴城西北引渭水，略循汉代漕渠故道而东，至潼关入黄河，长150多千米，名广通渠。这是隋朝修建大运河的开始。后来修剪完成的大运河，连接黄河流域和长江流域，连接了两个文明，使黄河流域长江流域逐渐成为一体。

在学术文化方面，隋文帝大力提倡文教，广求图书。他有鉴于长期战乱，官书散佚，所以下诏求天下之书。收集整理后，图书大备，得图书3万余卷。

此外，为了明教化，知礼仪，恢复华夏文化正统，隋文帝下诏制定礼乐，以提升人民的文化素质。

隋文帝开创了中国的科举制度。通过科举考试，按成绩优劣来选拔任用人才。这标志着科举制度的产生。隋朝的科举包括秀才、明经、进士等10科，各科考试的内容不同，选拔官吏的类型也不同。如进士科，以考诗赋为主，选择"文才秀美"的人才出来做官。

科举取士制度的创立，无疑是开天辟地的壮举。开了贫民士子入世为官之先河。这种重才学而不重门第的选拔官员的标准，削弱了门阀大族世袭的特权，从而扩大了封建地主阶级政权的统治基础。科举制度，对后代影响至巨。

隋朝的对外贸易发达，商业贸易出现繁荣景象。长安和洛阳不仅是当时的政治中心，也是重要的经济贸易城市。洛阳有丰都、大同和通远3市。

丰都市周围84千米，通12门，市中有120行，3000余肆，市四周有400余店，是当时世界上最大的商业城市之一。陆路可达亚洲的西北部和欧洲的东部，海路则可达南洋诸国和日本。

隋文帝对社会各个领域的一系列改革，对削弱地方豪强势

■ 镶金边玉碗

科举制度 科举是历代封建王朝通过考试选拔官吏的一种制度。由于采用分科取士的办法，所以叫作科举。科举制从607年开始实行，至1905年举行最后一科进士考试为止，经历了1300多年。

■ 隋朝时期铜镜

隋炀帝画像

力，加强中央集权起了积极的作用，促进了整个社会经济的发展和繁荣。隋文帝留给子孙后代留下的财富，如三省六部制、州县两级制、科举制度、大兴城及仓库的创立等，对后世产生了深远的影响。

社会都很富足，编户大增，仓储的丰实也为历史所罕见。全国安宁，南北民众得以休息，社会呈现空前繁荣景象。故历史上把隋文帝之世称之为"开皇之治"。正因此才有了后来隋炀帝向西域商人炫耀国家的实力的资本，也才有了他挥霍糜烂的本钱。

阅读链接

隋文帝吸取历代因奢侈而亡国之帝王们的教训，能够与民同甘共苦。

有一年关中闹饥荒，他得知百姓吃糠拌豆粉，就命人拿给大臣们看，责备自己没有治理好国家，下令饥荒期间，百官一律禁吃酒肉，包括他自己。在平时他的车马用具坏了，从不让换新的，而是修补之后接着再用。

有一次，他的衣领实在是破旧得无法再穿，他想找一条织成的衣领，但是翻遍宫中也没有。可见，他平素是不允许宫中为他储备许多日常用品的。

唐代的盛世繁荣

　　唐朝（618年—907年），是继隋朝之后的大一统王朝，共历二十一帝，享国二百八十九年，是公认的中国最强盛的时代之一。

　　隋末天下群雄并起，617年唐国公李渊发动晋阳兵变，次年在长安称帝建立唐朝，因皇室姓李，故又称为李唐。唐太宗继位后开创贞观之治，唐高宗承贞观遗风开创永徽之治，之后武则天一度以周代唐，神龙革命后恢复大唐国号。唐玄宗即位后励精图治，开创了经济繁荣、四夷宾服、万邦来朝的开元盛世，天宝末，全国人口达八千万上下。安史之乱后藩镇割据、宦官专权导致国力渐衰，中后期又经元和中兴、会昌中兴、大中之治国势复振。878年爆发

■ 唐太宗画像

黄巢起义破坏了唐朝统治根基，907年朱温篡唐，唐朝覆亡，中国进入五代十国。

唐朝是版图最大，亦是唯一未修建长城的大一统中原王朝。 唐代国土在西部及北部皆超出现代中国的疆界范围。[13-14] 唐朝自攻灭东突厥、薛延陀后，天子被四夷各族尊为天可汗[15-18] ，又借羁縻制度征调突厥、回鹘、铁勒、契丹、靺鞨、室韦等民族攻伐敌国，并让南诏、新罗、渤海国、日本等藩属国学习自身的文化与政治制度。

唐代科技、文化、经济、艺术具有多元化特点 ，在诗、书、画各方面涌现了大量名家，如诗仙李白、诗圣杜甫，颜筋柳骨的颜真卿、柳公权，画圣吴道子、李思训，音乐家李龟年等。唐朝文化兼容并蓄，接纳海内外各国民族进行交流学习，形成开放的国际文化。

在唐代，社会经济处于上升阶段，文化先进，是历史上中国向周边国家文化与技术的大输出时期，形成兼容并蓄的社会风气，也给五胡十六国以来进居塞内的各个民族提供一个空前的交流融合环境，在此过程中亦从外族文明汲取了诸多文化。

唐朝与当时阿拉伯帝国并列为世界上最强盛的帝国，声誉远扬海外，与亚欧国家均有往来.唐朝以后海外多称中国人为唐人。

天下大治

　　从五代十国至元代是中国历史上的近古时期。

　　五代十国时期，各个军事割据势力更迭频繁，没有形成足可称道的"治世"局面。元朝由于连年征战，国内外矛盾尖锐，也没有出现盛世景象。相比之下，只有两宋时期才通过"咸平之治"和"乾淳之治"，使封建政治经济得到发展，民族融合加强。

　　三位守成君主在他们统治时期内，创造了中国历史上经济与文化较为繁荣的时代。

宋真宗咸平之治

宋真宗赵恒是北宋第三代皇帝。他在统治前期就这样树立了自己的"仁义天子"形象，他知人善任，要求"直言极谏"，并任用李沆、曹彬、吕蒙正等人打理政事，广开言路，励精图治，君臣合心，勤政治国，政绩有声有色。

较清明的政治和行之有效的措施，使北宋的统治日益巩固，国家管理日益完善，社会经济日趋繁荣，出现了一片繁盛局面。史称"咸平之治"。

■ 宋真宗赵恒坐像

宋真宗赵恒原名赵德昌，后又改名为元休、元侃，是宋太宗赵炅即赵匡义的第三子，997年被立为太子。

997年3月，宋太宗去世，赵恒于同月继位，这就是宋真宗。继位前被封为韩王、襄王和寿王。曾用年号咸平、景德、大中祥符、天禧和乾兴。

在咸平年间，北宋是一个强盛的国家，史称"咸平之治"。而它的缔造，得益于宋真宗卓有成效的治国举措。

■宋太宗赵炅画像

宋真宗有一个传诸后世的良好的廉政理念。他颁布了告诫百官的《文武七条》：

一是清心，要平心待物，不为自己的喜怒爱憎而左右政事；

二是奉公，要公平正直，自身廉洁；

三是修德，要以德服人，而不是以势压人；

四是务实，不要贪图虚名；

五是明察，要勤于体察民情，不要苛税和刑罚不公正；

六是勤课，要勤于政事和农桑之务；

七是革弊，要努力革除各种弊端。

这《文武七条》均是廉政之举，是宋真宗苦心孤诣的安排，也是

宋代官吏蜡像

百姓们的热切期望。在宋真宗看来，"清心""修德"就是廉政的源头，就能实现"德治"。

宋真宗制定了一套严谨有效的官员选拔任用制度。宋真宗规定，官员有试用期，试用官员转正要有若干名正式官员保举，按规定，官员不得保举曾犯有贪污罪的官员。宋朝允许在职官员参加科举考试，考中者可提前转正或越级提拔，但曾犯贪污罪者不许参加科举考试。

宋真宗建立了一套监察官员的渎职惩处制度，选拔的标准和职务回避制度。他对具有纪委职责的监察官员有着严格的规定，甚至监察官违反出巡制度都要受到处罚。

另外，还特别规定了监察官失察，及自身贪暴受惩处的制度。对于失察的监察官，宋真宗实行严厉的处罚。史载，王曙为河北转运使因受贿被降为寿州知州；张观任解州通判，因没有举劾赃吏，被降监河中府税。

因为这些廉政举措，宋真宗和他的后来者们创造了一个政治清明、物质文明与精神文明双丰收的宋王朝。

宋真宗即位后，提拔了李沆、吕蒙正、夏侯峤、杨砺等人担任宰相和执政大臣，保留了张齐贤、吕端等。这些人大多能够做到忠于职守，使得此时期政治较为清明。如张齐贤在咸平元年完成了"编敕"的编撰工作，成为正式法律《刑统》之外的重要补充。

他还提出了职田，废除了江南前面几朝苛捐杂税的建议。

宋真宗本人很厌恶严刑峻法，主讲谨慎用刑。又下诏废除了断截手足、钩背烙身等刑罚，禁止使用法外刑法，也严厉批评军中对逃兵施以的烙伤手腕、敲碎胫骨等做法。同时对私铸铜钱、私造管制武器等重罪都减轻处罚。

对待嫌疑犯上，宋真宗不允许使用酷刑，搞刑讯逼供。1007年，有个叫潘义方的县尉对嫌疑犯朱凝严刑拷打，并用牛皮套头，勒令招供。朱凝受不住做了假证，后来经查明，宋真宗撤了潘义方的职，并向全国通报此事，严令不许严刑逼供。

为了严禁逼供，他在京设立纠察刑狱司，地方设立提点刑狱司，负责对各种刑事审判、刑罚和监狱进行监督。凡是判处徒刑之上的罪都必须要向此机构进行通报，这个机构有查询复审的权力。如果初审

宋代官员与民同食蜡像

宋朝开封府衙断案蜡像

官员处理不当，此机构有权向朝廷提出，并对该官员提出弹劾。

宋真宗重视"德治"，强调以道德教育，启迪官吏的道德良知，使之不去越轨，但它必须与"法治"相结合，即以法律约束，令其奉公守法，不敢贪污。

每当岁末年节之时，宋真宗都要赐臣僚宴饮，既是增进君臣关系的需要，又是播撒皇恩的大好时机。历朝皇帝都有此举措，宋真宗也不例外，而且有资格参加宴饮官员的范围较前期大为扩大。

宋真宗体恤民艰，削减赋税。

998年5月，宋真宗下令，凡是远年拖欠的田赋一律免掉，因为欠钱被抓进监狱的一律释放。3年后，宋真宗还亲自审问因欠钱入狱的人，一连审了7天，又释放了2600多人。老百姓纷纷称赞宋真宗。

除此之外，宋真宗还办了不少实事。如四川地区贴钱贬值，他得知后，立即下令调高折算比率。同时减少了大量服杂役的人，连他自己家族里所用的丝织品也进行了削减。后来，宋真宗多次下诏要求免除或减免各地赋税，用以赈灾和其他用途。

宋真宗本人对农业十分重视。

1009年，他下诏要求各级地方长官的官衔上一律加上"劝农使"或者"劝农"等字，以鼓励农民努力务农。

又制定《景德农田敕》这部农业法规，以此规范农业生产和流通中的各种事项，并在后面很长时间内一直沿用。同时，大量印刷各种农业书籍分发给各地方官，让他们认识农事，并大力推广高产作物。

1013年，宋真宗下诏废除农具税。并且坚持不征调农民服徭役而用军兵，也要求随行人员不得践踏庄稼。除此之外，宋真宗十分讨厌浪费粮食，多次下诏禁止丢弃粮食，并威胁"违者治罪"。有一次宋真宗外出"观稼"，沿途百姓看到他的仪仗后，竟自发地欢呼"万岁"。

同年，宋真宗下令在全国推广"常平仓"制度。朝廷规定：每年夏天由地方朝廷依照本地人口垫资购粮，以每户一石计，设仓储存，一旦遇到粮食价格上涨就减价卖给平民，达到平抑粮价的效果。

另外设有专人管理，出陈如新，防止粮食腐烂。常平仓制度对于灾年帮助平民渡过难关，稳定社会起到了重要作用。

在军事方面，宋真宗为了抵御北边的辽国骑兵，大量地

■ 宋代进酒图

常平仓 中国古代朝廷为调节粮价，储粮备荒以供应官需民食而设置的粮仓。主要是运用价值规律来调剂粮食供应，充分发挥稳定粮食的市场价值的作用。992年，宋始置常平仓于京畿。1006年后，除沿边州郡外，全国先后普遍设置。

宋代壁画散乐图

采用了宋太宗时的办法：多开沟渠，多种水田。

1001年，在今徐水周边，引鲍河水以"隔限敌骑"。1004年，又以定州为中心，开挖连接唐河、沙河、界河的运河，有效地限制了敌方骑兵。

除了开河渠外，宋真宗还大力推广一种"方田"，就是在田地内开挖方格式的水渠网。有的水渠达5尺宽，7尺深。宋真宗在开挖河渠的同时，还大搞屯田，积粮备战，并起用老将曹彬威慑武将。

他亲自选拔精兵强将，对火兵器给予重视。宋军人数从太祖末期的66万人，增加到真宗末年的91万人，而且大部分都是这一时期增加的。

在对外政策方面，由于宋朝强力推进对外开放政策，来华的外国人无论是国别还是数量都是前所未有的，开封成为全球拥有外国侨民最多的国都。

这些外来新移民有来自西域、阿拉伯和朝鲜、日本等国，还有的从非洲、欧洲等地远道而来，他们的身份包括驻华使臣、武士、僧侣、教徒、商贾、猎手、艺人、奴婢和留学生各色人等，生动展示了文化交流与中外融合促成的文明进程。

开放的大宋不搞种族歧视，允许穆斯林子弟参加科举考试，成绩优秀者照样可以与汉人一样获取功名，封官晋爵。连一些讲究诚信的穆斯林商人由于经商有道，对发展宋朝的国际贸易做出贡献，也被朝廷破格录用，授予官职。为此，当时开封城还兴建了很多规模不小的穆斯林公共墓地。

在当时，西域于阗国王遣回鹘罗斯温等来宋朝贡。宋真宗问询路上情况，罗斯温称于阗到敦煌的道路通畅，此次于阗使节带来的贡品有玉石、乳香、琥珀、棉织物、琉璃、胡锦等。于阗使团间有商队，从内地带回去了丝织物、茶叶等物品。

1004年9月，辽萧太后与辽圣宗率大军侵入宋境，11月，进抵澶州。此前，辽曾提出和约，宋真宗选择了战争。

在同平章事寇准等人的坚持下，宋真宗亲至澶州督战，登临北城门楼，"诸军皆呼万岁，声闻数十里，气势百倍"。辽军一面屯兵澶州城下，与真宗所统宋军主力对峙，一面展开和谈。

萧太后（953—1009），名绰，小字燕燕。是辽朝皇太后，辽景宗耶律贤的皇后，辽北院枢密使兼北府宰相萧思温之女，在历史上被称为"承天太后"，辽朝著名的女政治家、军事家、改革家。她在位期间，辽朝进入了历史上统治中原二百年间最为鼎盛的辉煌时期。

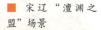
■ 宋辽"澶渊之盟"场景

12月，宋辽讲和，双方约为兄弟之国，承认边界现实，宋每年给予辽银10万两，绢20万匹。这就是历史上的"澶渊之盟"。

关于"澶渊之盟"，历来颇多非议，否定者认为这是胜算下的城下之盟。殊不知，虽然辽军腹背受敌，但已击败宋军第一线主力，长驱直入，必折损大量宋军。

同时，宋人也因争战多年却无法击败辽军取得最后的胜利而倾向议和。当时宋年收入1亿，而一场中等规模的战事所耗费的军费就高达3000万。

相比之下，这30万两岁贡的确是九牛之一毛。于是，契丹上下因此而与宋朝百年交好，契丹铁骑不再南下。

宋真宗一朝，北宋经济复苏，国力猛增，制度清明，人文鼎盛，人口数量也成倍增长。当时的汴京城常住人口150万。

这个局面是在开国不40年、国家千疮百孔，每年不停地与党项、契丹作战，甚至还有四川叛乱的情况下开创的。正是由于宋真宗的一系列"文治"政策，才使宋代的政治、经济等得到极大的发展。

阅读链接

宋真宗非常赞赏诚实的人。北宋词人晏殊，素以诚实著称。宋真宗便敕给他"同进士出身"，并提升晏殊为辅佐太子读书的东宫官。大臣们惊讶异常，不明白真宗为何做出这样的决定。

真宗说："近来群臣经常游玩饮宴，只有晏殊闭门读书，如此自重谨慎，正是东宫官合适的人选。"

晏殊谢恩后说："我其实也是个喜欢游玩饮宴的人，只是家贫而已。若我有钱，也早就参与宴游了。"

这两件事，使晏殊在群臣面前树立起了信誉，而宋真宗也更加信任他了。

北宋仁宗盛治

宋仁宗赵祯是北宋第四代皇帝。在他统治的时期，推行"庆历新政"，虽然他没有取得成功，但孜孜以求，力革时弊。他制定了击破西夏攻取中原的战略，平定了侬智高叛乱。他节俭爱民，关心文化事业，使国家安定太平，经济繁荣，科学技术和文化得到了很大的发展。

"仁宗盛治"受到历代政治家和历史学家的称赞，对后世很有影响。

■ 宋仁宗赵祯蜡像

欧阳修画像

赵祯于1015年被封寿春郡王，1018年立为太子，1022年即位，是为宋仁宗。初由刘太后垂帘听政，1033年，刘太后去世后，宋仁宗开始亲政。

宋仁宗刚刚执政时，官僚队伍庞大，行政效率低，人民生活困苦，辽和西夏威胁着北方和西北边疆。

1043年，范仲淹、富弼、韩琦同时执政，欧阳修、蔡襄、王素、余靖同为谏官。宋仁宗责成他们在政治上有所更张，以"兴致太平"。

范仲淹与富弼提出明黜陟、抑侥幸、精贡举等10项以整顿吏治为中心的改革主张。欧阳修等人也纷纷上疏言事。宋仁宗采纳了大部分意见，施行新政。

首先是澄清吏治。包括五项内容：

一是明黜陟。改革文官三年一次循资升迁的磨勘法，注重以实际的功、善、才、行，提拔官员，淘汰老病愚昧等不称职者和在任犯罪者；

二是抑侥幸。严格恩荫制，限制中上级官员的任子特权，防止权贵子弟亲属垄断官位；

三是精贡举。改革贡举制，令州县立学，士子必须在学校学习一定时间方许应举。改变专以诗赋、墨义取士的旧制，注重策论和操行；

四是择长官。慎选地方长官，由中书、枢密院慎选各路、州的长官。由各路、州长官慎选各县的长官，择其举主多者尽先差补；

五是均公田。重新规定官员按等级给以一定数量的职田，调配给缺乏职田的官员，防止贪赃枉法。

其次是富国强兵。包括三项内容：一是厚农桑。由朝廷帮助人民兴利除害，如开渠河、筑堤堰；二是修武备。主张恢复府兵制，先从近畿实行在渐及诸路；三是减徭役。主张省并户口稀少的县邑，以减其地人民的徭役。

最后是厉行法治。包括两项内容：一是重命令。针对朝廷过去颁布的法令"烦而无信"的弊病，提出朝廷今后颁行条令事先必须详议，审定成熟后再颁行天下，一旦颁行，必须遵守，不得随意更改，否则要受到惩处；二是推恩信。广泛落实朝廷的惠政和信义。主管部门若有人拖延或违反赦文的施行，要依法从重处置。

除此之外，必须向各路派遣使臣，巡察那些应当施行的各种

■ 传国玉玺

惠政是否施行。这样，就不会发生阻隔皇恩的各种现象了。

　　1043年底，范仲淹选派了一批精明干练的按察使去各路监察官吏善恶。他坐镇中央，每当得到按察使的报告，就翻开各路官员的花名册把不称职者的名字勾掉。

　　枢密副使富弼平时对范仲淹十分尊敬，这时见他毫不留情地罢免了一个又一个官员，不免有点担心，从旁劝止说："您一笔勾掉很容易，但是这一笔之下可要使他一家人痛哭哇！"

　　范仲淹听了，用笔点着贪官的名字愤慨地说："一家人哭总比一路人哭要好吧！"

　　在范仲淹的严格考核下，一大批尸位素餐的寄生虫被除了名，一批干才能员被提拔到重要岗位，官府办事效能提高了，财政、漕运等有所改善，暮气沉沉的北宋政权开始有了起色。朝廷上许多正直的官员纷纷赋诗，赞扬新政，人们围观着改革诏令，交口称赞。

　　这场改革直接触犯了封建腐朽势力，限制了大官僚的特权，他们对此恨之入骨，随着新政推行逐渐损害他们的利益，便集结在一起攻

范仲淹蜡像

北宋东京城模型

击新政。

最后，宋仁宗不得不下诏废弃一切改革措施，并解除了范仲淹等人的职务。

庆历新政是北宋王朝在开国已久之后，统治阶层试图拯救时弊，富国强兵的变法活动，虽然最终都归于失败，但是对北宋历史的发展起到了巨大的影响，为王安石变法起到了投石问路的先导作用。

宋仁宗在位期间，最主要的军事冲突在于西夏。夏景宗李元昊即位后改变其父夏太宗李德明国策，展开宋夏战争，延州、好水川、定川三战宋军皆有失利之处，韩琦、范仲淹更在好水川之战后被贬。

至定川之战，西夏分兵欲直捣关中，但西夏军遭到了宋朝原州知州景泰的顽强阻击，全军覆灭，西夏攻占关中的战略目标就此破灭。

西夏因连年征战国力难支，最后两国和谈：夏向宋称臣，宋每年赐西夏绢13万匹，银5万两，茶10000

王安石变法 是中国历史上针对北宋当时"积贫积弱"的社会现实，以富国强兵为目的的改革。颁布了农田水利法、均输法、青苗法、免役法、市易法、方田均税法，并推行保甲法和将兵法以强兵。

千克，史称"庆历和议"。取得了近半世纪的和平。

1052年，侬智高反宋，军队席卷广西、广东等地。宋仁宗任用狄青、余靖率兵南征。

1053年，狄青夜袭昆仑关，大败侬智高于归仁铺之战。次年，侬智高死于大理国，叛乱被彻底平息。

宋仁宗是宋代帝王中的明君圣主。他性情宽厚，对人仁慈，不事奢华，还能够约束自己。史书中记录了他大量严于律己的故事。

有一次，时值初秋，官员献上蛤蜊。宋仁宗问从哪里弄来的，臣下答说从远道运来。又问要多少钱，答说共28枚，每枚钱1000。

宋仁宗说："我常常告诫你们要节省，现在吃几枚蛤蜊就得花费28000钱，我吃不下！"他也就没有吃。

还有一次，宋仁宗在散步的时候，时不时地回头看，随从们都不知道皇帝是为了什么。宋仁宗回宫后，着急地对嫔妃说道："朕渴坏了，快倒水来。"

嫔妃觉得奇怪，问道："为什么在外面的时候不让随从伺候饮

■ 宋代民族交流蜡像

■ 开封府尹包拯办案
塑像

水，而要忍着口渴呢？"

宋仁宗说："朕屡屡回头，但没有看见他们准备
水壶，如果我要是问的话，肯定有人要被处罚了，所
以就忍着口渴回来再喝水了。"

包拯在担任监察御史和谏官期间，屡屡犯颜直
谏，唾沫星子几乎飞溅到宋仁宗脸上，但宋仁宗一面
用衣袖擦脸，一面还接受他的建议。

有一次包拯要拿掉三司使张尧佐的职务，理由是
他平庸了些。张尧佐是宋仁宗宠妃的伯父，有点为
难，想了个办法，让张尧佐去当节度使。包拯还是不
愿意，言辞更加激烈，带领7名言官与宋仁宗理论。
张尧佐最终没能当成节度使。

"包青天"其实是政治清明的产物。如果皇帝不
清明，就不会有包青天产生的政治环境。所以，从一
定意义上说，是宋仁宗的善于纳谏成全了千古流芳的
包拯。

包拯（999—
1062），字希
仁，汉族，天圣
进士。北宋庐
州，即今安徽合
肥人。北宋官
员。谥号"孝
肃"。1061年，
任枢密副使。他
因不畏权贵，不
徇私情，清正廉
洁，其事迹被后
人改编为小说、
戏剧，令其清官
包公形象及包青
天的故事家喻户
晓，历久不衰。

宋仁宗一朝不仅出现了包拯，还出现了"先天下之忧而忧，后天下之乐而乐"的范仲淹，以及倡导文章应明道、致用，领导北宋古文运动的欧阳修。

还有，柳永"忍把浮名，换了浅斟低唱"，他好不容易通过了考试。但在宋仁宗看来，他不适合做官，还是填词的好，就给画掉了。

宋仁宗说："且去浅斟低唱，何要浮名？"

柳永于是反唇相讥，说是"奉旨填词"。讥讽宋仁宗的柳永不但没被杀头，填词也没受影响，而且填得更加放肆，这就非同寻常了。

一个惧怕大臣的皇帝，一般来说会赢得人民的热爱的，这个王朝的天也会比较清亮。而宋仁宗关心文化事业，也正说明了这一点。

宋仁宗在位时，曾多次关心文化事业。当时的三馆秘阁藏书多谬乱不全，宋仁宗诏翰林学士王尧臣、史馆检讨王洙、馆阁校勘欧阳修等人进行编次和整理，于1041年成《崇文总目》66卷，是北宋一部重要的官修目录。

后又下诏开购赏科，以广献书之路。规定每献一卷馆阁所缺之书，赏丈绢一匹，如果献500卷，就给予职务。又下令编撰《嘉祐搜访阙书录》一卷，作为搜访依据。

宋仁宗对读书人比较宽容，不兴文字狱。

有一次一个考生参加进士考试，在试卷里写道："我在路上听人说，在宫中，美女数以千计，终日里歌舞饮酒，纸醉金迷。皇上既不关心老百姓的疾苦，也不跟大臣们商量治国安邦的大计。"

考官们认为这个考生无中生有、恶意诽谤，宋仁宗却说："朕设立科举考试，本来就是要欢迎敢言之士。这个人敢于如此直言，应该特与功名。"

当时四川有个读书人，献诗给成都太守，主张"把断剑门烧栈道，四川别是一乾坤"。成都太守认为这是明目张胆地煽动造反，把他缚送京城。

按照历朝历代的律条，即使不按"谋大逆"严惩，起码也得按"危害国家安全"治罪，宋仁宗却说："这是老秀才急于要做官，写一首诗泄泄愤，怎能治罪呢？不如给他个官。"就授其为司户参军。

作为一个封建帝王，容考生无中生有的事，或许有人能做到，但容四川秀才的事，恐怕没几人能做到。

阅读链接

一天，宋仁宗处理事务到深夜，又累又饿，很想吃碗羊肉热汤，但他忍着饥饿没有说出来。

第二天皇后知道了就劝他："陛下日夜操劳，想吃羊肉汤，随时吩咐御厨就好了，怎能忍饥使陛下龙体受亏呢？"

仁宗对皇后说："宫中一时随便索取，会让外边看成惯例，我昨夜如果吃了羊肉汤，御厨就会夜夜宰杀，一年下来要数百只，会形成定例，日后宰杀之数不堪计算，为我一碗饮食，创此恶例，且又伤生害物，于心不忍，因此我宁愿忍一时之饿。"

宋孝宗乾淳之治

宋孝宗赵昚是南宋第二位皇帝，被普遍认为是南宋最杰出的一位皇帝。孝宗在位期间，专心理政，积极整顿吏治，裁汰冗官，惩治贪污，加强集权，努力收复中原，重视农业生产，兴修水利，创造了南宋中期的太平盛世。

当时政治清明，社会经济繁荣发展，民生富庶，民和俗静，家给人足，牛马遍野，余粮委田，五谷丰登，人民安居乐业，文化昌盛，出现了天下康宁的升平景象，后来被史家称为"乾淳之治"。

■ 宋孝宗赵昚画像

■ 宋太祖赵匡胤（927—976），别名香孩儿、赵九重。出生于洛阳夹马营，祖籍河北省涿州。军事家，政治家。他结束五代十国战乱局面，建立宋朝，庙号太祖。他在位期间，以文治国，以武安邦，开创了中国的文治盛世，是推动历史发展的杰出人物。

宋孝宗赵昚是宋太祖赵匡胤七世孙。1162年，宋高宗赵构让位于赵昚，是为宋孝宗，定年号隆兴，后改乾道、淳熙。宋孝宗在位时，专心理政，励精图治，是南宋名副其实的中兴之主。

南宋王朝自建立以来，一直在金国的威胁之下，此时的南宋，内部问题多多，士风日下。官俸和军费占了国家大量的财政收入，况且高宗朝政府的税不断加重，致使民怨四起。

宋孝宗即位之初，就开始着手革除南宋初期以来政治上的种种弊端。他积极整顿吏治，安定民心，改变以往赈灾方式，就是社仓法。又改变盐钞，将官府拖欠盐商的钱还给盐商，又放宽了盐的专卖。

孝宗取消了很多加耗，裁汰冗官，加大对贪官污吏的惩治力度，严格官吏的考核，甚至亲自任免地方中下级官吏，不合格的都予以革职。

孝宗尽量减少不必要的开支，还常召负责财政的官吏进宫，详细询问各项支出和收入，认真核查具体账目，稍有出入，就一定要刨根问底。

冗官 在中国古代，人浮于事、机构臃肿常成为社会沉重的负担，北宋时期尤为严重。宋朝的官与职是两回事，官是虚名，称为寄禄官，职是管理具体事务的，称为职事官，后来由于官员膨胀，许多职事官也不管具体事务了。导致官场十分腐败，效率很低。

■ 南宋银铤

历史悠久的文明古国

临安 宋室南迁，于1138年定行在于杭州，改称临安。秦、汉时为会稽郡余杭县地，东汉建安时分余杭置临水县，县治在高乐。是吴越国王钱镠故里和墓葬地。被选定为南宋行在后便大肆扩建，使之成为全国的政治、经济、文化中心。直至1276年南宋灭亡，前后共计138年。

为了革除时弊，宋孝宗一直保持着事必躬亲的作风。这固然是为了把权力集中在自己手中，但作为一个皇帝，自始至终能够孜孜不倦地处理政事，还是十分难得的。

宋孝宗注意发展生产，减轻人民负担。他不仅屡次下诏减轻人民负担，而且非常注重实效性。

例如，南宋初年以来，经常提前征收本税季的田赋，称为"预催"。夏税虽然规定是8月15日纳毕，而主管税收的户部却规定，7月底以前就要送到首都临安。

至宋孝宗时，已提前到5月，甚至4月送到户部，各地必须三四月就要征收，而此时的农作物根本没有成熟，虽然多次下诏禁止，但户部不执行。因为，每年四五月间指靠预催到的61万贯折帛钱供开支使用，若不预催，恐怕会出现延误。

于是参知政事龚茂良提出，将户部原先每年8月向南库借的60万贯钱，提前到4月上旬借用，"户部自无缺用，可以禁止预催之弊"。

宋孝宗下诏，此后必须按照规定时间收田赋，违者劾奏。拖延多年的预催问题，在宋孝宗亲自干涉下终于得到了解决，至少在宋孝宗时期因而出现"民力少宽"。

在当时，地方官常以"羡余"名义进奉钱财，希望得到皇帝的恩宠。宋孝宗不接受地方官进献的"羡余"。但有的地方又将所谓的若干"支用剩钱"作为羡余进献，宋孝宗则诏令将此钱即作为贫困农户的税钱，并规劝官员为民多办实事。

宋孝宗经常督促地方官兴修水利，而且注重水利的实效，对失职官员给予降官以示惩罚。有的史料说宋孝宗时"水利之兴，在在而有，其以功绩闻者既加之赏矣，否则罚亦必行，是以年谷屡登，田野加辟，虽有水旱，民无菜色"，虽不无夸张，但大体反映了当时的情况。

宋孝宗即位之初，即下诏将会子加盖"隆兴尚书户部官印会子之印"，以表明是由朝廷户部发行的纸币，增加其权威性，以促进其流通。

由于政策恰当，保持了纸币币值的稳定与流通，不仅促进了商品经济的发展，也是宋孝宗时社会经济繁荣兴盛的反映。

宋孝宗不仅努力发展生产，兴修水利，还轻徭薄赋。如宋孝宗在取消无额上供钱时说："既无名额，则是白取于民。"因此这一项被取消。又如，遇到灾荒，宋代例将当年税赋移到丰收年，分为两或三年补纳，宋孝

■ 南宋青瓷人物俑

朱熹（1130—1200），字元晦、仲晦，号晦翁、云谷老人、沧州病叟等，世称"朱子"。生于宋代南剑州尤溪，即今福建省尤溪县。谥号"文"，封爵位徽国公。南宋著名的理学家、哲学家、教育家、诗人，闽学派的代表人物。他是宋代理学的集大成者。

宗也说既是灾荒，不应再收税赋，下诏不准到丰年再补收。

福建路兴化军自建炎三年起每年以"犹剩米"为名，额外征收2.4万多石供应福州，孝宗于乾道元年减去一半，至乾道八年又将剩余部分全部减免。又如，徽州自唐末五代初陶雅任郡守时，增收的额外"科杂钱"1.2万多缗，一直沿征了260多年，直到乾道九年才免除。

宋孝宗一改北宋后期与南宋初期，树一派打一派的学术政策，他对主流学派王安石新学及新兴起来的程朱理学，主张兼容并蓄，共同发展。沉寂了30多年的苏氏蜀学，在宋孝宗即位后重新兴起。

宋孝宗为苏轼文集作序赞扬，并追谥苏轼"文忠"、苏辙"文定"，追赠苏轼太师，对苏氏蜀学的发展起到推动作用。

正是宋孝宗倡导的百家争鸣、共同发展的学术环境，才使得诸子之学各有所长。不仅有理学派代表人物，也有新学派的王安石和王雱，以及蜀学派的苏轼。

■ 陆游（1125—1210），字务观，号放翁。汉族，越州山阴人。南宋著名的诗人。他创作的诗歌很多，今存九千多首，内容极为丰富。其主要抒发政治抱负，反映人民疾苦，风格雄浑豪放；抒写日常生活，也多清新之作。他的词虽不多，但和诗同样贯穿了气吞残虏的爱国主义精神。杨慎谓其词纤丽处似秦观，雄慨处似苏轼。著有《剑南诗稿》《渭南文集》《南唐书》《老学庵笔记》等。

由于有这样的社会环境，才造就了一大批卓有成就的文人学者。其时，不仅有著名的思想家朱熹、陆九渊、陈亮、叶適；还有著名的文学家，如陆游、范成大、杨万里、尤袤，著名词人辛弃疾等，他们都活跃在宋孝宗时期。

宋孝宗平反岳飞冤狱，起用主战派人士，锐意收复中原。为此，他重视军事的发展，努力整军兴武，在5年间，先后举行了3次大规模的阅兵，还积极选拔将领，自己也学习骑射。南宋的军队战斗力有了很大的提高。

■ 南宋蟠龙瓶

他先后派遣使臣范成大和赵雄出使金国。首先是要回河南，其次是改变宋朝皇帝接受金国使臣递交国书时，亲自下殿去取的礼仪。这两条都遭到了金世宗的拒绝。

在宋孝宗想和平达到目的未能实现后，只好寄托于武力解决了，于是又开始整军备战。他准备让虞允文率一军从川陕主攻，自己亲领一军在淮南出师，兵分两路伐金。

正当他等待虞允文的消息时，虞允文却在四川病死，致使宋孝宗的计划成为泡影。

当时，主张抗金的大臣张浚已于和议前去世，宋孝宗转而依靠指挥采石之战的虞允文。宋孝宗决定采取分别从江淮、四川东西两路攻金的策略，因而任命

杨万里（1127—1206），字廷秀，号诚斋。江西吉州人。南宋大诗人。1154年进士。他历任国子博士、太常博士，太常丞兼吏部右侍郎，提举广东常平茶盐公事，广东提点刑狱，吏部员外郎等。在中国文学史上，他与陆游、范成大、尤袤并称"南宋四家""中兴四大诗人"。他作诗25000多首，只有少数传下来。

虞允文为四川宣抚使。

此前一年，宋孝宗还将三衙之一的侍卫马军司移屯建康，以建康作为宋军东路的前进基地。

虞允文病死后，宋孝宗虽然也整军练武，积极做好攻金的准备，又几次以接受金朝国书仪式不平等而发难，企图以之激化矛盾，引发军事对抗。

然而，宋孝宗北上抗金、收复中原的主张，既受制于太上皇宋高宗，又得不到大臣们的支持，每次都以太上皇有旨而姑听仍旧。以孝顺著称的宋孝宗不可能一点都不听。

后来，始终制约宋孝宗的太上皇宋高宗，直至81岁去世时，宋孝宗已是年过60的花甲老人了。

宋孝宗不愧是宋太祖赵匡胤的后人，一反宋高宗时卑躬屈膝的投降路线，一心想恢复中原，他的这种积极进取，蓬勃向上的精神是值得称道的。

宋孝宗在位期间，在内政上积极整顿吏治，裁汰冗官，惩治贪污，加强集权，重视农业生产。总体说来，宋孝宗在位时期，是南宋政治上最清明，经济、文化最繁荣兴盛的时期。

阅读链接

据说有一天，宋高宗在杭州享乐，兴致极佳，突然有人禀报，出使金国的使者已回。宋高宗放下闲情逸致，召见使者。

据使者说，金国的皇帝金太宗长得酷像宋太祖，并扬言要夺回本来就是他的皇位。

宋高宗听了十分扫兴。就在当天晚上，他梦见宋太祖黄袍加身，属下高呼万岁，可宋太祖突然翻了脸，恶狠狠地对宋高宗说："皇位是我们赵家的！"

宋高宗立刻惊醒，默默地想把皇位传给太祖后人。这个人就是后来的宋孝宗赵眘。

繁荣时代

　　明清两代是中国历史上的近世时期。中国的君主制历史特别长，尤其至明清两代，封建君主专制达到巅峰。专制主义下的乾纲独断，使得君主的水平影响到国计民生乃至整个国家的命运。

　　事实上，明清两代所开创的"治世"局面，融合了多种文化元素。在对明清两代歌舞升平景象的描述中，我们不难感受其经济繁盛与文化昌明。这对走向民族复兴的中国人来说，应该是一次颇多教益的精神之旅。

明太祖洪武之治

明太祖朱元璋是明朝开国皇帝，他是一位雄才大略，励精图治的君主。

在他统治期间，发展经济，实行一系列休养生息、发展农业和工商业生产的措施；整顿吏治，严惩贪官污吏；多次北伐，肃清元朝残余势力；提倡文教，广设学校，讲习社会之礼，使得天下大治，呈现出繁荣的景象。

"洪武之治"一直是史家常议常新的话题。

■ 明太祖朱元璋坐像

明代货币小金锭

朱元璋于1368年在南京称帝，国号大明，是为明太祖，年号洪武。出身寒微、放过牛、当过和尚的朱元璋在元末农民起义中纵横捭阖，力挫群雄，终于平定四海，统一宇内。

明朝建立伊始，由于元末统治者残酷的压迫和剥削，加上长期战乱，社会经济受到严重的破坏，致使大量土地荒芜，居民减少，漂泊流浪，呈现出萧条的状况。

明太祖善于总结历代王朝兴衰的经验教训，又亲身参加过元末农民大起义，比较了解百姓的要求，懂得治乱安危的关键是百姓境遇的好坏。

他实行了发展生产，与民休息的政策，以达到长治久安的目的。

他对来朝见的外地州县官们说："天下初定，老百姓财力困乏，像刚会飞的鸟，不可拔它的羽毛；如同新栽的树，不可动摇它的根，重要的是休养生息"。

1370年，明太祖接受大臣实行"民屯"的建议，鼓励开垦荒地。

并下令：北方郡县荒芜田地，不限亩数，全部免三年租税。他还采取强制手段，把人多地少地区的农民迁往地广人稀的地区；对于垦荒者，由朝廷供给耕牛、农具和种子；并规定免税三年，所垦之地归垦荒者所有；还规定，农民有田五至十亩的，必须栽种桑、棉、麻各半亩，有田十亩以上者加倍种植。这些合理的措施，大大激发了农民

明代白玉玺

垦荒的积极性。1393年，民户达1605万户，人口达6054万人，垦地面积达850万顷。

明初还设有军屯和商屯。军屯由卫所管理，官府提供耕牛和农具。

军粮基本上自给自足；商屯是指商人在边境雇人屯田，就地交粮，省去了贩运费用，获利更丰。商屯的实行，解决了军粮问题，同时也开发了边疆。

为了恢复和发展生产，明太祖十分重视兴修水利和赈济灾荒。

在即位之初，明太祖就下令，凡是百姓提出有关水利的建议，地方官吏须及时奏报，否则加以处罚。至1395年，全国共开塘堰大约4万余处，疏通河流大约4000多条，成绩卓然。

在明太祖积极措施的推动下，农民生产热忱高涨。明初农业发展迅速，元末农村的残破景象得以改观。农业生产的恢复发展，促进明代手工业和商业的发展。明太祖的休养生息政策巩固了新王朝的统治，稳定了农民生活，促进了生产的发展。

为了彻底解决蒙元贵族的残余势力，洪武帝从明朝建立开始就不断北伐。

1369年，明军追击北元残余势力，俘虏丞相以下

1万余人，北元皇帝逃到漠北几百千米外。

1370年，明军再次北伐，于沈欲口大破元军主力王保保，俘虏文济王以及国公阎思孝、虎林赤、察罕不花、韩扎儿等10万余人。

1387年，明军越过长城，轻骑雪夜奔驰，偷袭元军大寨，最后在蒙古捕鱼儿海大败元军，俘虏北元残余势力8万人。蒙古从此一蹶不振，分裂为鞑靼、瓦剌、兀良哈三大部。

明太祖为了政权的稳固，积极清除权臣。明初，官僚机构基本上沿袭了元朝，明太祖逐渐认识到其中的弊病，于是进行了改革，废除了行省制。

1376年，明太祖宣布废除行中书省，设立承宣布政使司、都指挥使司和提刑按察使司，分别担负行中书省的职责，三者看似分立，但又互相牵制，防止了地方权力过重。

明太祖出身贫苦，从小饱受元朝贪官污吏的敲诈

都指挥使司 明官署名。简称都司。是明朝设立于地方的军事指挥机关。掌一方军政，统率其所辖卫所，属五军都督府而听从兵部调令。与布政使司、按察使司合称三司，分掌地方军政、民政、刑狱。

■ 朱元璋登基蜡像

■ 朱元璋与大臣刘伯温蜡像

勒索，他的父母及长兄就是死于残酷剥削和瘟疫，自己被逼迫从小出家当和尚。所以，在他参加起义队伍后就发誓：一旦自己当上皇帝，先杀尽天下贪官。

后来他登基皇位不食言，果然在全国掀起轰轰烈烈的"反贪官"运动，矛头直指中央到地方的各级贪官污吏。

首先，对贪污六十两银子以上的官员格杀勿论。其次，敢于从自己身边"高干"开刀。再次，对自己培养的干部决不姑息迁就。最后，制定整肃贪污的纲领，即《大诰》。

正是因为明太祖在惩治救灾不力及漠视民瘼官员方面雷厉风行，决心之大，力度之强，绝不手软，官场为之一振，吏治得以整肃，各级朝廷日趋高效，救灾恤民成为朝廷及各级官员之急务。凡此，为"洪武之治"的出现提供了保障。

在军事上，明太祖废除了管理全国军事的大都督府，将其分为中、左、前、后、右五军都督府，分领在京各卫所和在外各都司。

都督府所管仅是兵籍和军政，不能直接统率军队。军官的选授权在兵部，而军队的调遣和最高指挥权则在皇帝。

五军都督府 明末时期的大都督府是明朝中军都督府、左军都督府、右军都督府、前军都督府、后军都督府五都督府的总称，统领全国军队的最高军事机构。朱元璋初置统军大元帅府，后改为枢密院，又改之为大都督府，节制中外诸军事。

打仗时，兵部奉旨调兵，并秉承皇帝意旨，任命总兵将官，发给印信。战后，统兵官交还印信，士兵回归原来卫所。

在军队编制方面，自京都至府县，都设立卫所。府县各卫归各省都指挥使司管辖，各都指挥使司又分别归统于中央的五军都督府。

京都的卫军分两种，一是五军都督府分统的四十八卫军。明成祖时，定名"五军"，增到七十二卫，并添设三千营和神机营，与五军合称"京军三大营"。三大营是全国卫军的精锐。据估计，洪武后期全国兵额约180万以上，永乐时增至280万左右。

明太祖在创立明王朝的过程中认识到，元朝之所以灭亡，除了统治者本身的素质以外，整个社会失于教化也是一个原因。因此，一登上皇位，他就采取了一系列强制措施，兴建学校，选拔学官，并坚持把"教育工作"作为衡量地方官政绩的重要指标。

八股文 也称时文、制艺、制义、八比文、四书文，是中国明、清两朝考试制度所规定的一种特殊的文体。八股文专讲形式，没有内容，文章的每个段落死守在固定的格式里面，连字数都有一定的限制，人们只是按照题目的字义敷衍成文。

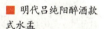

■ 明代吕纯阳醉酒款式水盂

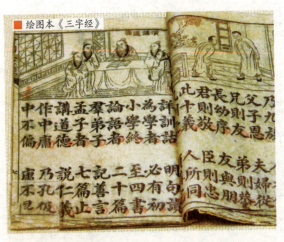

绘图本《三字经》

为了选拔能听命于皇帝的官吏，明朝朝廷规定科举考试只许在四书五经范围内命题，考生只能根据指定的观点答卷，不准发挥自己的见解。答卷的文体，必须分成八个部分，称为"八股文"。

　　1375年，明太祖诏令天下立社学，府、州、县每50家要设社学一所，用于招收8岁至15岁的民间儿童入学。儿童入学后先学习《三字经》《百家姓》《千字文》等，然后学习经、史、历、算等知识，同时必须兼读《御制大诰》、明朝律令，另外还要讲习社会之礼。

　　洪武年间文化教育虽不若唐宋之风，但对于元末之文化衰退而言，明太祖之功也不可小觑。

　　明洪武时期，天下初定，百废待兴，天灾频发，民生多艰。但也正因为如此，明太祖宵旰图治，以安生民，终于形成一个治世局面。

阅读链接

　　对于朱元璋的滥杀，皇太子朱标深表反对，曾进谏说："陛下诛戮过滥，恐伤和气。"

　　当时朱元璋没有说话。第二天，他故意把长满刺的荆棘放在地上，命太子捡起。

　　朱标怕刺手，没有立刻去捡，于是朱元璋说："你怕刺不敢捡，我把这些刺去掉，再交给你，难道不好吗？我杀的都是对国家有危险的人，除去他们，你才能坐稳江山。"

　　朱标却说："有什么样的皇帝，就会有什么样的臣民。"

　　朱元璋大怒，拿起椅子就扔向太子，朱标只好赶紧逃走。

明成祖永乐盛世

明成祖朱棣是明朝第三位皇帝。他统治期间采取了许多措施大力发展经济，使社会安定，国家富强。《明史》描绘朱棣雄才大略、励精图治，发展经济，提倡文教，改革吏治，使得天下大治，并且宣扬国威，大力开拓海外交流，以至称赞该时期"远迈汉唐"。

明成祖不仅完善文官制度，还扩张领土面积，使国家更加强大。他统治时期称为"永乐盛世"，明成祖也被后世称为"永乐大帝"。

■ 明成祖朱棣画像

■ 古籍《永乐大典》

郑和（1371—1433），原名马三保。明朝伟大的航海家。在靖难之变中为朱棣立下战功。朱棣认为马姓不能登三宝殿，因此在南京御书"郑"字赐马三保郑姓改名为和。1405—1433年，郑和七下西洋，完成了人类历史上伟大的壮举。

明成祖朱棣是明朝的第三代皇帝，明太祖朱元璋第四子，生于应天，时事征伐，受封为燕王。

1402年夺位登基，是为明成祖，改元永乐。后来迁都北京后，北京从此成为中国的政治中心。

从登基时起，明成祖就致力于各方面的改革。他极力肃整内政，巩固边防。在文化事业上，加强儒家文化思想的统治，大力扩充国家藏书。

1403年7月，明成祖命解缙、姚广孝、王景、邹辑等人纂修大型的类书，至1408年11月编成《文献大成》，即《永乐大典》，共22877卷，装成11095册。

《永乐大典》是中国古代编纂的一部大型类书，收录入《永乐大典》的图书均未删未改，是最大的百科全书，收录上至先秦下达明初的古代重要典籍达七八千种之多，也是当时世界上最大的百科全书，比18世纪中叶出版的《大英百科全书》和《法国百科全书》要早300多年。

《永乐大典》藏于"文渊阁"中，对保存古代文化典籍，有重要贡献，是中华民族珍贵的文化遗产。

明成祖为开展对外交流，扩大明朝的影响，与世界各国建立了友好关系。

1405年，明成祖派遣宦官郑和为正使，王景宏为副使，率水手、官兵27800人，乘"宝船"62艘，远航西洋。

明朝舰队从苏州刘家港出发，至占城、马来西亚的马六甲、印度尼西亚的爪哇、苏门答腊及锡兰等地，经印度西岸折返回国。

以后又于1407年至1433年的20多年间，先后7次出海远航，经过30多个国家，最远曾达非洲东岸、红海和伊斯兰教圣地麦加，成为明初盛事。

这就是伟大的郑和下西洋。

明成祖还多次派遣吏部验封司员外郎陈诚、中官李达等官员出使西域诸国，西域诸国如帖木儿帝国、吐鲁番、失剌斯、俺都准、火州也与明朝多次互派使者往来，称臣纳贡。明朝与西域诸国加强了政治、驻军和贸易往来，使得全国的统一形势得到进一步发展和巩固。

郑和下西洋船队

■ 明代居庸关关楼

永乐时期派使臣来朝者达到了30余国，中亚的帖木儿帝国也与明朝多次互派使者往来。其中浡泥王和苏禄东王亲自率使臣来中国，不幸病故，分别葬于南京和德州。

1406年，明成祖出兵占领安南，即今越南。1407年，在河内设立了交趾布政司，也就是行省，下设15府、6州、200余县。后因当地人民反抗激烈，明朝廷于明宣1427年放弃，安南恢复黎氏王朝。

1409年，明朝在黑龙江下游东岸特林地方，设立了奴儿干都指挥使司，管辖今黑龙江、乌苏里江、松花江流域和库页岛等130多个卫所。

在明成祖永乐年间，明军多次北伐，边境形势一度改观。

1410年，明成祖为了彻底解决蒙古贵族的残余势力，御驾亲征率领明军北伐漠北。这次北伐，明军在飞云山大战中击破5万蒙古骑兵，迫使蒙古本部的鞑靼向明朝称臣纳贡，永乐帝封鞑靼大汗为和宁王。

随后明朝大军一直进入到极北的擒狐山，在巨石上刻字为碑"瀚海为镡，天山为锷"。

1414年，永乐帝举行第二次北伐，击败了蒙古另一部瓦剌，瓦剌遣使谢罪之后，永乐帝班师回朝。

1421年，永乐帝举行第三次北伐，大败兀良哈蒙古。蒙古势力遭到永乐帝的连续打击后，直到明英宗的土木之变前都无法对明朝构成威胁，但即使是土木之变，明朝也是迅速动员兵马取得了北京保卫战的胜利。

明中叶以后，随着蒙古的再次崛起，边境再次南移。并修建长城以防御蒙古，在长城沿线设置九边重镇加强防御。

长城也成为明中后期的北边，同时也是农耕区与游牧区的界线。

明成祖即位之初，对洪武、建文两朝政策进行了某些调整，提出"为治之道在宽猛适中"的原则。他利用科举制及编修书籍等笼络地主和知识分子，宣扬儒家思想以改变明初嗜佛之风，选择官吏力求因材而用，为当时政治、经济、军事等方面的发展奠定了思想和组织基础。

明代嘉峪关长城

明成祖所完善的文官制度在朝廷中逐渐形成了后来内阁制度的雏形。这个内阁制度被西方国家所效仿，一直延续至21世纪。

明成祖首先重建了在动乱的内战中陷于混乱的帝国的官僚体制。

■ 明代玉碗

历史悠久的文明古国

一方面他保留了洪武帝的基本行政结构，另一方面他的改组又注入了革新的内容，以矫正从前时代安排上的失误和适应变化中的需要。

第一步是先组建新的内阁，使之作为皇帝和官员之间的联系桥梁而在内廷发挥作用；这样就弥补了取消外廷的中书省之后所引起的结构上的缺点。内阁马上变成了官僚政制的主宰，并且作为文官在朝廷中的主要执行机构来进行工作。

第二步是重新组织了监视网，以确保他的地位的安全，同时用它来监察弊政。为了获取情报，他不仅依靠文官政制中的监察和司法官员，也依赖自己的宦官和锦衣卫。宦官们作为皇帝的私人仆役直接听命于皇帝，对皇帝公开表示绝对的忠诚，并且准备随时执行交给他们的任何任务。

1420年，在北京设了特殊的调查机构东厂，这个机构交给宦官掌管，从来不受正规司法当局的辖制。它是一个治安保卫机关的牢狱，直至明朝的灭亡才随

东厂 官署名。即东缉事厂，中国明代的特权监察机构、特务机关和秘密警察机关。东厂也是世界历史上最早设立的国家特务情报机关，其分支机构已远达朝鲜半岛。

之消失。

为了加强帝位的安全程度，又重建锦衣卫来协助宦官搞调查工作。明成祖征调了信得过的许多军官做他的指挥使，授予这些指挥使以各种秘密调查之权，还授权让他们拘捕和处罚一切被怀疑向他的权力进行挑战的人。

明成祖对各地方官吏要求极为严格，要求凡地方官吏必须深入了解民情，随时向朝廷反映民间疾苦。

1412年，明成祖命令入朝觐见的地方官吏五百余人各自陈述当地的民情，还规定"不言者罪之"。之后，又宣布地方官或中央派出的民情观察员，如果看到民间疾苦而不实报的，要逮捕法办。对民间发生了灾情，地方上要及时赈济，做到朝告夕应，无有壅塞。

在民族交流方面，明成祖隆重接待西藏具有巨大实力的宗教人物得银协巴，并由此与西藏的其他各方面的宗教领袖建立关系。1413年，萨迦派的教长应邀来北京，受到隆重接待，并于1414年由宦官护送回藏。

■ 明代故宫

驿站 是古代供传递官府文书和军事情报的人或来往官员途中食宿、换马的场所。驿站分驿、站、铺三部分。驿站是官府接待宾客和安排官府物资的运输组织。站是传递重要文书和军事情报的组织，为军事系统所专用。铺由地方厅、州、县政府领导，负责公文、信函的传递。

此后萨迦派的住持继续派使团来朝廷，直至15世纪30年代。当时，最伟大的宗教人物宗喀巴曾经与明朝朝廷交换礼物并派去使团。

明成祖还想方设法要把诸女真部落纳入纳贡制度之中。明朝廷设立了一系列的驿站，以便与住在偏远北方的女真人联系。为女真人设立了边境集市，少数集团获准在辽东的中国边境境内或邻近之地和在北京之北定居。定居者得到了礼物和粮食，有些部落领袖还接受了低官阶的武职和官衔。他们则报之以向明朝廷进贡土产品。

明朝的领土初年东北抵日本海、鄂霍次克海、乌地河流域，后改为辽河流域；北达戈壁沙漠一带，后改为今长城；西北至新疆哈密，后改为嘉峪关；并曾在今满洲、新疆东部、西藏等地设有羁縻机构。明成

🟧 明代番邦觐见朝拜复原图

祖时期甚至短暂征服并
统治安南。

1415年，明朝领土
面积达到约735万平方
千米。

明成祖比明朝的开
国皇帝对以后明代历史
的进程更具影响。他留
给了明代后来的君主们
一项复杂的遗产：一个
对远方诸国负有义务的

明代山水人物纹笔筒

帝国，一条沿着北方边境的漫长的防线，一个具有许多非常规形式的
复杂的文官官僚机构和军事组织，一个需要大规模的漕运体制以供它
生存的宏伟的北京。这份庞大的历史遗产，只有在一个被帝国理想所
推动的领袖领导下才能够维持。

阅读链接

据说朱棣在北平当燕王的时候，认识个叫道衍的和尚。道
衍一见朱棣，就说："要是有我帮着您，保准让大王您戴上一
顶'白'帽子。"

朱棣一听就明白了：自个儿现在是王，"王"字上再戴上
个"白"帽子，也就是说，"王"字上加"白"字，不就是
"皇"字吗？噢，这和尚是想帮着自己当皇帝呀！朱棣很高
兴，就把道衍留了下来。

时隔不久，朱棣在北平起兵，最后做了皇帝。道衍给朱棣
出了好些主意，朱棣也让道衍做了大官。

清朝康雍乾盛世

■ 康熙皇帝坐像

康雍乾盛世又称"康乾盛世"，是指康熙、雍正和乾隆三朝皇帝统治时期出现的盛世，是中国古代封建王朝的最后一次盛世。

康雍乾盛世起于1681年，止于1796年，时间110多年。在此期间社会稳定，经济快速发展，人口增长迅速，疆域辽阔。但因制度僵化，闭关锁国，使得这一局面无法长久。

康雍乾盛世作为中国历史上的一个重要时期，它在政治、经济、文化和对外关系等方面，都反映出不同以往的风格和特点。

清朝完善和确定了清代的政治制度。清朝也有内阁，但由于皇帝大多勤政，又推崇乾纲独断，导致内阁形同虚设。

清朝雍正时设有军机处，为朝廷最高决策机构，而军机大臣虽然有一定权力，但是在皇帝大权独揽又勤政的情况下，也常常是"跪受笔录"。

■ 雍正皇帝画像

清朝只有内阁大学士兼军机大臣才有宰相之实，可见清代对大臣的管制之严。清朝在地方每省设巡抚，这种制度在雍正时期确立。

总督、巡抚的权力很大，手握一省或几省的军政大权，但是清代有严密的监察体系和措施，所以清代地方权力虽大，但是一直是效忠中央。

清代的政治制度，单和中国历代相比，可以说较为完善，所以清朝廷一直保持着高效的办事效率。中央有决策，地方马上就可以执行，而且没有出现过地方督抚大叛乱的情况。

在晚清时期，虽然多次遭受西方列强侵略，但是国家没有分裂，可以看出康雍乾制定的政治制度是卓有成效的。

内阁 明清最高官署名。1658 年 7 月，清王朝参照明制，改内三院为内阁。大学士的品级改为正五品，这也是参照明制，怕大学士权力过重，而特降低其品秩，借以抑制。清末仿行君主立宪制，设责任内阁，以旧内阁与军机处合并为最高国务机关。北洋军阀时期改称国务院，仍称内阁。

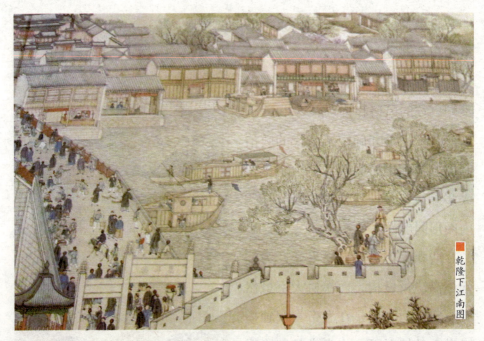

　　清朝前期的100多年里，农业生产的持续发展，耕地先表现在对荒地的大量开垦、耕地面积的扩大。1722年，突破了明代最高耕地统计数字，达到851万顷；到1725年，全国耕地面积为526万顷。

　　农业种植方法的进步，使粮食产量大幅度提高。广东部分地区收获早稻以后，又插晚稻；收获晚稻以后，再种油菜或甘薯，一年三熟。江西土薄，早稻收获以后不能续种晚稻，就种荞麦，一年两熟。由于南方多熟种植的推广，每年可增产粮食60多亿千克。

　　专门从事蔬菜生产的农民增多了。北京郊区的菜农，利用"火室""地窖"等设备，在冬季栽培韭黄、黄瓜等新鲜蔬菜，拿到市场上出卖。乾隆年间，原来不种棉花的河北一些地区，栽培棉花的占十之八九。

　　清朝前期，甘蔗种植遍及东南沿海各省。广东一些地方种植的甘蔗，往往上千顷连成一片，远远望去像芦苇一样。由于地理大发现，玉米、番薯、马铃薯等多种农作物从明代就自美洲经南洋输入。

　　清人陈世元撰《金薯传习录》，记述了冷床育苗，包世臣《齐民四术》中记述了翻蔓技术，番薯种植技术逐渐完善。玉米、番薯等高产作物的推广养活了更多的人口。

　　康乾时期之所以能以盛世得名，人口的大规模增长是主要因素。康熙时期中国人口重新突破1亿，1740年清查人口时，全国人数1.4亿，至1762年，已经超过2亿人，1790年突破3亿大关。

　　虽然清朝人口众多客观证明了康乾盛世是中国封建社会的一个高峰。但超过了人口合理容量，即使中国人口多，平均生活水平也很低。

　　为了统治汉人及其他少数民族而实行民族压迫政策，人民平均教育水平很低，使人口数量的优势并未转化为更高的综合国力。

　　康雍乾时期的手工业得到了很大发展。明末清初，因长期战乱，手工业生产遭到严重破坏。大约经

■ 清代丝织衣物

过五六十年的光景，至康熙中期以后，手工业才逐步得到恢复和发展。

丝织业在清代手工业中占有重要地位。当时江宁、苏州、杭州、佛山、广州等地的丝织业都很发达。虽然清朝统治者在江宁、苏、杭设有织造衙门，在一定程度上阻碍了江南丝织业的正常发展，但清代民间丝织业还是发展很快。

如江宁的织机在乾、嘉时达到3万余张，而且比过去有许多改进，"织缎之机，名目百余"，所产丝织品畅销全国，江宁的丝织业素负盛名，有着"秣陵之民善织"的美誉。

乾隆年间，江宁府有官营织机600多张，在织造局内从事丝织业生产的熟练技术工人近2 000名。当时，清朝政府为了更好地发展丝织业，便在南京设立江宁织造署，派织造官管理丝织业。

■ 古代纺织图

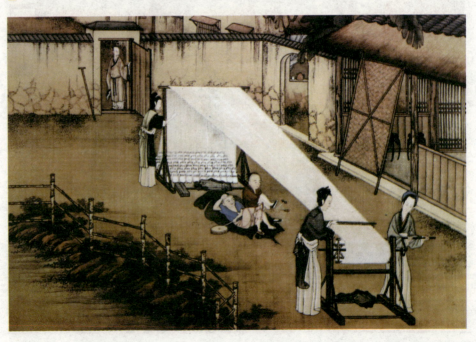

■ 清代绸庄复原图

　　江宁除官织之外，更多的是民间丝织业。南京城南聚宝门及江宁县的秣陵关、陶吴镇、横溪桥、东郊的孝陵卫等地，都是丝织业工人集中的地方。

　　据记载，"乾嘉间，机以三万余计"。当时的江宁拥有织机3万多台，男女工人5万多，依靠丝织业为生的居民约20万人。丝织业的花色品种比明代增多，以云锦和元缎最有名。仅元缎一项的年产值就达白银1 200万两以上。

　　道光时，贵州的遵义绸"竟与吴绫、蜀锦争价于中州"，却招致了秦、晋、闽、粤各省客商竞来购买贩运。遵义丝绸系以柞蚕丝为原料织作而成，有被面、缎背绉、美丽绸及和服绸等品种，以丝绸被面为传统产品。

　　遵义丝织品的特点是：绸身紧密，手感光滑柔软，温润如玉，轻飘而绚丽，具有桑蚕丝所特有的天然光泽。

闽 是福建省的简称，也是古闽国的简称，是中国古代少数民族之一。福建最早的名称是"闽"，其土著居民在历史上称为闽人。古闽人是以蛇为祖先，并以蛇为图腾，故"闽"字为门中有虫，"虫"的本义就是蛇。这种民俗至今仍在一些地方保存着。

清代绸缎庄

遵义地区13个县为柞蚕的主要产地，亦为贵州丝绸业发源地。至道光年间，这里已经成为丝织业发达之区和省内丝绸贸易中心。

清代棉织业在江南一些地区也日益发达。棉纺织工具有显著改进。如上海的纺纱脚车、织布机也有一些改进和革新。当时的棉布生产，无论数量或质量都比以前有很大提高。上海的"梭布"、苏州"益美字号"的苏布、无锡的棉布等，信誉极广，名达四方。

乾隆时，"坐贾收之，捆载而贸于淮、扬、高、宝等处，一岁所交易，不下数十百万"，有"布码头"之称。

在清代，棉布种类较多，有蜀布、都布、班布、云布、冷布、飞花布、丁娘子布、鸡鸣布、女布等。

布一般以棉、麻为原料，经过纺纱而织成布之后，又经过浆染、印花，成为各种类型的布。如蓝印花布，以油纸刻成花板，然后蒙在白布上，用石灰、豆粉和水调成防染粉浆刮印，待其干后，用蓝靛染色，再干后，刮去粉浆，即成花布。

清代民间的蓝印花布较为普遍，有蓝地白花、白地蓝花，内容有花卉、人物、故事等。

清朝时期陶瓷文化，清朝中国瓷器可谓登峰造极。数千年的经验，加上景德镇的天然原料，督陶官的管理，清朝初年的康熙、雍正、乾隆三代，因政治安定，经济繁荣，皇帝重视，瓷器的成就也非常卓越，皇帝的爱好与提倡，使得清初的瓷器制作技术高超，装饰精细华美，成就不凡。

清代，江西景德镇仍是全国制瓷业的最大中心。至乾、嘉时，不说官窑，单民窑工匠人数就不下10余万。由于瓷器需求量的激增，使康、雍、乾三代的景德镇瓷业进入了制瓷历史高峰。

官窑 绛则是一个相对广义的概念。历代由朝造专设的瓷窑均称"官窑"，所产瓷器称为"官窑瓷"。"官瓷"是一个特定的特谓，专指宋大观及政和年间于汴梁所设的官窑所造瓷器，青瓷釉色晶莹剔透，有开裂或呈冰片状，粉青紫口铁足是其特色。诸如：官窑出战戟、这种瓷器和汝瓷、哥瓷、宋钧瓷、定瓷合称中国五大名瓷。

■ 清代景德镇瓷器制作图

康熙时期的青花、三彩、郎窑红、豇豆红、珐琅彩等装饰品种，风格别开生面。

雍正时期的粉彩、斗彩、青花和高低温颜色釉等，粉润柔和，朴素清逸。

乾隆时期的制瓷工艺，精妙绝伦、鬼斧匠工，前无古人。青花玲珑瓷、象生瓷雕、仿古铜、竹木、漆器等特种工艺瓷，栩栩如生，巧夺天工。

除景德镇外其他各地的制瓷业也都发展起来。尤其西风渐进，陶瓷外销，西洋原料及技术的传入，受到外来影响，使陶瓷业更为丰富而多彩多姿。

据统计，乾隆时全国著名陶瓷品产地共有40余处，遍布各地。如直隶武清、山东临清、江苏宜兴、福建德化、广东潮州等地的窑场，都有很大的规模。所产瓷器色彩鲜艳，精美异常。

制糖业在福建、广东、四川等地都很发达。康熙至乾、嘉之际，中国台湾的种蔗制糖极盛，每年产蔗糖60余万篓，一篓近100千克，内销京津及江浙各省，外运越南及吕宋，东至日本等国。广东的蔗糖也

清海外贸易复原图

■ 清打铁匠人蜡像

贩运四方。

此外，浙江、江西、江苏等省的甘蔗种植和制糖行业，也日益发展起来。

矿冶业在清代也有进一步发展。云南的铜矿，贵州的铅矿，广东、山西、河南、山东的铁矿，开采的规模都比较大。如云南的铜矿，至乾、嘉极盛时，全省开办的铜厂有300多处。

其中有官督商办大厂，也有私营小厂。1740年至1811年间，云南铜矿的年产量达到1467万余千克。乾隆时，贵州铅矿年产黑铅也达到1400多万千克。

广东的铁冶规模很大。广东佛山镇的铁器制造业也很发达。那里有铸锅业、炒铁业、制铁线业、制钉业和制针业等行业，而尤以铸锅业最为有名。所铸铁锅不仅行销国内各地，而且也大量输出国外。

清代前期，商业贸易十分繁荣，各种商品行销海内外，四方流通联系更加的密切。如河南、东北的棉花供销全国各地，而棉花却又仰给于外省。广东佛山镇的各种铁器，行销全国，当时有"佛山之冶遍天下"的说法。

清代海外贸易图

其他如苏州的丝、棉织品、南京的绸缎、景德镇的瓷器、广东、台湾的蔗糖、安徽、福建、湖南的茶，也都行销各地。

特别是江南的丝织品，清代比明代有更广大的国内外市场。例如，南京所产的绸缎，几乎行销全国。当时中国的手工业产值占全世界工业、手工业产值的30%。

清初的文人学者，不满统治者的民族压迫和专制统治，较普遍地存在反对清民族思想，有些人还有进步的民主思想。这时期的诗文作家，即以抱有这种思想的明遗民为主体。

黄宗羲、顾炎武、王夫之三人是这时期最杰出的思想家和学者。他们的散文，以深厚的功力，表现了强烈的民族思想和不同程度的民主思想，超越了明末时期散文的成就，显示了崭新的面貌；他们诗歌的风骨也很高。

遗民诗 易代后不仕新朝的"遗民"的诗作。在文学研究上，一般特指宋元之际、明清之际这两个时期的遗民诗歌。明清之际的遗民诗歌不仅是前代诗歌的悲壮结束，更是新朝代诗歌的辉煌起点。遗民诗也成了这个时代的标志，历史学家称这个时代为"机器时代"。

重要的遗民诗人，还有归庄、杜濬、吴嘉纪、阎尔梅、钱澄之、屈大均、陈恭尹等。遗民诗的重要主题，是反映民族矛盾，表现爱国思想；阎尔梅、钱澄之、吴嘉纪又较多地反映了当时的社会和阶级矛盾。在风格上，也各有特色。

康熙后期，统治巩固，文士又多是在清朝成长的，其身世与明遗民不同。这时期的诗歌，就不再以表现民族矛盾与阶级矛盾为主，而是致力于艺术技巧的追求，内容以抒情吊古和摹写山水为主。

著名诗人有施闰章、宋琬、王士禛、朱彝尊、查慎行、赵执信等。王士禛为神韵派领袖。查慎行的诗刻画精工，成就较大。赵执信则比较注重反映现实。

此外，长篇小说在本时期放射出特有的巨大的光彩，这就是吴敬梓的《儒林外史》与曹雪芹的《红楼梦》两部巨著的出现。

短篇文言的笔记小说，有纪昀的《阅微草堂笔

黄宗羲（1610—1695），字太冲，号南雷等。浙江省人。明末清初思想家。与顾炎武、王夫之并称明末清初三大思想家或清初三大儒；与弟黄宗炎、黄宗会号称浙东三黄；与顾炎武、方以智、王夫之、朱舜水并称为"明末清初五大家"，也有"中国思想启蒙之父"之誉。

371

近世时期

繁荣时代

《红楼梦》人物插图

记》、袁枚的《新齐谐》等，成就都不及前期的《聊斋志异》。

康乾时期清朝统治者汇集众多专家、学者编修了《康熙字典》《古今图书集成》《四库全书》等大型文化典籍，成为中国宝贵的文化遗产，然而清统治者毁书也多，则是一大罪过。

清帝国版图在乾隆于1759年平定新疆后达到空前扩张，北起自外兴安岭以南，东北至北海，东含库页岛，西至巴尔喀什湖以东，继承了1758年准噶尔汗国的边界，形成了空前"大一统"的多民族国家。

乾隆帝派明安图等人两次到新疆等地进行测绘，在《皇舆全览图》的基础上，绘成《乾隆内府舆图》。

清朝因沿袭了汉族王朝的天下观，将西方国家视为夷狄，着眼于怀柔远人和外夷归附，但又严加防范。在康乾时期向其朝贡的国家有朝鲜、琉球、安南（越南）、南掌（老挝）、暹罗（泰国）、缅甸、廓尔喀（尼泊尔）、哲孟雄（锡金）、不丹，浩罕、哈萨克、布鲁特、布哈尔、巴达山克、爱乌罕（阿富汗）、苏禄、博罗尔、玛尔噶朗、坎巨提、安集延、那木杆、兰芳共和国等。

■ 清代《钦定四库全书》

康乾时期中国还与沙皇俄国签订了《尼布楚条约》《恰克图条约》等条约，划清了中俄两国的疆界，阻止沙皇俄国南侵的势头。

康乾时期国际社会发生了前所未有的变革。在西方世界，产业革命爆发，启蒙运动风行，资产阶级革命风起云涌，欧洲列强凭借自己强大的综合力量，力图按自己的意志重新改造世界。

在这种情况下，康熙曾经以浓厚的兴趣积极向传教士学习天文、数学、医学等方面的知识，乾隆及其皇子也对外国的科学发明产生过相当的兴趣，对西洋的军舰印象尤其深刻。

康熙皇帝是中国历史上最早接触西方科技的人之一，但他还把许多西方的科技项目当成了自己的玩具。当他玩着这些玩具正高兴的时候，西方已经大步地走向了工业化社会，他的帝国还陷在"你耕田来，我织布"的田园牧歌里出不来。

康熙并不是没有机会近距离地接触这种西方先进的科技知识的。比如，1682年康熙巡视辽东，夜间宿营时，他拿出几年前给他制作的小型星座图表，依据星的位置说出时刻来。又如，1691年8月21日，召见张诚，向他学习使用天文环，康熙虽然弄得满头大汗，还是对这个仪器的全部用法进行了实习。他对天文环及半圆仪的准确程度给予了高度评价。

康熙对天文学的兴趣和造诣，也许可以说在中国历代帝王中绝无仅有，但他并不是清代唯一对天文学有兴趣的皇帝。雍正也在宴请耶稣会士时想了解九星联珠的情况，并就它们的推算提了各种问题。

虽然康熙早了解了西方的科技，甚至亲自接触了西方的科技，但直至康熙一朝结束，在他领导下的大清帝国没有一点要向西方学习科技的意思。

由于清朝统治者实行严格的限关政策，使它和发达国家的距离已经越拉越大。果然，"康乾盛世"结束后不到半个世纪，鸦片战争就爆发了，中国随之陷于半殖民地的苦难深渊。

康雍乾三朝盛世时期的中国虽然在政治制度和科学技术等方面落后于西方，但它毕竟是封建社会的又一次太平盛世，繁华高峰。由于历史的局限，不可能每一个盛世都是完美的。

"康乾盛世"所存在的问题，其实，也正是后来者锐意变革的潜在动力。

阅读链接

雍正帝虽然残酷多疑，但确实是一位治国之君。他不好声色，不尚奢靡，张廷玉说他每次见到皇上用餐时，从不掉一颗饭粒或饼屑。他经常教育厨师要珍惜粮食，不能浪费粮食。

雍正帝日夜勤于国事，很少有人与他在一起。批阅奏折累了，唯一的消闲，就是独自饮酒、赏心或赋诗。

他有一首诗，把自己描写得十分形象逼真："对酒吟诗花劝酒，花前得句自推敲。九重之殿谁为友，皓月清风作契交。"

可见雍正帝真正是一个孤家寡人。

变法图强

历代变法与图强革新

革故鼎新

春秋战国是中国历史上的上古时期。这一时期是中国奴隶制崩溃、封建制确立的过渡时期，并出现了中国历史上的第一次思想大解放，形成了"百家争鸣"的局面。

在这样的历史背景下，各国变法运动风起云涌，涌现出管仲、子产、李悝、吴起、申不害、赵武灵王及商鞅这样的改革家。

这些改革先行者在经济、政治、军事、文化等方面的变法，为奴隶制向封建制过渡进行了革故鼎新。他们名垂千秋，永载史册。

齐国管仲改革

管仲是春秋时期著名的政治家、军事家、思想家和经济学家。

管仲的一生，不仅建立了彪炳史册的功勋，还给后世留下了一部以他名字命名的巨著——《管子》。他主张法治，全国上下无论贵贱都要守法，赏罚功过都要依法办事；重视发展经济，认为国家的安定与否，人民的守法与否，与经济发展关系十分密切；主张尊重民意，以"顺民心为本"。

他在内政、军事、经济和外交方面的变法改革，不仅使齐国大治，也使齐桓公成为春秋时期的第一霸主。由于他卓越的历史功绩，被称为"春秋第一相"。

■ 管仲画像

管仲少时贫困，曾和鲍叔牙合伙经商。在齐国的齐桓公与其兄弟公子纠争夺王位时，管仲曾经助公子纠争位，此举失败后，他经好友鲍叔牙推荐到了齐桓公这里。

当时的齐国已经出现严重的财政危机，国库空虚。同时，齐国面临着复杂的外部严峻形势，各邻国之间不断发生战乱，而对齐国也是虎视眈眈。在这种情况下，齐桓公经常同管仲商谈国家大事。

一次齐桓公召见管仲，首先把想了很久的问题摆了出来。"你认为国家可以安定下来吗？"

■ 齐桓公雕像

管仲通过这个阶段的接触，深知齐桓公的政治抱负，但又没有互相谈论过，于是管仲就直截了当地说："如果你决心称霸诸侯，国家就可以安定富强，你如果要安于现状，国家就不能安定富强。"

齐桓公听后又问："我还不敢说这样的大话等将来见机行事吧！"

管仲被齐桓公的诚恳所感动，于是他急忙向齐桓公表示："君王免臣死罪，这是我的万幸。臣能苟且偷生到今天，不为公子纠而死，就是为了富国家强社稷；如果不是这样，那臣就是贪生怕死，一心为升官发财了。"

齐桓公被管仲的肺腑之言所感动，便极力挽留，

公子纠（？—前685），春秋时期齐国人。齐襄公执政时政令无常，公子纠恐遭杀害，携管仲、召忽奔鲁。襄公与公孙无知被杀后，齐国内乱，鲁派兵护送他返齐争位，结果出奔在莒的公子桓公已先回齐即位，派兵在乾时击败鲁军，在齐国胁迫下，他为鲁君所杀。

并表示决心以霸业为己任，希望管仲为之出力。

后来，齐桓公又和管仲进行了多次探讨。由于管仲系统地论述了治国称霸之道，使齐桓公的全部问题都迎刃而解，不久就拜管仲为相，主持政事。齐桓公还用古代帝王对重臣的尊称"仲父"来称谓管仲。

于是，管仲站在历史的前沿，以一个改革者的魄力，对齐国的内政、军事、经济和外交实施了全面性的改革。

在政治方面，管仲通过行政区划，把国都划分为6个工商乡和15个士乡，共21个乡。15个士乡是齐国的主要兵源。齐桓公自己管理5个乡，上卿国子和高子各管5个乡。

管仲又把行政机构分为3个部门，制定三官制度。官吏有三宰。工业立三族，商业立三乡，川泽业立三虞，山林业立三衡。

郊外三十家为一邑，每邑设一司官。十邑为一卒，每卒设一卒师。十卒为一乡，每乡设一乡师。三乡为一县，每县设一县师。十县

管仲纪念馆

为一属，每属设一大夫。全国共有五属，设五个大夫。

每年初，由五属大夫把属内情况向齐桓公汇报，督察其功过。于是全国形成统一的整体。

管仲整顿行政系统的目的是"定民之居"，使士、农、工、商各就其业，从而使部落的残余影响被彻底革除，行政区域的组织结构更加精细化，并且有效地维护了社会稳定。

在军事方面，管仲强调寓兵于农，规定国都中五家为一轨，每轨设一轨长。十轨为一里，每里设里有司。四里为一连，每连设一连长。十连为一乡，每乡设一乡良人，主管乡的军令。

战时组成军队，每户出一人，一轨五人，五人为一伍，由轨长带领。一里五十人，五十人为一小戎，由里有司带领。

一连二百人，二百人为一卒，由连长带领。一乡两千人，两千人为一旅，由乡良人带领。五乡一万人，立一元帅，一万人为一军，由五乡元帅率领。

齐桓公、国子、高子三人就是元帅。这样把保甲制和军队组织紧密结合在一起，每年春秋以狩猎来训练军队，于是提高了军队的战斗力。

管仲又规定全国百姓不准随意迁徙。人们之间团

■ 管仲铜像

三宰 即三卿。三宰就是掌群臣的重要官员。宰，是殷商时开始设置的，原掌管家务与奴隶，后为侍从君王左右之臣。西周沿置，掌王家内外事务，又在王左右参与政务。春秋时各国均设置，多称为"太宰"，为朝廷大臣，总管内朝事务和财务。

■ 齐国刀币 又称齐刀，主要为齐国铸造，主要流通在齐国也就是今天的山东半岛地区。齐刀比较厚重，以厚大精美而著称，基本形制是尖首、弧背、凹刃，刀的末端有圆环，面、背有文字或饰纹。从齐威王至齐宣王时代，齐国以齐法化统一了各种刀币。

结居住，做到夜间作战，只要听到声音就能辨别出是敌我；白天作战，只要看见容貌，大家就能认识。

为了解决军队的武器，管仲规定犯罪可以用盔甲和武器来赎罪。犯重罪，可用甲与车戟赎罪。犯轻罪，可以用值与车戟赎罪。犯小罪，可以用铜铁赎罪。这样可补充军队的装备不足。

管仲的军事改革，不仅实行了军政合一，也达到了利用宗族关系来加强国家常备军事力量的目的。

在经济方面，管仲提出了"相地而衰"的土地税收政策，就是根据土地的好坏不同，来征收多少不等的赋税。这一政策，使赋税负担趋于合理，提高了人民的生产积极性。

管仲又提倡发展经济，积财通货，设"轻重九府"，观察年景丰歉，人民的需求，来收散粮食和物品。又规定国家铸造钱币，发展渔业、盐业，鼓励与境外的贸易，齐国经济开始繁荣起来。

改革初见成效，这时齐桓公认为，现在国富民强，有资格会盟诸侯。

但管仲谏阻道："当今诸侯，强于齐者甚众，南有荆楚，西有秦晋，然而他们自逞其雄，不知尊奉周王，所以不能称霸。周王室虽已衰微，但仍是天下共主。东迁以来，诸侯不去朝拜，不知君父。您要是以尊王攘夷相号召，海内诸侯必然望风归附。"

管仲说的"尊王攘夷"，就是尊重周朝王室，承认周天子的共同领袖的地位；联合各诸侯国，共同抵御戎、狄等部族对中原的侵扰。攘夷于外，必须尊王，顺应了当时戎狄内侵、中原各国关注如何抵御的态势。尊王成为当时一面正义旗帜。

在管仲"尊王攘夷"的建议下，齐国先是与邻国修好：归还给鲁国以前侵占的棠、潜两邑，让鲁国作为南边的屏障；归还卫国以前侵占的台、原、姑、漆里4个邑，让卫国成为西边的屏障；归还燕国以前侵

秦晋 指春秋战国时期的秦、晋两个诸侯国。秦国经商鞅变法后逐渐强盛，后来统一中国，公元前207年亡于秦末农民战争。晋国出自周成王弟唐叔虞，后来因韩虔、赵籍、魏斯三家分晋而亡。秦、晋两国曾经世通婚姻，后泛称两姓之联姻，也泛指双方和睦相处，永结秦晋之好。

■ 齐国古长城遗址

诸侯会盟 古代诸侯间会面和结盟的仪式。春秋时代，一些较小的诸侯国为了抵御大国侵略，联合作战，一些大国利用自己的实力和影响，胁迫其他小国加入自己的阵线，都曾会盟。其中，以葵丘会盟、践土会盟、黄池会盟、徐州会盟最为著名，被合称为春秋四大会盟。

占的柴夫、吠狗两邑，让燕国成为北部的屏障。

公元前681年，在甄召集宋、陈、蔡、邾四国诸侯会盟。通过会盟，齐桓公在诸国间获得了极高的威信，最终成为春秋时期第一位霸主。

此外，作为一个思想家，管仲推行礼、法并重，也就是推行道德教化，也可以称之为"德治"，形成了"霸业"和"礼治"相结合的思想体系。这就是他的礼、法统一理论。

管仲曾经说："仓库充实了，人才知道礼仪节操，衣食富足了；人才懂得荣誉和耻辱。君主如能带头遵守法度，那么，父母兄弟妻子之间便会亲密无间。礼义廉耻得不到伸张，国家就要灭亡。国家颁布

■ 齐国城郭复原场景

的政令像流水的源泉一样畅通无阻，是因为它能顺应民心。"

管仲的礼、法统一理论认为，在治国的过程中，礼义教化与厉行法制是相辅相成的。这一理论较之儒家的重礼教轻法制，较之秦晋法家的严刑峻法，较之道家的无为而治思想，无疑是一种更全面，更有价值的理论。

管仲改革实质是废除奴隶制，向封建制过渡。他的改革不仅是对中国夏、商、周1000余年政治发展史的总结，而且开启了一个全新的时代。

管仲的改革措施使齐国的实力迅速强大起来，齐国出现了人民富足、社会安定的繁荣局面。齐国衰微的国势迅速上升，为齐桓公的图霸和齐国以后长期的大国地位奠定了基础。

管仲的改革措施为诸侯国开创了全新的政治改革模式，对一个国

管仲画像

家的政治、经济、社会、军事、外交等方面进行了系统的制度化改良，从而为诸侯国如何成长为一个真正的"大国"建立了全面而系统的改革模式。因此，他的改革成为了春秋战国时期一系列改革运动的肇始先声。

管仲的改革措施对后世有大量可以思考回味之处，比如，重农而不抑商，再如，藏富于民和寓兵于民的策略，的确很高明，足以让后世统治者作为参考。

走进历史深处，当我们真正领略了管仲改革的风采，我们不得不在心灵深处为管仲在那个遥远的时代所做的一切感到震撼！

阅读链接

管仲与鲍叔牙的感情非常深厚，鲍叔牙对他也有着深刻的了解。管仲当初贫困的时候，曾经和鲍叔牙一起经商，分财利时自己常常多拿一些，但鲍叔牙并不认为他贪财，知道他是由于生活贫困的缘故。

管仲曾经三次做官，三次都被君主免职，但鲍叔牙并不认为他没有才干，知道他是由于没有遇到好时机。管仲曾三次作战，三次都战败逃跑，但鲍叔牙并不认为他胆小，知道这是由于他还有老母的缘故。

管仲晚年曾数次向人说："生我的是父母，但了解我的却是鲍叔牙啊！"

韩国申不害变法

申不害是中国战国中期法家著名的代表人物，以"术"著称。他在韩国变法10多年，内修政教，外应诸侯，帮助韩昭侯推行"法"治、"术"治，使韩国君主专制得到加强，国内政局得到稳定，贵族特权受到限制，百姓生活渐趋富裕，兵力强盛，没有人敢侵略韩国，确实是收到了富国强兵的特别效果。

韩国虽然处于强国的包围之中，却能相安无事，成为与齐、楚、燕、赵、魏、秦并列的战国七雄之一。

在韩国历史上，申不害是一个值得重视的政治改革家。

■ 申不害画像

韩昭侯（？—前333），名韩武，别称韩厘侯、韩昭厘王。战国时期韩国国君。战国七雄之中，以韩国最为弱小。韩昭侯在位期间任申不害主持国政，内修政务，外御强敌，国势安定。使韩国政治清明，国力强大，诸侯不敢侵韩。

申不害原是郑国京邑人，曾为郑国小吏。公元前375年，郑国被韩国灭亡，申不害成为了韩国人，并做了韩国的低级官员。

公元前354年，素与韩有隙的魏国出兵伐韩。面对重兵压境的严重局面，韩昭侯及众大臣束手无策。危急关头，申不害审时度势，建议韩昭侯执圭去见魏惠王。

申不害对韩昭侯说："我们现在要解国家危难，最好的办法是示弱。今魏国强大，鲁国、宋国、卫国皆去朝见，您执圭去朝见魏王，魏王一定会心满意足，自大骄狂。这样必会引起其他诸侯的不满而同情韩国。"

韩昭侯采纳了申不害的建议，亲自执圭去朝见魏惠王，表示敬畏之意。魏惠王果然十分高兴，立即下令撤兵，并与韩国约为友邦。

■ 战国时期军队作战模型

战国形势图
(公元前350年)

■ 战国局势地图

申不害由此令韩昭侯刮目相看，逐步成为韩昭侯的重要谋臣，得以在处理国家事务上施展自己的智慧和才干。

公元前353年，魏国又起兵伐赵，包围了赵国都城邯郸。赵成侯派人向齐国和韩国求援。韩昭侯一时拿不定主意，就询问申不害，应如何应对。

申不害担心自己的意见万一不合国君心意，不仅于事无补还可能惹火烧身，便回答说："这是国家大事，让我考虑成熟再答复您吧！"

随后，申不害不露声色地游说韩国能言善辩的名臣赵卓和韩晁，鼓动他们分别向韩昭侯进言，陈述是否出兵救赵的意见，自己则暗中观察韩昭侯的态度。

申不害终于摸透了韩昭侯的心思，于是进谏说应当联合齐国，伐魏救赵。韩昭侯果然大悦，即听从申

赵成侯（？—前350），原名赵种，赵敬侯之子。战国时期赵国的君主。公元前353年，魏国派大将庞涓带兵攻打赵国，围赵国都城邯郸。齐使田忌、孙膑救赵，败魏于桂陵。公元前351年，魏惠王与赵成侯在邯郸城南的漳水会盟，赵成侯被迫接受屈辱条约。

战国捧茶侍女木俑

不害意见，与齐国一起发兵讨魏，最后迫使魏军回师自救，从而解了赵国之围。这就是历史上著名的"围魏救赵"的故事。

韩昭侯从申不害处理外交事务的卓越表现及其独到的见解，发现这位郑国遗民原来是难得的治国人才，便想委以重任。

韩国自从灭亡郑国后虽然版图扩大了不少，但与其他大国相比，无论从国土面积，还是从国力上讲，都不能算是强国。此时，各国的变法运动风起云涌，不变法就有落后和被别人吃掉的危险。

在当时已经进行的变法中，魏国的李悝变法是比较成功的一个榜样。李悝是法家人物，韩昭侯也想用一个法家人物主持变法。于是，韩昭侯选中了申不害。因为申不害不仅具有临危处事的能力，他还是法家重要的代表人物。

申不害少年时就崇尚黄老学派，认同老子"人法地、地法天、天法道、道法自然"，以及一切事物都有正反两个方面，并且可以互相转化等观点。申不害是法家中主张"术治"的一派的代表人物，他主张国君要以术驾驭群臣，操生杀之权，监考群臣之能。

申不害的"国君要以术驾驭群臣"，是讲国君如何控制大臣、百官，是君主驾驭臣下的手腕、手法，

黄老学派 黄老学派产生于战国中期，是齐国稷下学宫的一个学派。黄老学派的代表作是《老子》，其学说的主要核心是"无为而治"、与民休息。西汉王朝总结秦朝骤亡的教训，主张黄老学派的学说作为治国的指导思想，将它运用到政治和法制实践中，并取得显著的成效。

也就是权术。其核心包括两个方面：一是任免、监督、考核臣下之术，史称"阳术"；二是驾驭臣下、防范百官之术，人称"阴术"。

战国红玛瑙摆件

为了能够有效驾驭群臣，申不害强调国君要"操生杀之权"，要求君主在国家政权中拥有独裁地位，要求臣下绝对服从君主，即"尊君卑臣"。君主要独断，要把生杀大权牢牢掌握在自己手中，绝不能大权旁落。具体工作可以交给臣下，国君不必事必躬亲。

此外，国君还要"监考群臣之能"，即对群臣进行监督、考查、防范。国君任命了臣下，理所当然地要求臣下忠于职守、严格遵守法令，并要防止臣下篡权夺位。

因此，臣下是否真正胜任所担负的职责？工作业绩如何？其属下臣民有何反映？有没有违法乱纪、以权谋私的现象？有没有人要搞阴谋诡计？所有这些，国君都必须进行考察。这是保证行政工作效率和

■ 战国玉龙形佩 为当时最高级的贵族始能拥有的象征身份的玉佩。品相端庄，雕工精致，局部灰黑斑；器表多薄沁一层灰白斑。两面花纹相同。卷鼻与长鬣分别向前后伸展，下颚作圆弧形，龙口上下颚以分，腮边刻饰雕有斜格纹的盾形图案；似蛇的体躯，又附加各式卷勾；龙体上满雕谷纹，谷粒多排列成行，卷勾上常雕有毛束纹。为典型的战国风格。这为当时最高级的贵族始能拥有的象征身份的玉佩。

国治民安的重要手段。

以上主要是"阳术"。但只有"阳术"还不够，还必须有"阴术"。因为做国君是天下之大利，人人都想取而代之。君主要集权，某些权臣、重臣也会想揽权、篡权。

因此，在新兴地主阶级夺取政权之后，防止某些权臣专权、揽权，甚至进行篡权活动就成为当时的一个重要社会问题。这就要求国君善于控制臣下，及时发现臣下的毛病和阴谋。为此，君主就需要设一些耳目，及时了解、掌握臣下的情况。

正因为申不害有一套在当时来看很成熟的法制理论，所以，韩昭侯于公元前355年任用申不害为相国，在韩国实行变法。于是，申不害在韩国实行以"术"为主的法制改革。

申不害变法改革的第一步就是整顿吏治，加强君主集权统治。在韩昭侯的支持下，首先向凭借封地自重的侠氏、毫米和段氏三大强族开刀，果断收回其特权，摧毁其城堡，清理其府库财富充盈国库。这不但稳固了韩国的政治局面，而且使韩国实力大增。

与此同时，大行"术"治，整顿官吏队伍，对官吏加强考核和监督。这有效提高了国家政权的行政效率，

相国 中国古代的官名。春秋时期齐景公设左、右相，相成为齐国卿大夫的世袭官职。从魏国魏文侯以李悝为相以后，列国纷纷开始设置"相"这个文官总长，以及"将"这个武官总长，文武开始分立。官分文武，以致分散了大臣的权力，强化了君权。

■ 战国三鸟簋

使韩国显现出一派生机勃勃的局面。

■ 战国牛虎铜案

申不害在大行"术"治的过程中，一直反对立法行私。他认为，君主只有用法才能使群臣的行为统一起来，只有用法的标准来衡量群臣的行为，才能使行政工作正常运转。

有一天，韩昭侯对申不害感叹地说："国家有了法制，要执行起来，可真不容易！"

申不害联系韩国当时所出现的情况，分析道："这为什么会难呢？要想不难，就要让执法的人赏罚分明，不讲私情，只有真正有功的人才能受赏封官。然而君王您却不这样，经常私下里接受那些亲戚宠臣的要求，徇私情，不按法律行事，这样执行起来当然就难了。"

韩昭侯听了，连连点头，承认了自己的过错，说："你说得对！从今以后，我懂得了怎样去执行法律了。"

申不害又向韩昭侯建议整肃军兵，并主动请命，自任韩国上将军，将贵族私家亲兵收编为国家军队，

上将军 中国古代武将的官名。战国已有，秦因之。汉末以后，将军名号繁多，逐渐废弃。三国魏晋时只作为尊称。唐宋时期上将军官位复原。自唐以后，上将军、大将军、将军，或为环卫官，或为武散官。宋、元、明三朝，多以将军为武散官；殿廷武士也称将军。

与原有国兵混编，进行严格的军事训练，使韩国的战斗力大为提高。

特别值得一提的是，申不害为富国强兵，还十分重视土地问题，极力主张百姓多开荒地，多种粮食。同时，他还重视和鼓励发展手工业，特别是兵器制造。所以战国时代，韩国冶铸业比较发达。

申不害在韩国做相国10多年，内修政教，外应诸侯，帮助韩昭侯推行"法"治、"术"治，使韩国君主专制得到加强，国内政局得到稳定，贵族特权受到限制，百姓生活渐趋富裕。韩国虽然处于强国的包围之中，却能相安无事，成为与齐、楚、燕、赵、魏、秦并列的"战国七雄"之一。

战国乐器

申不害以"术"治国，对韩国政权的巩固起到了良好的作用，在中国历史上有着深远的影响，后世帝王在其统治政策中，也或多或少地用申不害的"术"去治御臣下，从而加强帝王的权力。

不过申不害以"术"治国的思想不够纯正，以至于为一些人搞阴

■ 司马迁 （前145或前135—约前87），字子长，生于西汉时夏阳，即今陕西省韩城西南靠近龙门。西汉史学家和文学家。所著《史记》是中国第一部纪传体通史，同时在文学上取得了辉煌的艺术成就。因此，鲁迅称之为"史家之绝唱，无韵之离骚"。

谋诡计开了先河，使相当一部分大臣变得老奸巨猾起来。不纯正的思想必然不能长久，韩昭侯之后，韩国迅速衰落。

申不害研究术，有正面的领导控制方法，也有阴谋诡计，我们现在不能说他是否道德，但可以说，他的思想和研究是可以启迪后人的。

司马迁在《史记》中对申不害的变法成绩做出了肯定，说申不害在韩国变法的10多年里，国家太平、富强，兵力也非常强大，使得别的国家对韩国不敢有吞并之心。因此，申不害是历史上一个不容忽略的改革家，尤其是他提出的官员考核制度，给后代的君主选拔官员提供了很好的借鉴。

战国玉盟书

阅读链接

申不害曾经私下请求韩昭侯给自己的堂兄封一个官职，韩昭侯不同意，申不害面露怨色。

韩昭侯说："你常教寡人要按功劳大小授以官职等级，如今又请求为没有建立功业的兄长封官，我是答应你的请求而抛弃你的学说，还是推行你的主张而拒绝你的请求呢？"

申不害慌忙请罪，对韩昭侯说："君王真是贤明君主，请您惩罚我吧！"

其实，这是申不害对韩昭侯的一次试探，他看到韩昭侯真是一位贤明君主，从而坚定了助其变法革新的决心。

秦国商鞅变法

商鞅是战国时期政治家、改革家和思想家、法家代表人物。

商鞅通过变法，使秦国经济发展，出现了"家给人足"的繁荣景象，全国百姓以私下斗殴为耻，以为国家立下战功为荣，国家战斗力不断增强，富国强兵的秦国，成为战国后期最强大的国家。

商鞅变法是战国时期最彻底的一次变法。它不仅推进了秦国社会的发展，而且推动宗法分封制向中央集权制转型，为秦始皇建立大一统帝国奠定了基础，对后世产生了深远的影响。

变法成果被秦国继承和发扬，更使得秦国封建法制得以迅速发展与完善。

■ 商鞅浮雕

■ 战国马车

战国初年，随着新兴地主阶级的经济实力的增长，他们就想获得相应的政治权力。因此纷纷要求在政治上进行改革，发展封建经济，建立地主阶级统治。

而此时的周王室其统治已经名存实亡，主宰天下的是齐、楚、燕、韩、赵、魏、秦七国。这七国不断地进行兼并战争，都想统一天下。

如何加强实力呢？出路只有一条，就是改革。当时各国纷纷进行改革，秦国也是其中之一。

秦国地处西陲，因经济、文化落后、百姓蒙昧、国力衰微，常遭魏国等中原大国的歧视和欺负。这种形势逼得秦国不得不进行改革。秦国商鞅变法正是在这种背景下发生的。

公元前361年，秦孝公即位。这时的秦国更加不为各国重视，连权力被架空的周天子都不愿意搭理

秦国 春秋战国时期的一个诸侯国。国君为嬴姓。秦最初的领地在今天陕西省西部，在当时属于中国的边缘部分。秦在战国初期也比较落后。从商鞅变法才开始改变。公元前246年秦王嬴政登基，至公元前221年秦灭齐国，统一了中国。

青铜器周生豆

秦国。于是，秦孝公决心改变秦国的形象，并在即位当年颁布了求贤令："不管是本国人，还是外国人，谁有好办法使秦国富强起来，就封他做大官，赏给他土地。"

当时，有个卫国没落贵族商鞅，欲展才学，他见到秦孝公的"求贤令"后，就投秦一试。商鞅见到秦孝公，阐述了自己的治国理论，认为秦国要想强盛，唯有变法图新。秦孝公闻言大悦，与商鞅秉烛达旦三日。秦孝公变法决心既定，封商鞅为左庶长，统令变法事宜。

商鞅变法的法令已经准备就绪，但没有公布。他担心百姓不相信自己，就在国都集市的南门外竖起一根3丈高的木头，并告示说："谁能把这根木头扛到北门去，就赏他10两金子。"

此言一出，观者哗然，因为扛这根木头到北门去实在不是一件太难的事。大家议论纷纷，但就是没人上前，都怕其中有诈。

看着围观者越来越多，商鞅又下令将赏金加至50两。话音刚落，一个红脸汉子推开人群走到木头跟前说："我来试试，最多不过是白扛一趟呗。"说着，他一哈腰，一较劲，一下子将木头扛到肩上，大步流星直向北门走去。

左庶长商鞅连声夸赞这汉子是个好百姓，并当众兑现了50两赏金。

这件事一下子就在全城轰动开了，大家都说左庶长言而有信，对他下的命令一定要认真执行才是。

公元前356年，商鞅正式公布了第一次变法令，包括了以下三项的内容：

一是编制户籍，整顿社会治安。建立了什伍组织，就是五家为一"伍"，十家为一"什"，各家互相担保，互相监视。一家犯了罪，九家都要检举，否则十家一起判罪。检举坏人和杀敌人一样有赏，窝藏坏人和投降敌人一样处罚。外出必须携带凭证，没有证件各地不准留宿。

二是奖励发展生产。老百姓努力生产，粮食布帛贡献多的，可以免除一家劳役；懒惰和弃农经商的，连同妻子、儿女一同充为官奴。一家有两个儿子以上，成人以后就要分家，各自交税，否则一人要交两份税。

三是奖励军功。一律按军功大小授予官位和爵位；军事上没有功劳的，即使有钱也不能过豪华生活，就是贵族也只能享受平民的生活。

新法一公布，就遭到了旧贵族势力的强烈反对，因为他们的许多特权都被剥夺了。大臣甘龙等人公开与商鞅论战，其他反对派也到处攻击新法。

商鞅面对贵族们的挑战毫不退缩，他命人把反对派统统抓起来。这样一来，再也没人敢公开跳出来反对新法了。

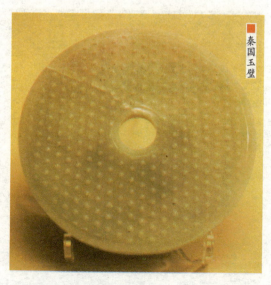

秦国玉璧

经过几年的变法图新，秦国的实力大为提高。老百姓男耕女织，粮食布帛渐渐多了，社会秩序也好得多了，出现了"夜不闭户，路不拾遗"的升平局面。秦国渐渐富强起来。

公元前350年，在秦孝公的全力支持下，商鞅又公布了第二次变法令。商鞅的第二次变法，主要是两条：一是"废井田、开阡陌"和"封疆"；二是实行县制。

商鞅在经济上推行的重大举措是"废井田、开阡陌"。所谓"阡陌"，指"井田"中间灌溉的水渠及相应的纵横道路，纵者称"阡"，横者称"陌"。所谓"封疆"就是奴隶主贵族受封的界限。

"废井田、开阡陌"和"封疆"就是把标志土地国有的阡陌封疆去掉，废除奴隶制土地国有制，实行土地私有制。从法律上废除了井田制度。

法令规定，谁开垦的土地就归谁所有，田地可以自由买卖。这样就破坏了奴隶制的生产关系，促进了封建经济的发展。

同时，建立地方行政机构，把贵族封邑之外的土地、人口统编为31个大县，由中央直接任命官吏进行管理。为了便于向东发展，又将国都从原来的雍城迁到渭河北面的咸阳。

历史悠久的文明古国

秦青铜器盂簋

商鞅推行重农抑商的政策。规定，生产粮食和布帛多的，可免除本人劳役和赋税，以农业为"本业"，以商业为"末业"。因弃本求末，或游手好闲而贫穷者，全家罚为官奴。

商鞅还招募无地农民到秦国开荒。为鼓励小农经济，还规定凡一户有两个儿子，到成人年龄必须分家，独立谋生，否则要出双倍赋税。禁止父子兄弟同室居住，推行小家庭政策。这些政策有利于增殖人口、征发徭役和户口税，发展封建经济。

实行县制是商鞅在第二次变法中的又一重大举措。规定以县为地方行政单位，废除分封制。县设县令以主县政，设县丞以辅佐县令，设县尉以掌管军事。县下辖若干都、乡、邑、聚。

商鞅通过县的设置，把领主对领邑内的政治特权收归中央。该措施有力地配合了"废井田、开阡陌"政策，用政治手段保证了土地私有，巩固了中央集权

■ 秦国瓦当 秦瓦当纹饰取材广泛，山峰之气、禽鸟鹿獾、鱼龟草虫皆有，图案写实，简明生动。瓦当纹饰以动物形象居多，有鹿、四神、鸿雁及云纹。画面与写意相融，图案构思巧妙，有将画面一分为二、也有一分为四的，在对称中求变化，均衡自然，富于生气。

雍城 春秋时期的秦国国都，在今陕西省凤翔县南，公元前677年，秦德公即位以后定都于此，至公元前383年迁都至秦国东部地近河西的栎阳，为秦定都时间最久的城市。

郡县制 中国古代继宗法分封制度之后出现的以郡统县的两级地方行政制度。盛行于秦汉。郡县制是古代中央集权制在地方政权上的体现，它形成于战国时期。

■ **秦朝布币** 对春秋战国时期铸行的空首布、平首布等铲状货币的总称。因其形状而得名。先秦货币上的文字繁简不同，与甲骨文、金文有着前后相承的关系。据专家统计，空首布上的铭文、符号有200多种，可分为干支、地名、符号等，内容丰富。

的封建统治，削弱了豪门贵族在地方的权力。

后来秦国在统一全国的过程中，在新占地区设郡。郡的范围较大，又有边防军管性质，因之郡的长官称郡守。随着秦国实力的增强，郡内形势稳定，便转向了以民政管理为主，于是在郡下设若干县，最终形成秦始皇统治时的郡县制。

此外，商鞅还统一度量衡。此前秦国各地度量衡不统一，为了保证国家的赋税收入，商鞅制造了标准的度量衡器，如今传世的"商鞅量"上有铭文记载了秦孝公"十八年""大良造鞅"监造等。

由量器及其铭文可知，当时统一度量衡一事是十分严肃认真的。商鞅还统一了斗、桶、权、衡、丈、尺等度量衡。要求秦国人必须严格执行，不得违犯。

商鞅统一度量衡，使全国上下有了标准的度量准则，为人们从事经济、文化的交流活动提供了便利的条件。统一了的度量衡对赋税制和俸禄制的统一产生了积极作用，有利于消除地方割据势力的影响，也为

后来秦始皇统一度量衡奠定了基础。

商鞅第二次变法令的颁布，更加削弱了旧贵族的势力，引起了他们更强烈的仇视。旧贵族们慑于商鞅的强硬手法，不敢公开跳出来反对，就挑唆太子出面。

太子出面反对变法，使已经升任大良造、统管秦国军政大权的商鞅十分为难。太子是国君的继承人，自然不能治他的罪，但若不予理睬，很可能使变法遭到失败。

于是，商鞅本奏秦孝公说："朝廷的法令必须上下共同遵守，如在上的人不遵守，下面的百姓就会对朝廷失去信任，新法就不能贯彻始终。所以太子犯法，应与百姓同罪。"

商鞅接着说："太子的过错，完全是他的两位老师长期以来恶意教唆的结果。太子年幼，他的言行，应该由老师负责。所以，我请求大王允许将太子的两位老师治罪。"

秦孝公看到太子脱了干系，也就很痛快地答应了商鞅的请求，将太子的两位老师公子虔和公孙贾，分别处以割鼻和刺字的刑法。这样一来，其余的大臣就更不敢批评新法了。

秦国地广人稀，邻近的三晋人多地少，商鞅就请秦孝公出了赏格，叫邻国的农民到秦国来种地，给他们田地和住房。秦国人自己则主要用于服兵役，增强了秦军的战斗力。

秦孝公任用商鞅变法，前后不过20年的时间，秦国就从一个荒蛮之邦一跃而为"战国七雄"中最富强的国家，周天子还特意派使臣去慰劳秦孝公，封他为"方伯"，承认了秦国的霸主地位。

商鞅是中国历史上乃至世界历史上最伟大最成功的改革家之一，他的变法是战国时期最彻底的一次变法。变法中确立的生产方式，推动了秦国社会的发展；变法中确立的行政体制，推动了宗法分封制向中央集权制转型。商鞅变法为后来的秦始皇建立大一统帝国奠定了基础，对后世产生了深远的影响。

阅读链接

长期以来，魏对秦的威胁最大。因为魏当时是战国七雄中的头号强国，而秦国力量较弱，黄河以西大片土地一直在魏国的控制之下。商鞅变法之后，秦国兵强马壮，准备收复失地。

公元前340年，齐、赵两国向魏进攻，魏国形势危急。商鞅认为这正是一个好机会，便亲率大军进攻魏国。秦军先头部队一鼓作气攻占了魏国的都城安邑，逼得魏国迁都议和。

为了表彰商鞅的功绩，秦孝公将商邑一带的15座城池封给了他，称他为"商侯"，后来人们叫他商鞅。

秦汉至隋唐是中国历史上的中古时期。这一时期跨越千年，华夏大地历经数个朝代更迭，在动荡不安的时期，有志之士都在思考动荡的原因，如北魏孝文帝、北周武帝宇文邕和唐顺宗李诵，他们寻找症结之所在，去芜存菁，推行新政，以求迅速崛起。

这些能干实事的社会精英，曾经令举国上下一体励精图治，实在难得。改革是在摸索中前进，我们不能以成败论英雄。那种敢于挑战旧俗的革新精神，任何时候都是需要的。

中古时期

与民更始

北魏孝文帝改革

北魏孝文帝拓跋宏是一位杰出的政治家和改革家。

他在位期间,通过推行改革,有力地推动了政治、经济的恢复和发展,北方出现了魏晋以来空前的繁荣景象,有效地缓解了社会矛盾。更重要的是孝文帝的改革,维护了统一北方的新政权,加速北方少数民族封建化的进程,促进了北方民族的大融合,为中国多民族共同发展做出了贡献。

孝文帝改革是一次政治、经济、文化的全面改革,意义重大、影响深远。

■ 北魏孝文帝画像

北魏孝文帝拓跋宏3岁时被立为皇太子，5岁时受父禅即帝位。由于拓跋宏深受祖母冯皇太后汉化改革的影响，他在24岁亲政后，继续推行汉化改革。

孝文帝以前，北魏的官吏是一律不给俸禄的。中央官吏可以按等级，分享缴获的战利品，或是受到额外的赏赐；地方官吏不同，他们只要上缴规定的租税赋役以外，就可以在其管辖的范围内，任意搜刮、不受限制。

针对这种情况，孝文帝下决心实行俸禄制，他规定：每户征调三匹帛，谷二斛九斗作为百官的俸禄。同时制定了严惩贪官污吏的法律，他规定：官吏贪赃一匹以上的绢就要处以死刑。

俸禄制实行以后，虽然增加了人民的赋税，但与以前放纵官吏们贪污掠夺相比，对人民还是有利的。正因为如此，俸禄制遭到一部分惯于贪赃枉法的官吏们的反对。孝文帝改革意图坚决，

冯皇太后（441—490），冯氏，长乐信都人。或称"文成文明皇后""文明太后"。北魏文成帝的皇后。曾抚养皇子拓跋宏。拓跋宏登基为孝文帝后，她在承明年间便被尊为太皇太后。

■ 北魏佛砖砚

历史悠久的文明古国

北魏石雕佛立像

对这些人进行了严厉打击，先后处死了地方刺史以下的贪官污吏40多人，使北魏的吏治出现了崭新的局面。

485年，孝文帝采纳给事中李安世的建议，实行均田制。均田制的主要内容是：

男子15岁以上，给露田40亩。露田就是不栽树只种谷物的土地。

妇女20亩，一夫一妻60亩。男子还给桑田20亩。桑田就是已种或允许种桑榆枣等果木的土地。在不适合种果木的地方，男子给露田40亩，妇女5亩。

露田是私有田，可传给子孙，也可以买卖其中一部分。奴婢和良人也一样给露田。一头牛可给田30亩。此外，新定居的户主，还给少量的宅基田。

宗主督护制 十六国大动乱时期，留在北方地区的汉族世家大族与地方豪强通过做坞自保的方式而成为坞主或壁帅，依附其下的农民人数众多，于是形成"宗主督护制"。北魏初时允许他们存在，后被孝文帝以三长制取代。

均田制不是平分土地。对于地主来说，是承认他的土地占有权，又限制了他们兼并土地；对于农民来说，是既承认他们已有的小块土地，又鼓励他们开荒；对于那些流浪者来说，则给他们自立门户提供了条件。

孝文帝于486年建立三长制，以取代宗主督护制，加强中央政府对人口的控制。

三长制规定：五家为邻，设一邻长；五邻为里，设一里长；五里为党，设一党长。三长的职责是检查户口，征收租调，征发兵役与徭役。实行三长制，三长直属州郡，打破了豪强荫庇户口的合法性，原荫附于豪强的荫户成为国家的编户。

三长制较之宗主督护制，它毕竟是一种历史的进步。三长制的建立，国家直接控制的自耕农民大量增加，国家赋税收入相应增加，农民赋税负担也有所减轻。北魏后期社会经济明显的恢复和发展，与三长制的实施有密切关系。

北魏的三长制后来成为北齐和隋朝乡里组织的基

■ 北魏石雕磉盘 为南北朝时期的石雕。其为浅灰色细沙石质，方形底座，上呈覆盆形，顶部高浮雕莲瓣，中心有圆形插孔。周边雕蛟龙穿行于群山之间。方座四边浅浮雕忍冬纹和云纹。柱础底座四边浅浮雕缠枝莲。其装饰内容吸收了佛教、西域及其他外来文化的因素，雕工精美，玲珑脱俗，是北魏雕刻艺术品中的精品。

础，影响深远。

孝文帝为了加强中央集权，决心进一步改革。他认为现在改革的重点在于"汉化"。孝文帝很聪明，他在祖母冯太后影响下，也读了不少书，对汉族文化有较深的了解。他知道，要使北魏富强，必须抛弃民族偏见，接受汉族的先进文化。

在当时，北魏的都城在平城，即今山西省大同。由于地处边塞，既不便于加强同黄河流域汉族的联系，又不便于进攻南朝，对控制中原和推行改革都是障碍。于是，孝文帝决定迁都洛阳。

迁都是件大事，关系到许多鲜卑贵族的切身利益。他们大多留恋旧都的田地财产和奢侈的生活，害怕迁都会改变他们的生活方式，所以，强烈反对迁都。孝文帝为了达到迁都的目的，定下了一条妙计。

493年，孝文帝亲自率领步兵、骑兵30万渡过黄河，进驻洛阳。

孝文帝带领大臣们参观洛阳西晋宫殿的遗址。面对这满目荒凉的景象，他对大臣们说："西晋的皇帝没有管理好国家，致使国家灭亡，宫殿荒芜，看了真让人伤感！"

此时，洛阳秋雨连绵。文武百官本来就不愿南征，现在，他们面

北魏犀牛雕像

对连绵惨淡的秋雨和残败破落的宫殿，心情十分沉重。大臣们听了皇帝的话，纷纷跪倒在马前叩头，请求皇帝不要再南征了。

孝文帝乘机说道："这次南征，兴师动众，不可无功而返。不南征，就迁都。"并且下令："愿意迁都的站在左边，不愿迁都的站在右边。"

文武百官听了，权衡一下南征与迁都的利弊，觉得还是迁都为好。于是，所有随军贵族和官吏都站到左边去了。一时间，停止南征的消息传遍了全军，大家都高呼"万岁"。迁都洛阳之事，就这样决定了。

■ 北魏武士陶俑

迁都洛阳后，孝文帝就开始大力推行汉化政策。首先，他改鲜卑姓为汉姓，禁止鲜卑族同姓结婚，鼓励鲜卑人与汉人通婚。

孝文帝把拓跋氏改成元氏；把丘奚氏改成奚氏；步陆孤氏改成陆氏；达奚氏改成奚氏等。他还带头娶汉族大姓女子为皇后、妃子，还给他的弟弟们娶汉族大姓女为妻室，还把公主们嫁给汉族大姓。范阳卢氏，一家就娶了3个公主。

孝文帝还下令，鲜卑人一律改穿汉人服装，孝文帝亲自在光极堂给群臣颁赐了汉服的"冠服"，让他

拓跋氏 中国复姓之一。起源一为黄帝后裔，后北魏孝文帝改革，举族改元姓；二为西汉时李姓改拓跋姓。拓跋氏出现过很多历史名人，如北魏王朝的建立者拓跋珪、有勇有谋的北魏太武帝拓跋焘、汉化改革的北魏孝文帝拓跋宏等。

北魏网纹玻璃杯

们穿戴。

孝文帝还禁止说胡语，要求鲜卑族改说汉语。他规定：30岁以上的人，由于说话的习惯已久，可以慢慢改；30岁以下的人，要立即改说汉语。并严厉规定，在朝廷当官的人再说胡语，就要降秩罢官。

孝文帝在位期间，对北魏的政治、经济、军事和民族旧习，都进行了一系列的大胆的多方面的改革，使鲜卑经济、文化、政治和军事等方面大大发展了，使北方各族人民在相互交往中渐渐融合，逐渐接受了汉族的先进生产方式及与之相联系的文化。

孝文帝的改革，促进了北方各民族的融合，为中国多民族国家的发展做出了贡献。

阅读链接

孝文帝怕大臣们反对迁都的主张，就先提出要大规模进攻南齐。大臣们不同意，他的堂叔、尚书令拓跋澄强烈反对。

孝文帝发火说："国家是我的国家，你想阻挠我用兵吗？"

拓跋澄反驳说："国家虽然是陛下的，但我是国家的大臣，明知用兵危险，哪能不讲！"

退朝后，孝文帝单独召见拓跋澄。他说："刚才我向你发火，真正的意思是要迁都。我说出兵伐齐，是想借这个机会，带领文武官员迁都中原。"

拓跋澄恍然大悟，马上同意魏孝文帝的主张。

北周武帝改革

北周武帝宇文邕是南北朝时期著名的改革家和军事家。

周武帝即位时面临着严峻的北周政局，极力摆脱鲜卑旧俗，大力灭佛，改善了征税，征兵的环境，加强了封建统治阶级的力量，削弱了宗教在社会上的影响力，巩固了封建统治，促进了社会生产力的发展。

他通过多方面的变革，使北周转弱为强，并最终统一了北方，为隋朝的建立奠定了基础。

■北周武帝画像

■ 北周仪仗俑

宇文邕是奠定北周国基的鲜卑族人宇文泰的第四子。青少年时代的宇文邕，前途平坦，12岁时就被封为辅城郡公。后来又被拜为大将军，出镇同州。

北周明帝即位，宇文邕入为大司空，进封鲁国公，参议朝廷大事。宇文邕性格沉稳，不爱多说话，但如果有事问他，他总能说到点子上，所以北周明帝曾感慨道："夫人不言，言必有中。"

560年，北周权臣宇文护毒死北周明帝宇文毓，立当时为大司空、鲁国公的宇文邕为帝，是为北周武帝。北周武帝即位时，北周政局十分不稳，关键原因就在于宇文护垄断了北周实权。

572年，周武帝诛杀了宇文护，除去了心头之患。这是周武帝一生中的大事，它使周武帝避免了走短命皇帝的老路，把北周从内乱倾轧中解救出来。清除了绊脚石，周武帝开始了一系列的改革措施。

周武帝改革的第一步就是改革府兵制。

573年，周武帝下令吸收均田上的汉族农民充当府兵。当兵的人可以免除租调和徭役，他们的家庭在3年内也可以不交纳租调和服徭役。

北周明帝（534—560），宇文毓，鲜卑族，突代郡武川人。北周皇帝，谥"明帝"，庙号世宗。在位期间，北周的文化事业发展到一个前所未有的顶峰，使汉族文化逐渐深入少数民族的文化中，加快了中华文化的大融合，为北周武帝灭佛教，学习汉文化做了很好的铺垫。

这一规定，使原来为地方豪强大族所控制的农民，现在直接为朝廷所掌握。这是周武帝对府兵制所做的一项重大改革内容。

周武帝改革的第二步就是大力灭佛。当时北周的佛教，已经成为了社会的寄生虫。寺院的和尚们不但不当兵，不纳税，而且面对灾民时，表现出来的非但不是赈灾，反而趁机吞并农民土地，使农民生活更加困苦，也严重威胁着北周政权。

灭佛这一策略暗暗在宇文邕心中生成。他认为，灭佛不仅能增加朝廷的财政收入，更是扩充军队之必须。

573年底，周武帝召集道士、僧侣和百官，讨论佛、道、儒三教的问题。周武帝辨释三教先后，以儒为先，道教为次，佛教为后。

把佛教抑为最末，事实上已是灭佛的前奏。当时有些佛教徒不知周武帝用意所在，还一个劲地争辩不休，说佛教应该在道教之上，心里很不服气。

而另一些明眼人却看透了周武帝的心事，但他们认为周武帝这样做很难达到预期目的。

僧侣的讥讽、反抗都无济于事，反而更增添了周武帝对灭佛的决心。

府兵制 中国古代兵制之一。其最重要的特点是兵农合一。府兵就是平时为耕种土地的农民，农隙训练，战时从军打仗。府兵参战武器和马匹自备，全国都有负责府兵选拔训练的折冲府。由西魏权臣宇文泰建于535年至551年，历北周、隋至唐初期而日趋完备，唐太宗时期达到鼎盛。

■ 彩绘载物跪起驼

574年，周武帝下诏：禁断佛、道二教，毁掉经像，驱散沙门、道士，令其还俗。并尽除佛、道二教相关礼典。一时间，北周境内焚经驱僧破塔者不计其数。威胁北周政权的佛教势力受到严重打击。周武帝在灭佛的同时，尊奉儒教人士，弘扬中原文化。

577年，周武帝率军攻入齐国邺城时，齐地佛风最盛，周武帝决心将尊儒灭佛的政策在齐地推行。

齐国有一个叫熊安生的经学家，博通五经，是北齐名儒。他听说尊儒灭佛的周武帝入邺城，连忙叫家人打扫院落，准备迎接周武帝前来拜访。不久，周武帝果然亲自来拜访他了。周武帝给了这个儒生很高的礼遇。

在尊儒的同时，周武帝又召集北齐僧人，讲述废佛的理由。僧人慧远以警告周武帝，破灭三宝，将入阿鼻地狱。周武帝没有惧怕所谓死后下地狱的警告，下令禁断齐境佛教。

周武帝不顾世俗偏见，灭佛的时间较长，涉及面广，成绩很可观，这一点是值得充分肯定的。因此当时有人称赞说："周武帝灭佛，是强国富民之上策。"

正因为北周成功的灭佛运动，才使北周能够积蓄实

■隋文帝杨坚（541—604），鲜卑赐姓是普六茹，小名那罗延。隋朝开国皇帝，谥号"文皇帝"庙号高祖，尊号"圣人可汗"。他统一天下，建立隋朝，社会各方面都获得发展，形成了辉煌的"开皇之治"，使中国成为盛世之国。隋文帝时期也是人类历史上农耕文明的巅峰时期。

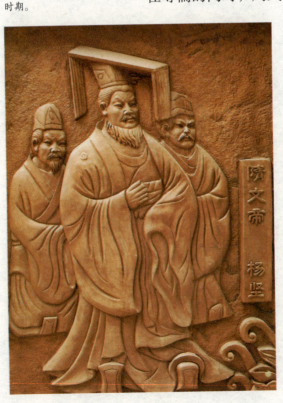

力，国力增强，为灭掉北齐和统一北方奠定了基础。

自从北周武帝亲政后，情况发生了很大变化：一是经过灭佛，国家经济实力增长；二是吸收均田上广大汉族农民充当府兵，扩大了府兵队伍，军事优势形成；三是北与突厥和亲，南和陈朝通好，外交策略上的成功。而北齐却处于政出多门，不胜其弊的状况。

北齐后主高纬是历史上有名的昏君。他不爱说话，胆子又小，因此不愿意接见大臣。大臣向他奏事时，都不敢抬头看他，往往是把要讲的事撮要，略略一说就慌忙退出了。

■ 北周鸡头执壶

高纬对理政全无兴致，日常生活却十分奢侈，整日里和一些宠臣、美姬鬼混，自弹琵琶，唱无愁之曲，近侍和之者以百数。

齐朝的老百姓给他送了个雅号，称为"无愁天子"。高纬还随意封官，连他宠爱的狗、马、鹰、鸡都被封为仪同、郡官、开府。北齐的政治一团漆黑。

北周武帝看清了北齐混乱的局势，决定出兵伐齐。575年，周武帝命宇文纯、司马消难和达奚震为前三军总管，宇文盛、侯莫陈琼和宇文招为后三军总

阿鼻地狱 阿鼻意为"无间"，即痛苦没有间断之意。意为永受痛苦无有间断的地狱，指八大地狱中的第八狱。佛教认为，人在生前做了坏事，死后要在阿鼻地狱永受苦难。常用来比喻黑暗的社会和严酷的牢狱，又比喻无法摆脱的极其痛苦的境地。

管。杨坚、薛迥和李穆等率军分道并进。

周武帝自率大军6万人，直指北齐河阴，不久顺利攻下了河阴城。周军进入北齐境内，纪律严明，颇得民心。

576年，北周再次出兵伐齐。此次伐齐，周武帝集中了14.5万兵力，并改变了前次进军路线，亲自率部直攻晋州。周军主力进抵平阳城下。

右丞相高阿那肱没有及时报告高纬，直至晚上，信使来说"平阳已陷"，高纬慌忙逃到邺城。

577年，北周第三次出兵伐齐。周武帝率军攻破邺城，高纬于前一日逃往济州，又从济州逃往青州，正准备投奔陈朝时，为北周追兵所俘，送往长安，第二年被杀。

周武帝灭齐，统一北方，在历史上具有重大意义。它结束了自东西魏分裂以来近半个世纪的分裂割据局面，使人民免受战争苦难，得以重建家园，恢复生产，从而促进了整个北方政治、经济、文化方面的广泛交流和发展。

北方的局部统一为隋统一全中国奠定了坚实的基础。可以说，没有北周北齐的统一，就没有后来南北朝的统一。

统一北方以后，周武帝并没有居功自傲，仍然致力于北周朝政。

周武帝石刻

周武帝下令放免奴婢和杂户，提高了他们的生产积极性。他还注重广辟农田，兴修水利，于蒲州开河渠，于同州开龙首渠，扩大灌溉面积。

他还制定了"刑书要制"。刑书要制在本质上是镇压人民的，但对豪强地主隐没土地和人口也同样施以重典。此外，他还颁发了统一的度量衡，以便利于商业交往。

所有这些改革措施，顺应了历史发展的要求，促进了生产力的解放，对当时经济的恢复，社会的安定，起了积极的作用。

历史看似要赋予周武帝机会，却最终没有给予他时间。正当他打算"平突厥，定江南"，实现统一全国理想的时候，不幸于出征前夕病逝。

北周陶牛车

周武帝一生戎马倥偬，能和将士同甘共苦，身先士卒。他还勤于政事，生活简朴，平居常穿布衣，盖布被，后宫不过10余人。

连《资治通鉴》作者司马光也称赞说："他人胜则益奢，高祖胜而愈俭。"周武帝不愧为中国历史中一位少数民族杰出的英才之主。

阅读链接

北周武帝的皇后阿史那氏是突厥的王族，当初周武帝为了统一中原，便谋划和突厥联姻。

阿史那氏端庄美丽，但周武帝并不喜欢她，他们在一起生活了9年，始终没有生下一男半女。阿史那氏28岁那年，36岁的周武帝去世，宇文赟即位，阿史那氏成了皇太后。

两年后，宇文赟去世，宇文阐即位，她就成了太皇太后。但不到一年，宇文阐被杨坚废掉，两个月后被毒死。又过了一年，阿史那氏去世，时年32岁，上谥号为"武德皇后"。

唐代永贞革新

"永贞革新"是中国唐代唐顺宗时期官僚士大夫以打击宦官势力为主要目的的改革。因为发生于永贞年间，所以叫"永贞革新"。

唐顺宗李诵即位，他的东宫旧臣王叔文、王伾居翰林用事，引用韦执谊为宰相。他们与柳宗元、刘禹锡等人结成政治上的革新派，共谋打击宦官势力，改革诸多弊政。

最后因保守势力发动政变，幽禁唐顺宗，拥立太子李纯。致使革新以失败而告终。改革历时100余日。

但是，打击了当时的藩镇割据势力、专横的宦官和守旧复古的大士族大官僚，顺应了历史的发展。

■ 唐顺宗李诵画像

805年正月，唐德宗去世，太子李诵即位，这就是唐顺宗。唐顺宗在即位之前就比较关心朝政，对唐朝政治的黑暗有深切的认识，他清楚地看到，安史之乱带来的危害日见其深。

此时的唐王朝，贪鄙当道，贤能被逐，苛政如虎，百姓涂炭，唐顺宗认为只有改革，才能革除政治的积弊。

在当时，因为安史之乱后中央对地方失控，已经形成藩镇割据的局面，而藩镇之乱也此起彼伏，迄无宁日。在这种情况下，如何抑制藩镇势力，重建中央集权，成为唐王朝君臣必须正视的问题。

安史之乱也导致君主不信朝臣，致使宦官得以干政，宦官竟然主管禁军，并且已经制度化。宦官因为军权在手，无所顾忌，干政益甚。

在这种情况下，如何抑制宦官势力，夺回国家军权，也成为唐王朝君臣必须正视的问题。

对于唐顺宗的改革意愿，各级官员表现出保守与革新两种态度。高级官僚士大夫是保守派，他们注重既得利益，对变革新政不感兴趣。

唐德宗（742—805），即李适，唐肃宗长孙，唐代宗长子。唐朝第九位皇帝，在位26年。谥"神武孝文皇帝"。在位前期，坚持信用文武百官，严禁宦官干政，颇有中兴气象；执政后期，委任宦官为禁军统帅，在全国范围内增收税间架、茶叶等杂税，导致民怨日深。

宦官 又称寺人、阉官、宦者、中官、内官、内臣、内侍、内监等。是中国古代专供皇帝、君主及其家族役使的官员。先秦和西汉时期并非全是阉人。自东汉开始，则全为被阉割后失去性能力而成为不男不女的中性人。

■ 刘禹锡雕像

历史悠久的文明古国

如老宰相贾耽，对防嫌免祸非常留意，对国家安危并不关心。新宰相高郢也小心谨慎，不图政绩。他们相互携手，共同维护旧的秩序。

低级官僚士大夫是革新派，他们身无长物，不怕冒险，敢于以变革新政为己任。如王叔文、王伾、刘禹锡、柳宗元等人。他们很想与一些朝中新进人士合作，共同开创新的局面。

唐顺宗即位时已得了中风不语症，但还是立刻重用王叔文、王伾等人，让他们参与朝廷大政的决策，进行大胆改革。他任命王叔文为翰林学士，王叔文用韦执谊为尚书左丞、同平章事。翰林学士掌机密诏令；同平章事为宰相。

于是，在唐顺宗的支持下，革新派围绕打击宦官势力和藩镇割据这一中心，进行了一系列改革。

一是罢宫市五坊使。

唐德宗以来，宦官经常借为皇宫采办物品为名，在街市上以买物为名，公开抢掠，称为宫市。早在唐顺宗做太子时，就想对德宗建议取消宫市。

当时王叔文害怕唐德宗怀疑太子收买人心，而危及太子的地位，所以劝阻了唐顺宗。这次改革先将宫市制度取消。另外，充任雕坊、鹘坊、鹞坊、鹰坊、狗坊这五坊小使臣的宦官，也常以捕贡奉鸟雀为名，对百姓进行讹诈。这次改革也将

唐代铁牛

五坊使取消。因这两项弊政被取消，所以人心大悦。

二是取消进奉。

当时的节度使通过进奉钱物，讨好皇帝，有的每月进贡一次，称为月进，有的每日进奉一次，称为日进，后来州刺史，甚至幕僚也都效仿，向皇帝进奉。贪官们以进奉为名，向人民搜刮财富。革新派上台后，通过唐顺宗下令，除规定的常贡外，不许别有进奉。

三是打击贪官。

浙西观察使李锜，原先兼任诸道转运盐铁使，乘机贪污。王叔文任翰林学士后，罢去他的转运盐铁使之职。京兆尹李实，是唐朝皇族，封为道王，专横残暴。

有一年关中大旱，他却虚报为丰收，强迫农民照常纳税，逼得百姓拆毁房屋，变卖瓦木，买粮食纳税。百姓恨之入骨，王叔文等罢去其京兆尹官职，贬为通州长史，百姓非常高兴，群起欢呼。

四是打击宦官势力。

这是革新措施的关键，也是关系革新派与宦官势力生死存亡的步骤。革新派裁减宫中闲杂人员，停发内侍郭忠政等19人俸钱，这些都

唐朝仕女俑

■ 唐长安西市模型

神策军 754年，
陇右节度使哥舒
翰在临洮西的磨
环川，即今甘肃
省临潭成立一支
新部队神策军，
以防御吐蕃。
"安史之乱"
后，神策军便成
为禁军之一，实
力逐渐壮大。至
903年，朱温诛杀
宦官，神策军被
解散。

是抑制宦官势力的措施。

革新派还计划从宦官手中夺回禁军兵权，任用老
将范希朝为京西神策军诸军节度使，用韩泰为神策行
营行军司马。

宦官发现王叔文要夺取他们的兵权，于是大怒，
串通后约定，神策军诸军不要把兵权交给范希朝和韩
泰二人，使王叔文这一重要步骤未能实现。

五是抑制藩镇。

剑南西川节度使韦皋，派刘辟到京都对王叔文进
行威胁利诱，想完全领有剑南三川，以扩大割据地
盘。王叔文拒绝了韦皋的要求，并要斩刘辟，刘辟狼
狈逃走。

从这些改革措施看，革新派对当时的弊政的认识
是相当清楚的，在短短几个月的时间里，革除了一些
弊政，受到了百姓的拥护。

但由于实力掌握在宦官和藩镇手中，革新派却是一批文人，依靠的是重病在身的皇帝，而皇帝基本上又是在宦官们的控制之中。所以，改革派随时有被宦官和藩镇势力一网打尽的危险。

805年3月，侍御史窦群、御史中丞武元衡，将革新党派列为异己，并进行攻击。同时，宦官俱文珍、刘光琦、薛盈珍等朋党相勾结，借唐顺宗病久不愈，欲立李纯为太子。而高郢、贾耽等宰相有的无所作为，有的称疾不起，以表示与革新党派不合作。

6月，剑南西川节度使韦皋、荆南节度使裴均、河东节度使严绶等，也相继向唐顺宗及太子奏表进笺，攻击革新党派。王伾再三上疏，请以王叔文为宰相，朝廷不应，王伾遂称病不出。

此时的形势已经不利，紧接着王叔文又因母丧离开职位，形势更急转直下。

7月28日，俱文珍等逼顺宗下诏，贬王伾为开州司马，王叔文为渝州司马。王伾不久死于贬所，王叔文翌年也被赐死。

9日，太子李纯正式即位于宣政殿，是为唐宪宗。随后，其他几位革新派也分别遭贬。

■大明宫遗址阁楼

大明宫遗址的雕塑

9月13日，贬刘禹锡为连州刺史，柳宗元为邵州刺史，韩泰为抚州刺史，韩晔为池州刺史。

11月7日，贬韦执谊为崖州司马。

14日，再贬刘禹锡为朗州司马，柳宗元为永州司马，韩泰为虔州司马，韩晔为饶州司马，又贬程异为郴州司马，凌准为连州司马，陈谏为台州司马。

上述10人，合称"二王八司马"。

至此，永贞年间的变革新政运动彻底失败。

"永贞革新"失败了，但我们不能以成败论英雄。"永贞革新"的主要目的是试图缓解中唐以来日益尖锐的政治、经济和阶级矛盾，为此后的消灭宦官、藩镇势力，巩固中央集权做好准备。总体来说，"永贞革新"在当时是具有进步意义的，实际上也的确为以后唐宪宗的中兴局面打下了一定的基础。

阅读链接

那是在一次唐德宗的生日华诞上，略通一些佛教知识的皇太子李诵敬献佛像作为贺礼，唐德宗对太子的这一礼物很满意，就命韦执谊为佛像写了赞语。

韦执谊得到太子的酬谢，按照礼节到东宫表示谢意。就在韦执谊这次来东宫拜谢皇太子的时候，身为太子的李诵郑重地向时为翰林学士的韦执谊推荐了王叔文："学士熟悉王叔文这个人吗？他是位伟才啊！"

从此，韦执谊与王叔文相交，而且关系越来越密切。成为"二王"集团中地位特殊的核心人物之一。

推行新政

从五代十国至元代是中国历史上的近古时期。中国封建经济发展至五代后期，统一的趋势日益明显，此时周世宗在经济、政治各方面进行的改革，为统一事业做出了重要贡献。

北宋的庆历新政和王安石变法，突现了宋代政治、经济、文化等各领域的现状。至于金世宗的改革政绩，历来被史家所称道。

他们除旧布新，建章立制，表明了一个改革者肩负使命的良知与愿望，从而在中国近古时期留下了重重的一笔。

北宋庆历新政

　　宋仁宗时，官僚队伍庞大，行政效率低，土地兼并加剧，人民生活困苦，岁币和军费开支有增无减，国家财用日绌，国内危机不断加深，辽和西夏威胁着北方和西北边疆。

　　在内扰外困的情况下，1043年，宋仁宗责成范仲淹、欧阳修、富弼、韩琦、蔡襄、王素、余靖等人有所更张，施行新政，以图太平。史称"庆历新政"。

　　由于新政强调澄清吏治，对官吏和商人构成威胁，而守旧派朝臣习于苟安，反对新政，副宰相范仲淹被迫自行引退。庆历新政最终以失败收场。

■宋仁宗赵祯画像

庆历初年，是北宋政坛风
云激荡，政局剧烈摇摆时期。
北宋的边防开支突然膨胀。政
府为了扩大收入，不得不增加
百姓负担。于是，包括京城附
近在内，各地反抗朝廷的暴动
与骚乱，纷然而起。

1043年至1044年，宋军对
夏战争惨败，内部动荡已是山
雨欲来之势。

急欲稳定政局的宋仁宗

皇帝，将西线的三名统帅范仲淹、夏竦和韩琦一同调
回京师，分别任命为最高军事机关的正副长官枢密使
和枢密副使，又扩大言官编制，亲自任命欧阳修、余
靖、王素和蔡襄为4名谏官，后来号称"四谏"。

■ 范仲淹画像

"四谏"官第一次奏言，撤掉了略无军功的夏
竦，以杜衍和富弼为军事长官。"四谏"官第二次奏
言，彻底罢免了吕夷简的军政大权。"四谏"官第三
声奏言，驱逐了副宰相王举正，以范仲淹取而代之。

1043年，宋仁宗连日催促范仲淹等人，拿出措
施，改变局面。范仲淹、富弼和韩琦，连夜起草改革
方案。特别是范仲淹，认真总结从政28年来酝酿已久
的改革思想，很快写成了著名的新政纲领《答手诏条
陈十事》，作为改革的基本方案。

《答手诏条陈十事》也叫"十事疏"，涉及澄清
吏治、厉行法治和富国强兵三个方面，提出了10项改

宋仁宗（1010—
1063），即赵
祯，初名受益，
宋真宗的第六
子。北宋第四代
皇帝。谥号"体
天法道极功全德
神文圣武睿哲明
孝皇帝"。在位
时宋朝面临官僚
膨胀的局面，冗
官冗兵，虽然西
夏已向宋称臣，
但边患危机始终
未除。后来虽
推行"庆历新
政"，但未克全
功。

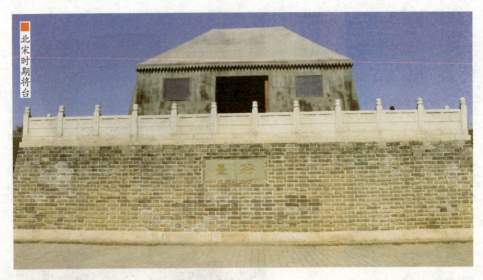
北宋时期将台

革主张，它的主要内容是：

一是明黜陟，即严明官吏升降制度。

那时，升降官员不问劳逸如何，不看政绩好坏，只以资历为准。故官员不求有功，但求无过，因循苟且，无所作为。范仲淹提出考核政绩，破格提拔有大功劳和政绩明显的，撤换有罪和不称职的官员。

二是抑侥幸，即限制侥幸做官和升官的途径。

当时，大官每年都要自荐其子弟充京官，一个学士以上的官员，经过20年，一家兄弟子孙出任京官的就有20人。

这样一个接一个地进入朝廷，不仅增加了国家开支，而且这些纨绔子弟又不干正事，只知相互包庇，结党营私。为了国家政治的清明和减少财政开支考虑，应该限制大官的恩荫特权，防止他们的子弟充任馆阁要职。

三是精贡举，即严密贡举制度。

为了培养有真才实学的人，首先应该改革科举考试内容，把原来进士科只注重诗赋改为重策论，把明经科只要求死背儒家经书的词句改为要求阐述经书的意义和道理。这样，学生有真才实学，进士之法，便可以依其名而求其实了。

四是择长官。

针对当时分布在州县两级官员不称职者十有八九的状况，范仲淹建议朝廷派出得力的人往各路检查地方政绩，奖励能员，罢免不才；选派地方官要通过认真地推荐和审查，以防止冗滥。

五是均公田。

公田，即职田，是北宋地方官的定额收入之一，但分配往往高低不均。范仲淹认为，供给不均，怎能要求官员尽职办事呢？

他建议朝廷均衡一下他们的职田收入；没有发给职田的，按等级发给他们，使他们有足够的收入养活自己。然后，便可以督责他们廉节为政；对那些违法的人，也可予以惩办或撤职了。

六是厚农桑，即重视农桑等生产事业。

范仲淹建议朝廷降下诏令，要求各级政府和人民，讲究农田利害，兴修水利，大兴农利，并制定一套奖励人民、考核官员的制度长期实行。

七是修武备，即整治军备。

范仲淹建议在京城附近地区招募强壮男丁，充作京畿卫士，用来辅助正规军。这些卫士，每年大约用三个季度的时光务农，一个季度的时光教练战斗，寓兵于农，实施这一制度，可以节省

■宋代的石磨

恩荫 又可称为任子、门荫、荫补、世赏，它是中国上古时代世袭制的一种变相。恩荫反映了封建社会中官僚世袭制的变种。恩荫制始于宋朝，是"门荫"制的扩充，范围更大，宋代恩荫名目繁多。

给养之费。京师的这种制度如果成功了，再由各地仿照执行。

八是推恩信，即广泛落实朝廷的惠政和信义。

主管部门若有人拖延或违反赦文的施行，要依法从重处置。另外，还要向各路派遣使臣，巡察那些应当施行的各种惠政是否施行。这样，便处处都没有阻隔皇恩的现象了。

九是重命令，要严肃对待和慎重发布朝廷号令。

范仲淹认为，法度是要示信于民，如今却颁行不久便随即更改，为此朝廷必须讨论哪些是可以长久推行的条令，删去繁杂冗赘的条款，裁定为皇帝制命和国家法令，颁布下去。这样，朝廷的命令便不至于经常变更了。

十是减徭役。

范仲淹认为如今户口已然减少，而民间对官府的供给，却更加的繁重。应将户口少的县裁减为镇，将各州军的使院和州院塌署，并为一院；职官厅差人干的杂役，可派级一些州城兵士去承担，将那些本不该承担公役的人，全部放回到农村。这样，民间便不再为繁重的困扰而忧愁了。

《答手诏条陈十事》写成后，立即呈送给宋仁宗。宋仁宗和朝廷其他官员商量，表示赞同，便逐渐

■ 范仲淹

■ 北宋东京城模型

以诏令形式颁发全国。

于是，北宋历史上轰动一时的"庆历新政"就在范仲淹的领导下开始了，范仲淹的改革思想得以付诸实施。

新政实施的短短几个月间，政治局面已焕然一新：官僚机构开始精简；以往凭家势做官的子弟，受到重重限制；昔日单凭资历晋升的官僚，增加了调查业绩品德等手续，有特殊才干的人员，得到破格提拔；科举中，突出了实用议论文的考核；全国普遍办起了学校。

范仲淹还主张，改变中央机关多元领导和虚职分权的体制，认真扩大宰臣的实权，以提高行政效率。为了撤换地方上不称职的长官，他又派出许多按察使，分赴各地。范仲淹坐镇中央，每当得到按察使的报告，就翻开各路官员的花名册把不称职者的名字勾掉。

在范仲淹的严格考核下，一大批尸位素餐的寄生虫被除了名，一批干才能员被提拔到重要岗位，官府办事效能提高了，财政、漕运等有所改善，暮气沉沉的北宋政权开始有了起色。

朝廷上许多正直的官员纷纷赋诗，赞扬新政，人们围观着改革诏令，交口称赞。

改革的广度和深度，往往和它遭到的反对成正比，大批守旧派的官僚们，开始窃窃私语。御史台的官员中，已有人抨击某些按察使，说什么"江东三虎""山东四伥"。范仲淹在边防线上的几员部将，也遭到秘密的调查，并遇到许多麻烦。

欧阳修等"四谏"，企图撵走这些保守派的爪牙，另换几名台官。但他们很快发现，台官背后，掩藏着更有权势的人物。欧阳修本人反被明升暗降，离京出使河东。范仲淹预感到，事情不那么简单，改革路上，隐患重重。

1045年初，宋仁宗下诏解除了范仲淹参知政事的职务，将他贬至邓州，即今河南邓县，其他革新派人士都相继被逐出朝廷。

实行一年有余的各项新政，先后取缔。京师内外的达官贵人及其子弟，依旧歌舞喧天。坚持了16个月的"庆历新政"终于失败。

"庆历新政"失败以后，宋朝的阶级矛盾和民族矛盾并未缓和，积贫积弱的局面仍在发展，统治集团感到危机四伏，因而改革的呼声在一度沉寂之后，很快又高涨起来，终于掀起一次更大的变法活动。

阅读链接

范仲淹在应天府读了五六年书，成绩优异，便有了一个远大的人生理想。据《能改斋漫录》记载，范仲淹应试前，特到祠堂求签，咨询能否当宰相，签词表明不可以。

他又求了一签，暗中祈祷："如果不能当宰相，希望能当良医"，结果还是不行。于是，他掷签于地，慨然长叹："男子汉大丈夫，这也不能做，那也不能做，还有什么活头！"

这就是"不为良相，则为良医"名言的来历。范仲淹有一句名言："先天下之忧而忧，后天下之乐而乐。"

北宋王安石变法

王安石是北宋丞相，新党领袖。他是中国历史上杰出的政治家、思想家、文学家、改革家，"唐宋八大家"之一。

王安石变法是针对北宋当时积贫积弱的社会现实，以富国强兵为目的，而掀起的一场轰轰烈烈的改革。

王安石变法是中国古代的一次重要改革活动，他推行的富国强兵措施，已经具备了近代变革的许多特点，被誉为中国11世纪伟大的改革家。

■ 王安石雕像

■ 王安石画像

王安石出身于地方官家庭，自幼聪颖，读书过目不忘。而且他从小随父宦游南北各地，更增加了社会阅历，开阔了眼界，目睹了人民生活的艰辛，对宋王朝积贫积弱的局面有了一定的感性认识，青年时期便立下了"矫世变俗"之志。

1042年3月考中进士，授淮南节度判官。之后调任鄞县，为人正直，执法严明，为百姓做了不少有益的事。

1058年冬，王安石改任三司度支判官时，给朝廷呈上《上仁宗皇帝言事书》，系统地提出了变法主张，法度必须改革，以求其能"合于当世之变"。要求改变北宋"积贫积弱"的局面，抑制大官僚、大地主的兼并和特权，推行富国强兵政策。

他认为变法的先决条件是培养人才，因此建议改革科举制度，整顿太学，唯才是举，培养经世致用的人才。

王安石主张变法，宗旨是以改革北宋建国以来的积弊。

积弊之一就是存在着三大矛盾：民族对立严重，北宋与西夏和辽国发生多次战争；统治集团内部矛盾突出，改革派与守旧派斗争激烈；阶级矛盾尖锐，宋朝统治者由于对土地兼并采取"不抑兼并"态度，导

太学 是中国古代的大学。始创于西汉武帝时期，鼎盛于东汉。其后，经曹魏、西晋，洛阳太学至北朝末衰落，历时六七百年，是屹立在世界东方的第一所国立中央大学，对后世产生了深远的影响，堪称中国教育史上的奇葩。

致三分之一的自耕农沦为佃户和豪强地主隐瞒土地，致使富者有田无税、贫者负担沉重，连年的自然灾害加剧了农民苦难，因而造成各地农民暴动频繁。

冗官是北宋政府采用分化事权和集中皇权造成的。比如，宰相职位一般有很多人担任，同时还设置了枢密使、参知政事、三司使，来分割宰相的军、政、财权。

官职也不断增加，导致北宋机构臃肿；采用恩荫制，一个官僚一生当中可以推荐数十个亲属当官；北宋大兴科举，科举应试人数增加，取士人数也增加。

冗兵是扩充军队造成的。为了防范军阀割据，农民起义，抵御北方民族的南侵，稳定社会秩序，宋代不断扩充军队的数量，形成了庞大的军事体系，军费开支占到整个财政支出的十之八九，造成冗兵问题。

冗费是冗官、冗兵导致的直接结果，使政府财政

■ 王安石写《游褒禅山记》中的华阳洞

支出增加。与此同时，由于土地兼并现象严重，富豪隐瞒土地，导致财政收入锐减，因而造成了北宋政府的财政危机。

还有就是积贫和积弱这两积问题。积贫，国家财政入不敷出，国库空虚，出现财政危机，导致积贫局面的形成。积弱，北宋吸取中唐以后武将拥兵、藩镇割据的教训，大力削弱武将的兵权，领兵作战的将领没有调动军队的权力，带来的后果是指挥效率和军队战斗力降低，导致宋军在与辽、西夏的战争中连年战败，形成积弱的局面。

北宋初年上述三大矛盾和"三冗""两积"问题的存在，引起了严重的社会危机，革新除弊逐渐成为朝野共识。

1067年宋明神宗继位，起用王安石为江宁知府，旋即诏为翰林学士兼侍讲。后来曾经多次与王安石讨论治国之道，并任王安石为参知政事，主持变法。

王安石变法的第一项举措就是进行机构改革。

1068年2月设的"制置三司条例司"，是王安石推动变法第一个设立之机构，原本宋朝的财政由三司掌握，王安石设立置制三司条例司

北宋帝陵人物雕像

王安石与五先生雕像

来作为三司的上级机构统筹财政，是当时最高财政机关，此机关除了研究变法的方案、规划财政改革外，也制订国家一年内的收支，并将收入定其为定式。

1072年3月，王安石颁行市易法。由政府出资金一百万贯，在开封设"市易务"即市场交易司，在平价时收购滞销的货物等到市场缺货的时候再卖出去。同时向商贩发放贷款，以财产作抵押，五人以上互保，每年纳息两分。用以达到"通有无、权贵贱，以平物价，所以抑兼并也"。市易法增加了财政收入。

1070年，王安石令司农寺制定《畿县保甲条例颁行》。乡村住户，每五家组一保，五保为一大保，十大保为一都保。

凡有两人以上的农户，选一人来当保丁，保丁平时耕种，闲时要接受军事训练，战时便征召入伍。以住户中最富有者担任保长、大保长、都保长。用以防止农民的反抗，并节省军费。

宋明神宗（1048—1085），即赵顼，宋英宗赵曙长子，谥号"体元显道法古立宪帝德王功英文烈武钦仁圣孝皇帝"。他即位后，由于对疲弱的政治深感不满，并且他素来欣赏王安石的才干，于是即位后命王安石推行变法。由于改革操之过急，不得其法，最终失败收场。

北宋睚眦纹鎏银铁斧

王安石变法的第二项举措是进行税赋改革。

一是制定《方田均税条约》。

1071年8月由司农寺制定《方田均税条约》，分方田与均税两个部分。方田是每年九月由县长举办土地丈量，按土埌肥瘠定为五等，均税是以方田丈量的结果为依据，制定税数。

方田均税法清出豪强地主隐瞒的土地，增加了国家财政收入，也减轻了农民负担，同时却严重损害了大官僚大地主的利益，遭到他们的强烈反对。

二是改革均输法。

此法早在西汉桑弘羊时试行，唐代以后各郡置均输官，达到"敛不及民而用度足"。但是王安石以内藏钱500万，上供米300万石为本钱，行使均输法，汉朝的桑弘羊和唐朝的刘晏行使均输法都不另拨本钱，所以王安石的均输法也算是创新。

为了供应京城皇室、百官的消费，又要避免商人囤积，在淮、浙、江、湖六路设置发运使，按照"徙贵就贱，用近易远""从便变易蓄买，以待上令"的原则，负责督运各地"上供"物质。意在省劳费、去重敛，减少人民的负担。

三是颁布青苗法。

青苗法起源于陕西转运使李参，所以青苗法是一个地方实践后推向全国的产物。王安石颁布的青苗法，规定以各路常平、广惠仓所积存的钱谷为本，其存粮遇粮价贵，即较市价降低出售，遇价贱，即较市价增贵收购。

其所积现钱，每年分两期，即在需要播种和夏、秋未熟的正月和五月，按自愿原则，由农民向政府借贷钱物。收成后，随夏、秋两税，加息20%或30%归还谷物或现钱。

青苗法使农民在青黄不接之际，不至于受高利贷的盘剥，但具体实施中出现强制借贷现象，是王安石变法措施中争议最大的内容。

四是实施募役法。

募役法又称"免役法"，于1070年12月由司农寺拟定，开封府界试行，同年10月颁布全国实施。

免役法废除原来按户等轮流充当州县差役的办法，改由州县官府自行出钱雇人应役。雇员所需经费，由民户按户分摊。原来不用负担差役的女户、寺观，也要缴纳半数的役钱，称为"助役钱"。

实施募役法使得农民从劳役中解脱出来，保证了劳动时间，促进了生产发展，也增加了政府财政收入。

北宋帝陵的建筑

北宋汝窑天青釉刻花鹅颈瓶

此外，王安石颁布了农田水利法。

规定各地兴修水利工程，用工的材料由当地居民照每户等高下分派。只要是靠民力不能兴修的，其不足部分可向政府贷款，取息一分，如一州一县不能胜任的，可联合若干州县共同负责。此法还奖励各地开垦荒田，兴修水利，修筑堤防圩岸，由受益人户按户等高下出资兴修。

在王安石的倡导下，一时形成"四方争言农田水利"的热潮。北方在治理黄、漳等河的同时，还在几道河渠的沿岸淤灌成大批"淤田"，使贫瘠土壤变成良田。

王安石变法的第三项举措是进行军队改革。

一是实施裁兵法，整顿厢军及禁军。规定士兵50岁后必须退役，测试士兵，将禁军中不合格者改为厢军，厢军不合格者改为民籍。

二是实施将兵法，又叫"置将法"。废除北宋初年订立的更戍法。用逐渐推广的办法，把各路的驻军分为若干单位，每单位置将与副将一人，专门负责操练军队，以提高军队素质。

三是实施保马法。明神宗时，宋朝战马只有15万余匹，政府鼓励西北边疆人民代养官马。凡是愿意养马的，由政府供给马匹或政府出钱让人民购买，每户一匹，富户两匹。马有生病死亡的，就得负责赔偿，但遭遇到瘟疫流行，死了不少马匹，徒增民扰。不久废止，改行民牧制度。

四是实施军器监法。宋代武器原归中央三司胄案和诸州将作院制造，质量粗劣，严重影响战斗力。为了改善这种状况，1073年8月广设军器监，负责监督制造武器；并且招募工匠，致力改良武器。

王安石变法的第四项举措是进行科举改革。

关于科举和教育制度改革，王安石主要依靠的理论来源就是《上仁宗皇帝言事书》，其中主要谈到当时科举和教育的弊病主要是课试文章主要是章句之学，以及人主没有陶冶人才，所以提出"养之、教之、任之"的方法。

一是采取三舍法，即把太学分为外舍、内舍、上舍三等，"上等以官，中等免礼部试，下等免解"，以学校的平日考核来取代科举考试，选拔真正的人才。后来地方官学也推行此法。

二是改革贡举法。王安石改革贡举法，废明经、存进士。于1070年3月，进士殿试罢诗、赋、论三题而改试时务策；于1071年2月，颁新贡举制，废明经，专以进士一科取士。另设"明法科"，考察律令和断案。

三是颁行新的经义。1072年，明神宗正式提出应该颁行新的经义。次年，宋明神宗任命王安石提举经

443

近古时期

推行新政

■ 北宋帝陵正门

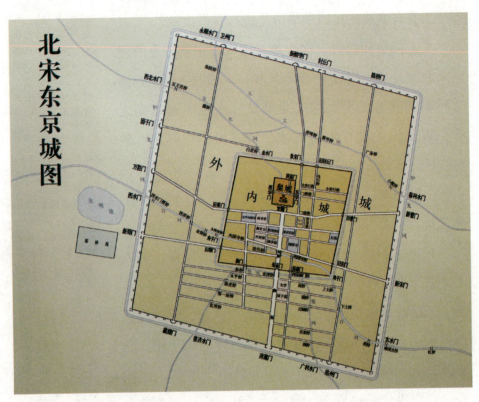

北宋东京城图

义局,由吕惠卿、王雱等兼修撰《诗》《书》《周官》等书。

在重新训释经义时,王安石确定了这样几条原则:

第一,训释经义,是为了破除"伪说",教育士子,使其符合"盛王"时的做法;第二,要恢复经文本义,打破疏不破注即在解释旧注时,不改变其任何观点的成法,反对汉以后烦琐的章句传注使源流失正的陋习;第三,阐明经文义理,反对对经义的曲解和烦琐学风。

王安石变法触动了大地主大官僚阶级的利益,遭到他们的强烈反对。同时,改革的最主要支持者宋明神宗在关键时刻发生了动摇,宋明神宗死后司马光出任宰相,彻底废除新法。

王安石变法以"富国强兵"为目标,从新法实施,到守旧派废罢新法,前后将近15年时间。

在此期间,每项新法在推行后,基本上收到了预期的效果,使豪强兼并和高利贷者的活动受到了一些限制，使中上级官员、皇室减少了一些特权，而乡村上户地主和下户自耕农则减轻了部分差役和赋税负担，国家也加强了对直接生产者的统治，增加了财政收入。

王安石变法遭到失败，也不能完全在于守旧派反对，他的政策和做法都值得检讨。

创行变法之初，司马光曾致函叫王安石不要用心太过，自信太厚，王安石覆书抗议，深不以为然，两人本是极要好又互相推重的朋友，从此割袍断义。再如，苏轼本来是拥护新法的最好人选，但苏轼的很多正确的意见也未能被王安石采纳。

1086年，司马光在宋哲宗朝为相，尽废新法，苏轼、范纯仁等人皆曰不可，司马光执意而行。不久王安石在南京病死，同年9月，司马光病逝。

1093年，在宣仁太后主导下，致力于恢复祖宗旧制，前后历时9年。支持变法者被称之为"元丰党人"，反对变法者被称之为"元祐党人"。从此宋朝进入了党争的泥沼，难以自拔。

王安石变法对后世产生了深远的影响，历代多有评说。南宋高宗为开脱父兄的历史罪责，把王安石作为北宋亡国元凶的论调，经宋国史至元人修《宋史》所承袭，成为中国皇权时代官方定论。

阅读链接

王安石打算身边再要个书童，可是连着看了几个都不中意。

这一天，家人又找来个书童，请王大人过目。王安石问了他几个问题，小家伙答得不错。

王安石看他聪明伶俐，也没说什么，在纸上写了几行字，交给了家人：一月又一月，两月共半边；上有可耕之田，下有长流之川；一家有六口，两口不团圆。

家人看了，沉思了一会儿，终于明白了主人的意思，就把小家伙留下了。原来，王安石写的是个字谜，谜底就是一个"用"字。

元代忽必烈改制

　　孛儿只斤·忽必烈是元代的创建者，庙号元世祖。他是卓越的政治家和军事家，蒙古民族光辉历史的缔造者。他在位期间，首创行省制，加强中央集权，重视农业生产，治理河道，强调儒学治国，使得社会经济逐渐恢复和发展，为元朝的统一行动奠定了良好基础。

　　忽必烈的改制顺应了蒙古游牧民族封建化进程加快的趋势，他在征服中原后，接受了发展程度较高的中原汉族为主体的农业封建文明。由于忽必烈大行汉法，使得元朝的经济实力大为加强，并进兵剪灭了南宋残余势力，实现了中国历史上的又一次大一统。

■ 忽必烈画像

忽必烈雕像

忽必烈年轻时就思"大有为于天下",并热心于学习汉文化,曾先后召元好问、王鹗、张德辉、张文谦、窦默等问以儒学治道。他在蒙哥汗时受命治理漠南汉地军国大事。

在后来的1271年11月,他在建国10多年之后统治地位已经逐渐巩固时,才正式建国号为"大元"。忽必烈就是元世祖。

从此,大都成为元代多民族国家的政治中心。明、清两代,北京一直是国家的首都。元大都的修建,影响是深远的。

忽必烈在大都建都,不仅使疆域辽阔的大都成为了国际化的大都市,还使之成为了一个集政治中心与经济文化中心为一体的大城市,使得元代经济实力,文化教育以及政治管理方面得到了空前高涨的发展,这可以说是元代飞跃发展的一个阶段。

忽必烈的政体更新,首先是成立了中书省,由王

元好问（1190—1257）,字裕之,号遗山,太原秀容,即今山西省忻州人。金元之际著名文学家和历史学家。工诗文,在金元之际颇负重望;诗词风格沉郁,并多伤时感事之作。其《论诗》绝句30首在中国文学批评史上颇有地位。

六部 从隋唐开始，中央行政机构中，吏、户、礼、兵、刑、工各部的总称。其职务在秦汉时本为九卿所分掌，魏晋以后，尚书分曹治事，曹渐变为部，隋唐始确定以六部为尚书省的组成部分。以吏、户、礼、兵、刑、工六部比附《周礼》的六官，秦汉九卿之职务大部并入。

文统担任中书省平章政事，张文谦为其主要助手，任中书左丞。中书省主要负责处理大多数的政务。

1263年，他建立了枢密院，负责军事。5年后，最后一个主要机构御史台成立了，负责监察和向忽必烈报告汉人地方官员的情况。

这些机构在各省都设有分支机构，负责执行中央政府决定的政策。这些机构负责全国事务，此外还有很多专为大汗和皇宫提供服务的特殊机构，例如，内务府、将作院等。

忽必烈简化并整合了行政管理系统。他采取了高鸣的建议，废除了自唐朝起就设立的门下省和尚书省，但保留了中书省，六部也并入中书省，该机构全权负责行政事务。

由于只有一个机构负责，行政管理应该进行得更顺畅。呈报皇帝的所有奏折都要经过中书省过滤，中书省负责起草法律，解决"涉及死刑之案件并设断事官辅助之"。

中书令经忽必烈批准，得做出重要决策，由各部

■ 元大都遗址雕像

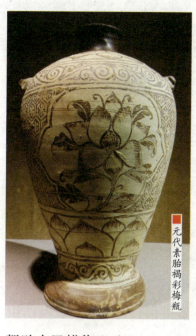

负责执行。左丞相和右丞相负责向皇帝提出建议，并负责六部，而六部则负责贯彻执行政府政策，并在中书令患病、出行或无法视事时代行其政。

忽必烈在农业经济方面改革的关键是劝农。

1261年，他创建了一个机构劝农司，并任命8名官员开展支持农业经济的计划。忽必烈选择姚枢总领该机构，显示了他对农业的重视程度。同样，劝农司的官员又挑选了一批精通农业的人员帮助农民耕作土地。

最终，一支规模庞大的官僚队伍被组织了起来，其职责是促进农业生产以及有效利用土地。还规定以辖区内百姓人口、户数的增加、开垦田亩的数目、赋税是否公平作为衡量官吏政绩好坏的标准。

忽必烈还诏令劝农司编成《农桑辑要》一书颁行全国，指导农业生产。

忽必烈制定政策，促进土地的恢复，减轻农民赋税。他禁止牧人在农田里放牧牲畜。此外，他希望削减封地的权力，这对保护农民利益同样是很关键的。他尽力限制对老百姓提出的过分要求。

按照忽必烈所实行的新体系，原先农民向封地领主缴税改为向政府缴税，然后，税收收入由政府和领主平分。农民每年只需缴纳一次税，不必再

担心领主反复无常地征税。

　　有时他还会豁免那些被征召承担特别劳役者的税。忽必烈一再发布命令，要求他的使节和军队不要向当地农民滥征税。

　　忽必烈希望帮助农民自己组织起来，促进经济的复苏。至1270年，他发现了一个合适的机制，这就是社。这是一种由政府支持的新的农村组织，大约由50户组成，每个社有一个社长为其首领，首要目标是刺激农业生产，鼓励垦荒。

　　忽必烈对社所颁布的命令包括：助耕，植树，开垦荒地，改善防洪和灌溉设施，增加丝绸生产以及河湖养鱼，等等。社长要奖勤罚懒。

　　对于手工业，忽必烈在政府内设置了一定数量的机构，用于组织工匠和保障工匠的利益。这些家庭作坊负责提供首饰、衣物以及纺织品等，以应宫中所需。另外，公共建设项目也需要技术熟练的工匠提供服务。

　　为了获得手工业者的忠诚，并帮助他们取得成功，忽必烈制定了有利于工匠的规章制度。政府向他们提供定量的食物、衣物、食盐

元大都遗址的建筑

等，并豁免他们强制性劳役的义务。

规定还允许他们在市场上公开出售自己制作的物品。因此，在忽必烈的统治下，工匠是一个令人羡慕的职业。

对市场经济方面，忽必烈的政策使商贾兴旺发达。

商人总是被看作寄生虫，本性诡诈，嗜财如命，因此以前不少帝王试图规范他们的商业活动和利润，严重的甚至取缔他们的商业活动，没收他们的盈利。

元大都遗址建筑

忽必烈对商人并没有这种成见，他给予了他们相当高的社会地位。因此，贸易活动在中国境内繁荣起来了，对外贸易也很兴旺。

穆斯林商人在中国与中亚、中东以及波斯的陆上贸易中担当了中介的角色。他们进口骆驼、马匹、地毯、药材以及香料等，出口中国的纺织品、陶瓷、漆器、生姜、桂皮等。

他们把中国的瓷器、丝绸以及铜钱等从东南港口城市泉州和福州运往西方，并运回宝石、犀牛角、药材、熏香、地毯、胡椒、肉豆蔻以及其他香料等。在当时，一些中国瓷器是专为出口而设计的。

个体商户和商人协会在蒙古语中叫作"斡脱"，他们对中国的经济做出了很大贡献。

元代法律要求，外国客商进入中国以后，必须立即把他们的贵金属换成纸币。这项政策给政府带来了巨额财富，而商人也愿意遵守这项规定，因为政府同时赋予他们开展对华贸易的权力以赚取丰厚利润。斡脱向政府提供了非常宝贵的服务，而朝廷则大力扶持斡脱。

例如，在蒙古征服战争期间，斡脱向蒙古贵族提供了急需的贷款。作为报偿，忽必烈于1268年设立了一个斡脱监管机构。

该机构负责把来自蒙古贵族或政府的资金贷款给斡脱，月利息仅为0.8%，对比其他借贷者3%的月利息要低得多。

为了促进贸易并增加商人的利益，忽必烈决定在其辖区内流通纸币。忽必烈是第一位在全国范围内建立纸币流通系统的蒙古统治者。

忽必烈在执政的第一年，设计出了三种类型的纸币，其中之一在他任期内一直在使用。第一种纸币汉语叫"丝钞"，是以丝绸为本位的货币。其他两种中统元宝钞和中统银货，则是由银子储备支持的银本位货币。中统元宝钞最后赢得了人们的信任，成为最流行的货币。

这些纸币在当时可能很容易得到并且使用很广泛，因为马可·波罗在叙述他13世纪在华生活的时候，曾对纸币有过详细的描述。至少直至1276年，这套货币系统运行良好，部分原因是忽必烈严格控制了纸币的发行量。

忽必烈帮助商人的其他方式还包括运输系统的改善。忽必烈大力提倡修路，在路的两旁种有杨柳和其他树木为道路遮阴。

另外，他还建立了驿站，虽然最初是专为传送官方信件而设计的，但是也用于方便贸易活动。除了接待旅行的官员和外宾之外，驿

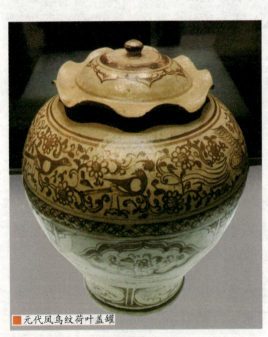

元代凤鸟纹荷叶盖罐

元代白釉瓷枕

站也用于客商的客栈。

在忽必烈统治末期，就有1400多个驿站，拥有可供役使的马大约5万匹，黄牛8400头，骡子6700头，马车4000辆，小船将近6000艘，绵羊1150只。

每个驿站的规模不等，但都有为旅客投宿准备的客房、厨房、大厅、牲畜圈棚、粮仓等。在一般的情况下，信使骑马在驿站协助下一天内能跑400千米，以递送重要信息。这在13世纪乃至以后的世纪都不能不说是一种了不起的高效率的邮政服务系统。

忽必烈的政策在许多方面都促进了贸易，同时也显示了他对商人的关心。他的统治是很成功的，商人的生意异常兴隆。

其他阶层的人们和行业群体，在忽必烈的统治下似乎也比在汉人皇帝统治下过得好。比如，医生就是一个受到元代政府青睐的职业。

注重实用的蒙古统治者重视医学，因而使之成为一个很有吸引力的行业。医师的职业收入丰厚，并可通过影响患者，实践儒家思想中的仁爱理念。而且，医生经常被豁免劳役和其他赋税义务。

在政府的支持下，医生的社会地位得到了极大提高。

忽必烈这一系列经济措施，使饱受战乱破坏的中原地区的农业生产及商品经济基本上得到了恢复，有的地方甚至有了发展，为中原文明的保存和延续提供了可靠的物质基础，也为蒙古社会制度的封建化注入了新的物质内容。

在科技方面，忽必烈非常尊崇天文学家和其他科学家，并邀请了许多外国科学家来到中国。

1258年，波斯人在阿塞拜疆的马拉盖修建了观测站。他们制造了新的天文观测仪器，并且做出了重大发现。

1267年，忽必烈邀请波斯天文学家札马鲁丁来到中国传授这些发现。札马鲁丁带来了圆球形的天体图、日晷、星盘、地球仪以及天象仪等，作为礼物献给元廷。他还献给忽必烈一本新的更精确的日历，汉语叫"万年历"。

1271年，忽必烈终于建立了穆斯林天文学院，即"回回司天台"。在这里，中国天文学家郭守敬利用波斯天象图和演算结果，制造出了自己的仪器，并设计出了他自己的日历《授时历》，该日历在稍作修改后在明代被广泛使用。

在忽必烈统治期间，穆斯林对地理知识的传播和地图绘制也做出

■元大都土城遗址

了重要贡献。随着阿拉伯和波斯的旅行家、商人带来关于中亚和中东的信息。地理学在中国蓬勃兴起，并采用了阿拉伯资料中关于中国以外其他地区的资料。元代绘制的世界地图可能是以穆斯林资料为基础的，对亚洲和欧洲的标写相当准确。

他提出修建三学，设立教授从事教学，开设科举来选拔人才，考试时以讲经义为主，辞赋、策论次之。开设学校后，应选择开国功臣的子孙们来上学接受教育，挑选明智通理的人才负责教育方面事务。下令地方州郡对孔庙加以祭祀。以礼乐安定天下太平。

他以国家专门的资金供养天下那些不会做买卖而又没有财产的名士和老成博学的儒生，保障其基本衣食住行。

在当时，孔庙的建设更进一步具体体现了忽必烈为获得儒士精英支持所做出的努力。元代代表定期向这位贤哲献祭，并在孔庙举行仪式。

他建立国史院，令王鹗招募史馆编修者、学士以

郭守敬（1231—1316），字若思。生于元代顺德邢台，即今河北省邢台。元代的天文学家、数学家、水利专家和仪器制造专家。他修订的新历法《授时历》，是当时世界上最先进的一种精良的历法，通行360多年。

策论 宋代以来各朝常用作科举试士的项目之一。策是策问，论是议论文。在古时，策论指议论当前政治问题、向朝廷献策的文章。清末科举废八股文，用策论代替。特点是以论点作为写作的中心。

郭守敬雕像

及起草人。尽管在忽必烈任期内，无论是《辽史》还是《金史》都没有完成，甚至在他统治期间还没有动笔起草，但是王鹗毕竟为金朝史的修撰构想了一个有组织的计划。而忽必烈及其幕僚对此构想及其初步实施也功不可没。

忽必烈的一系列汉化改革举措，推动了农业生产的发展和社会经济全面复苏，巩固了封建国家的统治，加强了中央集权和对边疆地区的管辖，促进了民族交往和中外交流。

实行"汉法"加强了民族交往和中外交流，促进了多民族国家的发展，实现了更大范围的大一统，更促进了统一的多民族国家的巩固和发展。

阅读链接

忽必烈的铁骑包围大理城以后，姚枢劝谏他不要滥杀无辜。他采纳姚枢等人建议，派使臣前去劝降。

大理国王段兴智有归降之意，但大权在握的高和等人不想投降，并暗中将使者杀害。

忽必烈下令屠城。姚枢苦苦相劝无果。这时，刘秉忠把当权者比作牧羊人，把老百姓比作羊群，他说："牧羊人得罪了你，你拿无辜的羊出气，这公平吗？"

忽必烈立即下令"止杀"。

在这些汉族儒生的影响下，忽必烈对军队约束较严，这在当时是很不容易的。

矫国更俗

明清两代是中国历史上的近世时期。明清之际是一个大动荡，大分化，大改组的年代，有的史家称之为"天崩地裂"的时代。

明代张居正的改革、清代洋务运动和戊戌变法，是中国封建社会末期的一缕彩霞。改革浪潮中各派力量对现实的态度与主张，说明了变革与反变革的矛盾一直存在着。

不过，无论成功与失败，他们都为今天的改革者们提供了经验与教训，让这些不畏艰难的后来人，沿着漫漫的变革之路继续前行。

明代张居正改革

张居正是明代政治家和改革家，办事勤勉，讲求效率为缓和社会矛盾，从维持明王朝的长远统治出发，在政治、经济、国防等各方面进行了一系列改革。这次改革，成为明代走向沉暮历程中的一道亮光，使十分腐败的明代政治有了转机。

通过改革，强化了中央集权的封建国家机器，基本上实现了"法之必行""言之必效"，使明政府的财政收入增加，社会经济恢复和发展，国库充盈，仓库粮食可支用十年，并且在国防上增强了反侵略的能力。

■ 张居正画像

■ 张居正故居帝赉
忠良碑刻

张居正出身于寒门。但他自幼聪颖绝伦，早年得志，16岁中举，23岁就以二甲进士及第的身份，被选为翰林院庶吉士。从此，他跻身政坛，开始了坎坷而又辉煌的政治生涯。

在数十年的宦海生涯中，张居正一向注意观察和思考社会现实中的诸多难题，悉心探究历代盛衰兴亡的经验教训。他曾于1568年向明穆宗上了一封《陈六事疏》，试图革除嘉靖以来的各种弊端。

张居正提出的改革主张主要有禁绝空言、讲究实际，整肃风纪、严明法律，令行禁止、提高效率，严明考课、选拔人才，轻徭薄赋、安抚民众，训练军队、严守边防，等等。

虽然在当时的情况下，这些主张还未能付诸实施，但我们从中可以窥探出张居正改革的最初蓝本，可以说，这是张居正全面改革的前奏。

考课 就是国家依照颁布的法令和行政规则，在一定年限内，对各级官吏进行考核，并依不同表现，区别不同等级，予以升降赏罚。所以考课制度又与官吏的铨选任用有着紧密联系。在封建社会里，考课制度在各个朝代都有其不同的特点，或详或略。唐代考课已形成一个完整的政治制度。

《国榷》 记载明代历史的编年体史书，作者谈迁。鉴于经史官员垄断了明历代实录，在很多地方都忌讳失实，而各家编年史书又多肤浅伪陋。因此，谈迁寻访各种资料，广征博采，力求征信，与1627年完成，据称此书"六易其稿，汇至百卷"。

1572年，穆宗驾崩，太子朱翊钧继位，改元"万历"，即明神宗。

明穆宗在位时，十分信任张居正，因此他遗命张居正等三个大臣辅政。由于明神宗年幼，于是一切军政大事都由张居正裁决。

张居正改革首先从整顿吏治开始。他认为当时朝野政治腐败、民不聊生的主要原因在于"吏治不清"。为了整顿吏治，以达到为官清廉，政治清平，让人民生活安定，从而使封建政权长治久安的目的，张居正于1573年推行"考成法"。

考成法提高了办事效率，减少了各部门的相互推诿、扯皮，为精简机构、节省政府开支提供了可能。稍后，张居正便下令裁减部院诸司冗官和各省司、府、州、县官，以提高官吏的素质和行政效率。这些，都为此后张居正推行的各项改革奠定了基础。

通过整顿吏治和精简机构，张居正获得了一个效率较高、得心应手的行政班子，为推动经济改革做了

■明代云凤纹印泥盒

■ 明代士兵盔甲 大体上与宋、元时期相同，由铁盔、铁甲、遮臂及下裙、足护几个部分组成，多数以钢铁材料制成，更具有实用性和装饰性，适应当时军事征伐和守卫的需要，在技术和实用性上，都比宋、元有较大的进步。铠甲的上体甲式有两种，一种近于清代的马褂式，即直领对襟；另一种为圆领，其制与"贯头衫"相似。其铁盔有三种式样：一种为小盔如便帽式而下连长网；一种为钵形式，用绵丝物护项，盔体较高，且顶有中轴以插羽翎，盔无眉庇；一种为高钵式而有大眉庇，盔式如尖塔，顶有中轴。兵士则穿锁字甲，配有铁网裙和网裤，足穿铁网靴。

思想上和组织上的准备。

张居正对嘉靖、隆庆时期行贿受贿、贪污腐败的社会状况深恶痛绝。因此，在整顿吏治的过程中，他果断采取措施，整治腐败，决心扭转政风士习，令出必行，有罪必罚，以重振往日的辉煌。

张居正在惩治腐败的过程中，清除了一批奸邪庸碌之人。这些果敢严厉的措施，表现了张居正惩治腐败、"廓清浊氛"的决心和魄力。

明神宗曾经屡次严令惩贪追赃，张居正也就提出，对违法犯赃者，"不问官职崇卑，出身资格，一律惩治，必定罪而毫无赦免"。

在张居正柄国的10年间，据《国榷》记载，关于惩贪的叙述有16处，涉及各级官吏、军官以及扰民的宦官。

在惩贪的同时，张居正竭力倡廉举能。他认为，选拔官吏应该"以操守为先"，廉洁且有能力者为最佳人选。他还主张不循资格，不惑浮誉，官吏黜陟皆绳之以品行与才能，并向明神宗建议恢复中断已久的皇帝面奖廉能的制度。

奢风与贪风相长，惩贪必须抑奢崇俭。封建时代，帝王之举动，为万民所瞻，士大夫所效。因此，张居正一直谏说明神宗恤财节用人，在他的坚决抵制下，宫中许多不该浪费的钱财，较前有所减少。

在整顿吏治的同时，张居正还大力开展开源节流的经济改革，对帝国财政大加整顿。在节流方面，他起用水利专家潘季驯治理黄河。潘季驯采用堵塞决口、加固堤防的办法，束水攻沙以使河道畅流，基本上缓解了困扰多年的水患，从而节省了巨额的河政开支。

张居正还规定官员非奉公差不许轻扰驿递，违者参究，内外各官丁忧、起复、升转、改调、到任等项，均不得动用驿传，以厘革驿递冗费之弊。

为了开辟财源，增加财政收入，张居正还重新丈量土地，改革税制。他选派精明强悍的官员严行督责，在全国重新丈量土地，清查漏税的田产。

他任用张学颜制定《会计录》和《清丈条例》，颁行天下，限令3年内各地要把清理溢额、脱漏、诡寄等项工作办妥。至1580年，据统计，全国查实征粮田地达700多万顷，朝廷的赋税收入也因而剧增，国库充盈。

明代青花玉瓶

为了进一步改变严重的赋役不均，减轻无地或少地的农民的浮税，适应社会经济发展的新形势，张居正在清丈土地的基础上，实行了赋役制度改革。

1581年，张居正通令在全国推行"一条鞭法"。这是自唐朝行"两税法"以来，中国赋税史上的又一次重大的改革。

"一条鞭法"又称"条编法"，其主要内容有：

明代五彩花鸟纹笔洗

统一役法，并部分地"摊丁入地"。主要是把原来的里甲、均徭、杂泛等项徭役合并为一，不再区别银差和力役，一律征银。

一般民人不再亲自出力役，官府需要的力役，则拿钱雇人应差。向百姓征收的役银也不再像过去按照户、丁来出，而是按照丁数和地亩来出，即把丁役部分地摊到土地里征收，这就是所谓"摊丁入地"。

田赋及其他土页方物一律征银；以县为单位计算赋役数目；赋役银由地方官直接征收，以减少各种弊病。

一条鞭法的实行，在中国赋役制度改革发展的历史进程中具有划时代的意义。第一，简化了赋役的项目和征收上的手续，大大限制了地方胥吏从中的营私舞弊；第二，赋役折银的办法，有利于雇役制度的发展；第三，从当时的社会实际来说，一条鞭法的实行，也有利于资本主义萌芽的进一步发展。

张居正在进行政治、经济等方面的改革时，重视整饬军备，加强边防。在蓟州一带，他任用戚继光镇守，练就守边的精兵，修筑了沿边防线的"空心敌台"，还因地制宜地练习车战战术，保卫了东起山海关、西至居庸关长城一带沿线的边防。

历史学家则称赞戚继光镇守蓟州16年，"边备修饬，蓟门晏然"，戚继光也深得人民的拥护和爱戴。

在辽东，张居正重用李成梁。李成梁作战能力高强，善于指挥御敌，威望甚高。在他镇守辽东期间，曾多次平息东北少数民族的进犯，保卫了东北边境的安宁。

张居正还在东南沿海地区分段设寨，修整兵船，严申海禁。在他当政的万历初年，基本上肃清了多年以来一直困扰明廷的"南倭北虏"的边患。

张居正的改革犹如昙花一现，旋即凋谢。张居正离世后，保守势力得势，进行了迅猛的反扑，张居正的长子不胜刑罚而自缢，次子和其他几个孙子充军远方，家属因被查抄饿死10余人。

支持改革的官员如吏部尚书梁梦龙、兵部尚书张学颜、刑部尚书潘季驯、蓟镇总兵戚继光、宁远伯李成梁等，均遭到排挤迫害；而从前遭到张居正打击的人，大都被重新起用，以致朝政发生重大变化，考成法、一条鞭法被废止，张居正改革在其身后惨遭失败的厄运。

万历通宝

张居正改革是在明代中叶以来社会危机日益严重的情况下实行的政治变革。在张居正秉政期间，对明王朝的政治、经济、军事等进行了多方面的改革，整顿了吏治，巩固了边防，国家财政收入也有明显的好转。

据记载，万历初年太仓的积粟可支用10年，国库的储蓄多达400余万，国泰民安，国力臻于极盛。

从这些方面来看，张居正改革确实取得了重大的成就。因此，他被明代著名思想家、文学家李贽誉为"宰相之杰"。

总之，张居正以超人的胆识，尽量利用了历史舞台所能给他提供的条件，去大刀阔斧地进行改革活动，并取得了比商鞅、王安石变法更大的成果，其中，有若干历史经验，值得后人借鉴。

明代木椅

阅读链接

张居正非常注重对小皇帝的教育培养。

一次，张居正讲了宋仁宗不喜欢佩带珠宝玉器的故事，小皇帝接着就说："是呀，应当把贤德有才能的大臣当作宝贝，珠宝玉器对治理国家有什么益处呢？"

张居正跟着启发说："陛下说得非常对，还有，圣明的国君都非常重视粮食，并不看重珠玉。粮食可以养人，珠玉既不御寒又不能当粮。"

小皇帝高兴地说："对呀。宫妃们都喜欢穿衣打扮，我就要减掉她们的费用。"

张居正答："陛下能想到这层，是国家有福啊！"

清代戊戌变法

戊戌变法又名百日维新、戊戌维新、维新变法，是光绪皇帝领导的短暂政治改革运动。变法深入经济、教育、军事、政治及官僚制度等多个层面，希祈清朝走上君主立宪之路。变法失败引发了民间更为激烈地支持改革主张。

戊戌变法是中国历史上一次爱国救亡运动，它要求发展资本主义经济和扩大资产阶级政治权力，符合近代中国发展的历史趋势。它传播了资产阶级新文化、新思想，批判了封建主义旧文化、旧思想，也是一次思想启蒙运动，在中国近代历史上具有巨大的影响。

■康有为雕像

洋务运动未能根本地改变清代的落后，此次运动失败后出现了要求从更基本层面，包括政治体制上进行变法维新的强烈声音。

变法维新运动开始于1895年北京发生的公车上书。当时齐集在北京参与科举会试的各省举人收到《马关条约》，得知了清朝割去台湾及辽东，并且向日本赔款白银两万万两的消息，一时间群情激动。

4月，康有为和梁启超做出了呈给皇帝的万言书，并在书中提出"拒和、迁都、练兵、变法"的主张，得到1000多人联署。

5月2日，两人连同18省举人及数千北京官民，集合在都察院门前要求代奏光绪帝。进京参加会试的举人是由各省派送，依照惯例，对进京参加会试的举人又俗称为公车，故此称为"公车上书"。

虽然公车上书在当时没有取得直接实质的效果，却形成了国民问政的风气，之后催生了各式各样不同的议政团体。当中由康有为和梁启超两人发起的强学会最为声势浩大，一度得到帝师翁同龢和湖广总督张之洞等清朝高级官员的支持。

1898年初，康有为联续上书要求推行新政，但是康有为非四品官，无权上书皇上。

■ 梁启超（1873—1929），字卓如，一字任甫，号任公，又号饮冰室主人、饮冰子、哀时客、中国之新民、自由斋主人，广东新会人，清光绪举人，中国近代史上著名的政治活动家、启蒙思想家、教育家、史学家和文学家、学者。和其师康有为一起，倡导变法维新，并称"康梁"。是戊戌变法领袖之一。

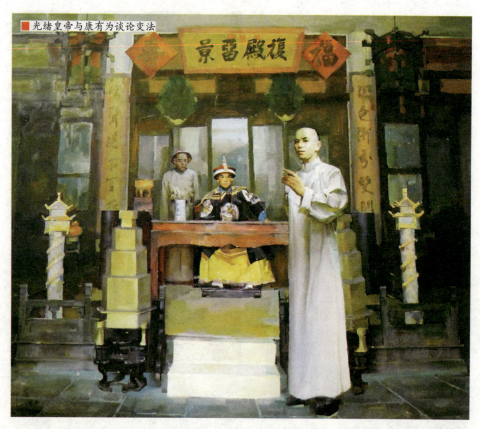
■ 光绪皇帝与康有为谈论变法

光绪 （1871—1908），即爱新觉罗·载湉，清德宗光绪皇帝，清朝第十一位皇帝。光绪帝一生受到慈禧太后的挟制，未曾掌握实权。戊戌变法时，他打算依靠袁世凯囚禁慈禧，但反被袁出卖，从此被慈禧幽禁在中南海瀛台。后因砒霜中毒而暴崩，葬于清西陵的崇陵。

1月29日，康有为的奏折首次转呈光绪，光绪命令允许康有为随时上书。同日，康有为第六次上书。

2月，康第七次上书，再次建议皇帝效仿彼得大帝和明治天皇的改革，并且呈上他自己的著作《日本变政考》和《俄大彼得变政记》和其他有关各国改革的书籍。

光绪连续接到康有为的上书，便在此后每日阅读，加强了改革的决心。

6月10日，光绪令翁同龢起草《明定国是诏》，送呈慈禧审查，得到批准，于6月11日颁布《明定国是诏》，表明变革决心，变法由此开始。因1898年是戊戌年，故称"戊戌变法"。

6月16日，光绪首次召见康有为。

康有为觐见光绪帝时，开宗明义说："大清快要灭亡了。"

光绪答这是保守官员所累。

康有为说靠那些官员推动改革等如缘木求鱼，康有为用了大量的时间，力陈变革之必要。

这是光绪与康有为首次也是唯一一次会面。数日后，光绪调任他为总理事务衙门章京行走，但是官位仅至六品，而康有为早于3年前已经是六品官。

随后，光绪又召见梁启超，并且仅委派其出任六品的办理译书局事务。梁启超获得任命后离开北京，没有再次参与新政。在整个变法的过程中，作为骨干成员的康有为与梁启超，各自仅见过光绪一次。

新政内容主要涵盖教育及军事等多方面的政策和体制。其最终目标，是推行君主立宪制。康有为向光绪皇帝赠送康有为自己的著作《日本变政考》和《俄罗斯大彼得变政记》，还有李提摩太翻译的《泰西新史揽要》和其他有关各国改革的书。这是光绪倾向以明治维

清朝故宫内部装饰

新为改革的蓝本。

维新党人中，康有为早离开北京，梁启超逃入日本使馆。谭嗣同拒绝出走，表示："各国变法，无不从流血而成；今中国未闻有因变法而流血者，此国之所以不昌也。有之，请自嗣同始。"其他数十人被捕。9月28日，谭嗣同、杨锐、林旭、刘光第、杨深秀、康广仁6人在北京菜市口惨遭杀害。史称"戊戌六君子"。

戊戌变法是中国近代史上具有重大意义的事件。戊戌变法是一次爱国救亡运动。它要求发展资本主义经济和扩大资产阶级政治权力，符合近代中国发展的历史趋势，因此也是一次进步的政治改良运动。它传播了资产阶级新文化、新思想，批判了封建主义旧文化、旧思想，又是一次思想启蒙运动。

历史悠久的文明古国

由于变法失败，中国失去了一批倾向在原有体制下实行改革的精英和支持者，代之而起的是主张激烈变革，推翻原有制度和政府的革命者，最后造成了清朝的覆亡，中国2000多年的帝制也画上句号。